KB076476

젊고 아픈 여자들

미셸 렌트 허슈 지음, 정은주 옮김

건강 문제를 겪는 젊은 여성들은
일, 우정, 연애 그리고
아무렇지도 않아 보여야 한다는
압박을 어떻게 헤쳐나가나

사이먼에게,
모든 것이 달라졌음에도

이십 대 때 몇 가지 심각한 건강 문제가 나를 덮치면서 나는 젊은 여성이라는 것이 내가 겪는 경험과 얼마나 불가분하게 엮여 있는지 실감하게 되었다. 내가 눈빛이 반짝이고 '여성스러워' 보인다는 점이 나를 대하는 사람들의 태도에 영향을 준다는 사실 또한 알게 되었다. 사람들은 흔히 내가 '멋지고', '예쁘고', '젊다'고 여겼고 따라서 몸이 안 좋을 수 있다는 생각은 하지도 않았다. 그래서 나는 젊은 나이에 많은 일을 겪은 다른 여성들을 인터뷰하기 시작했다. 그리고 이들을 만나면서 말이란 각자에게 모두 다른 의미를 지닌다는 것을 깨달았다.

언어는 까다로운 것이다. 특히 우리 몸과 우리 문화에서 일어나는 일을 포착하려 할 때 언어는 복잡 미묘해진다. '건강', '건강한', '아픈', '질병', '장애' 같은 단어는 언제나 상대적이며 언제나 여러 함의를 지니고, 좀처럼 고정되어 있지 않을뿐더러 자주 문제를 일으킨다. '여성'이라는 단어도 마찬가지다. 말의 정의는 계속해서 변화한다. 예컨대 우리의 권리를 좌지우지하는 법이 계속 바뀌는 것과 비슷하다. 누구의 몸이 중요한가? 우리 사회의 시스템은 누구의 몸을 불편하게 하거나 간과하는가?

이 책을 쓰면서 나는 누군가에게 울림을 주는 어떤 구절이
누군가에게는 껄끄럽게 느껴질 수 있고 심지어 상처를 줄 수도
있음을 항상 염두에 두려 했다. 내가 만난 여성들 중 일부는
건강에 문제가 있었고, 일부는 장애가 있었다. 어떤 여성은
섹슈얼리티나 성 정체성 혹은 인종이 자신의 경험과 어떻게 얽혀
있는지 이야기했지만, 그와 같은 정체성에 대해서는 언급하지
않은 여성도 있었다. 후자는 대개 차별을 맞닥뜨릴 일이 적거나
상대적으로 특권을 가진 이들이었다.

거대한 대화를 시작해보려 하는 작은 책 한 권으로
현실에 존재하는 갖가지 종류의 건강 문제를 모두 논하기란
불가능하다는 것 역시 잘 알고 있다. 그렇다고 내가 여성이 처한
현실의 한 단면을 완벽하게 포착해낸 것 또한 아니다. 다만 나는
성 정체성, 인종, 섹슈얼리티, 지리, 경제적 지위 등 여러 면에서
다양한 배경을 가진 여성들을 인터뷰하고 그들의 이야기를 통해
젊다는 것, 여성으로 정체화한다는 것, 그리고 그런 정체성을 가진
이가 자신의 몸에 무슨 일이 일어나든 늘 생기 있고 밝아 보여야
하는 끊임없는 압박에 대처한다는 것이 어떤 경험인지 그려볼 수
있기를 바랐다.

이런 나의 몸을 사랑할 사람이 있을까

1

'그가 내 흉터를 봐야 하는데.'

나는 생각한다. 하지만 바의 조명은 어둡다. 바는 원래 어둡지. 왜 이렇게 조명을 어둡게 해두는지 처음으로 알 것 같다. 몸을 흔들며 사람들 사이를 헤치고 들어간 뒤쪽 방도 마침 내 목에 붉게 그어진 흉터를 숨길 수 있을 만큼 충분히 어둡다. 바라던 바다.

이 남자가 내 상의에 달린 빈티지 핀배지를 가리키며 묻는다. "수습 직원입니다 양해 부탁드립니다"(I AM A TRAINEE PLEASE BE PATIENT)라고 적힌 배지다. 겨자색으로, 전부 대문자로, 구두점 없이.

"아 이거, 구제 숍에서 샀어요. 고급 고물상 같은 데죠." 내가 대꾸한다. "1972년에 수습 기간 동안 이걸 달고 일해야 했던 사람은 아마 기분이 끔찍하지 않았을까요. 모르지만 계산원이나 뭐 그런 일이었겠죠. 그런데 저는 수십 년이 지나서 그걸 이렇게 제 마음대로 힙하답시고 재킷에 꽂고 다니네요, 재수 없게."

"사이먼이에요."

그가 말한다. 자조적인 내 대답이 재밌었던 눈치다. 나는 배지의 문구가 실존에 관한 농담이기도 하다는 부분은 언급하지 않는다. 우리는 모두 수습생일 뿐이라는 썰렁한 얘기가 될 테니까. 말하지 않았지만 사이먼은 이해한 것 같다. 나는 내 머릿속에서 깜빡이는 희망에 대해서도 언급하지 않는다. 내가 만나는 사람들이 내 몸을 양해해주리라는 희망.

우리는 먼저 한 시간가량 대화를 나눈다. 동료와 함께 서점 낭독회에 갔다가 만난 뜻밖의 하이라이트였던 사이먼은 매력적이다. 바에서 그와 함께 있던 친구들과 내 직장 동료가

13

우리를 향해 손을 흔들고 장난스럽게 윙크를 보내지만 우리 눈엔
들어오지 않는다. 우리는 네 시간쯤 더 이야기를 나누다가 시간이
많이 늦었고 다들 가고 없다는 걸 깨닫는다. 그리고 마침내
키스한다.

　며칠 후 공식적인 첫 데이트에서 사이먼이 내 목에 대해
묻는다.

　"무슨 흉터예요? 최근에 생겼어요?"

　"어… 상대는 더 심하게 다쳤어요."(원문은 "you should
have seen the other guy"이며 직역하면 "당신이 그놈을 봤어야
하는데"이다. 가령 싸움에서 다쳤지만 상대방은 더 많이 다쳤다는
의미로, 나쁜 일이 있었지만 더 나쁜 일을 겪은 사람도 있다는 뜻의
관용구로 쓰인다 ─옮긴이)

　나는 바보 같은 말을 해버린다. 누가 이런 말 하는 걸
보면 싫은데, 정말 웃기는 일이다. 이 말은 특히 싫지만 뭔가
감추고 돌려서 말하는 식상한 표현 자체를 싫어한다. 그런데
내가 해버리다니. 아직 잘 알지도 못하는 이 사람에게 나는
내가 평범한 여자애같이 보이겠지만 실은 얼마 전에 갑상샘을
떼어냈다고 말할 수 없다. 우리가 잊고 지내지만 생명 유지에
관여하는, 나비처럼 생긴 장기에 암이 생겨서 퍼졌고 내 림프샘
몇 군데에 모습을 드러냈다고. 아직 남아서 나의 목 주변을
유영하고 있을지 모를 암세포를 죽이기 위해 몇 주 뒤면 방사선
치료를 받아야 한다고. 생물 재해의 위험이 있는 치료 기간에
나는 격리될 거라고. 절대로 말할 수 없다.

　'건강에 문제가 생기면 끝난다.'

분명 들은 기억이 나지만 누가 어디서 한 말인지는 정확하지 않다. 어떤 여성이었는지, 여러 여성이 섞인 어떤 목소리였는지, 나에게 직접 했는지, 텔레비전에서 했는지 모르겠지만 그것이 바로 내게 일어날 일이라고 경고하는 말이었다. 자기를 떠난 남자에 대해, 병을 감당하지 못했거나 감당하고 싶지 않았던ー 무슨 차이가 있을까 싶지만ー남자에 대해 이야기한 여자들. 건강 문제가 불거진 순간 파트너의 태도가 변해버린 젊은 지인들. 그리고 이십 대 초반을 회상하면서 체념한 듯한 표정을 짓는 나이 든 지인들. 그들이 건강과 싸우며, 설상가상으로 실연을 겪어내는 동안 몇십 년의 세월이 흘러갔다.

내가 막상 이십 대에 여러 의학적 문제를 잇따라 겪는 처지가 되고 보니(고관절 수술, 비만세포 활성화 증후군, 라임병, 갑상샘암이라는 건강 위기가 연이어 발생하는 믿기지 않는 상황을 겪으면서 젊음에 관한 나의 생각도 급변했다), 얼마나 많은 젊은 여성이 같은 문제를 안고 있는지 비로소 알 수 있었다. 그리고 다발경화증을 앓았던 아버지를 보며 나는 사람마다 자신의 몸에 반응하는 방식이 다르다는 걸 새삼 의식하게 됐다. 내가 건강 문제를 한창 겪고 있던 중에 생을 마감한 아버지와 다르게, 나는 정말로 살고 싶었다.

그래서 이야기를 수집하기 시작했다. 전국의 여러 여성을 만나면서 나는 그들이 또래처럼 세상 무서울 게 없는 청춘의 기분을 더 이상 누리지 못하게 된 현실을 어떻게 받아들이는지 알게 되었다. 또한 자신의 건강 문제를 남 앞에서 언급했을 때 거부당하는 것이 얼마나 두려운지, 그 두려움 때문에 자신의 몸이 작동하는 모습을 숨기는 일이 얼마나 자주 있는지 들었다. 그들은 직장에서나 사회생활을 하는 중에 실제로 거부당한 경험에 대해 이야기했고, 자신을 전적으로 받아들이는 줄 알았던 파트너나 상사나 친구조차도 최악의 반응을 보일 수 있음을 예상해야만 하는 우리 사회의 문화에 대해 말했다. 젠더 규범과 '완벽한' 젊은 몸에 대한 관념이 퀴어든 이성애자든 연인 관계에서 어떻게 작용하는지, 그리고 별종이 된 듯한 느낌이 어떤 식으로 유령처럼 계속 자신의 주변을 맴도는지 그들은 들려주었다.

2012년 『질적 사회복지』 저널에 수록된 한 연구에서 연구진은 중증 질환을 앓는 젊은 여성들의 생각을 탐색한다.[1] 연구의 주요한 결과 중 하나는 이 여성들이 자기 나이와 동떨어져 있는 느낌을 받는다는 사실이었다. 즉, 그들은 사람들이 예상하는 것보다 훨씬 이른 나이에 몸에 이상이 생기기 시작했기 때문에 세상이 가르쳐준 젊음이라는 것에 부합하지 못하는 존재가 되었다고 느꼈다.

유방암 치료를 받은 후 갱년기 증상을 겪은 서른세 살 여성은 이에 대해 '중년 여성에게 일어나는 일들이 잘못된 시기에 들이닥치는 것'과 같다고 표현했다. 또 다른 이는 자신과 같은 병을 앓고 있는 여성을 만나도 다들 나이가 많고 자녀가 있고 심지어 손주가 있고 그래서 동병상련을 느끼기 어렵다고 말했다. 주변 친구들은 다 젊고 밝고 아픈 데 없는데 혼자만 큰 병의 습격을 받았다는 게 어떤 것인지 그들은 알지 못했기 때문이다.

어떤 여성들은 중병으로 인해 자신의 청년기와 그 이후의 삶에 대한 기대를 재조정하기도 한다고 연구진은 설명한다. 내가 만난 여성 중에도 병에 걸린 것을 갑작스럽게 알게 되면서 자신의 면역체계를 불신하고, 자신의 몸에 배신감을 느끼고, 어떻게

적응해야 할지 걱정하고, 다른 무언가가 또 '잘못되는' 사태에
대비하기 시작했다는 이들이 있었다.

장애 또는 건강 이상이 있는 사람 다수가 장애나
질병 자체는 조금도 잘못된 것이 아니라고 여기며 따라서
'무언가 잘못되었다'는 표현은 문제가 있으며 불쾌하기까지
하다고 생각하겠지만, 그건 어쩔 수 없이 나오는 반응 중의
하나다. 나도 뭔가 잘못되었다는 생각을 했고 다른 이들도
그랬다. 파티에 다녀온 이튿날 병원에 누워있게 된다면, 혹은
겸상적혈구빈혈증을 가지고 태어났는데 나중에 몸에서 종양이
발견되었다면, 다음에는 무엇이 나를 덮칠지 궁금해질 수 있다.

자신의 몸에 대해 이렇게 부정적으로 생각하지 않는
사람도 물론 많다. 건강 문제를 겪고 있는 모든 이가 그 때문에
속상해한다는 문제적인 이야기를 거들고 싶지는 않다. 그건 많은
이의 실제 경험을 지워버릴 수 있으니까.[2] 그렇지만 동시에 내가
수술을 받고 암에 걸린 것에 대해 아무렇지도 않은 척할 수는
없다. 예전에 나는 아침마다 나가서 오랫동안 달렸고 언젠가는
그렇게 달리는 것이 생각을 정리하는 유일한 방법이라고 느꼈다.
또한 예전에 나에게는 갑상샘이 있었다. 그때는 약에 의존하지
않고 살아갈 수 있었다. 그런 것들이 불가능해졌으니 나는 하늘이
원망스럽고, 도무지 그렇지 않은 척할 수가 없다.

많은 젊은 여성은 새롭게 적응해야 하는 여러 상황을
받아들이기가 매우 힘겨울 수 있다. 동년배의 누구도 할 필요
없는 통원 치료를 해야 한다. 관절 통증, 수술, 신경학적 변화 등이
연애와 직업적 목표에 어떤 식으로 영향을 끼칠지 생각해야 하고,
장애가 없는 사람들이 주가 되어 움직이는 세상 속에 들어가

일을 하는 것에 대한 두려움을 감당해야 한다. 예를 들어 한 연구 결과에 의하면 젊은 루푸스 환자들은 발병 이후 자아 정체성에 손상을 입었다. 연구 참여자들은 남의 시선을 의식하게 되었으며 고립감을 느꼈다. 그들은 몸 때문에 자신을 제대로 드러낼 수 없게 됐을 뿐 아니라 여행을 하거나 의미 있는 직업을 찾는 데에도 많은 제한이 생겼다고 생각했다. 한 스물여섯 살 여성은 이렇게 말했다.

"해외에 나가서 산다거나 아니면 배낭여행을 떠나고 싶어도 그럴 수가 없어요. 약이 떨어지면 끝이니까요. 저한테는 그길로 세상이 끝나는 겁니다."[3]

나가서 놀고 젊음을 만끽하고 세상을 탐험하고 싶은 마음뿐인데 몸 때문에 할 수 없는 것들에 발목을 묶인 느낌은 본인에게만 아니라 타인과의 상호작용에도 영향을 미칠 수 있다. 이는 세상이 우리에게 가르친 다양한 몸을 바라보는 방식에 편견이 들어있는 탓이 크며, 다양한 몸을 기꺼이 포용하는 태도가 전 사회적으로 부족한 탓이다. 가령 젊은 여성이 언제든지 한 시간 내로 병원에 갈 수 있는 곳에 있어야 한다면, 그는 황야의 외딴곳에 가고 싶다는 사람과 데이트를 할 수 있을까? 자기도 캠핑을 좋아하지만 가까이에 응급실이 없는, 어딘지도 모를 곳에 가는 게 왜 불안한지를 설명할 수 있을까? 일찍 찾아온 관절염 때문에 오래 걸으면 안 된다는 것을 스물다섯 나이의 데이트 상대가 잘 이해해줄까? 비슷한 또래의 상대라면 멋진 이야기를 들려주고는 곧장 가서 누워야 하는 여성을 여전히 재미있고 생기 넘친다고 생각할까?

물론 모든 사람의 몸은 언젠가 쇠약해진다. 하지만 당신이 대략 열여덟에서 서른다섯 살의 젊은 나이라면 벌써 그런 일이 닥치리라 예상하지 않을 것이다. 어느 청년 암 생존자가 말했듯이 갑자기 "세상을 보는 시각이 시험대에 오르고 생리 기능이 손상된 상태로 청춘의 과업들"에 직면하게 된다고 생각해보라.[4] 당신은 고등학교나 대학교를 갓 졸업한 여성이거나, 성적으로 가장 왕성하다고 하는 서른 살이다. 그런데 통증에 시달리거나, 몸의 어딘가를 절개해야 하거나, 면역계가 약하거나 아니면 지나치게 강하거나, 종양이나 불완전한 판막이 있거나, 혈압에 이상이 있다. 당신의 '건강한' 친구들에게 당신은 낯선 존재가 된다. 그들은 아마 당신을 이해하고 싶겠지만 그럴 수 없다. 당신이 만나는 나이 든 여성들에게도 당신은 낯선 존재다. 그들은 "그렇게 젊은 나이에"라고 말하며 쯧쯧 혀를 찬다.

게다가 싱글이든 사귀는 사람이 있든 당신은 버림받을 위험에 이미 처해 있다는 소리를 계속 듣게 된다.

몇 년 전 추수감사절에 나는 사촌 언니에게 건강 문제로 지난 한 해 동안 내가 얼마나 무너졌는지 말했다. 당시 쉰 언저리였던 언니는 자기 이십 대 때가 생각난다고 했다. 그때 언니는 배우이자 재즈 가수였고 남자친구가 있는 젊은 여성이었다. 그 모든 것을(덧붙이자면 너무나도 매력적인 광대뼈까지) 가졌던 때 언니는 자가면역질환 진단을 받았다. 그리고 그 시점에 남자친구가 언니를 떠나기로 했다고 한다.

사촌의 이야기는 나를 두려움에 떨게 한 수많은 것들 중 하나에 불과했다. 병이 내 몸에 잠입해 들어오면 혼자 남겨지게 되리라는 막연하지만 떨칠 수 없는 두려움. 데이트를 할 때마다

머릿속을 맴돌며 다음 주에 수술을 받는다는 말을 꺼내지 않도록
나를 단속한 그 두려움. 많은 젊은 여성으로 하여금 일찍 병든
자신의 몸에 키스를 하고 싶을 사람이 과연 누가 있겠느냐는
생각으로 누군가를 만날 엄두조차 내지 못하게 하는 두려움.

두려움이란 꼭 현실적 근거가 있는 것은 아니다. 독이 없는
거미를 손에 잡아보면 얼마나 연약한 생명체인지 깨닫게 된다.
수영장 속으로 걸어 들어가 보면 물이 당신을 지나 찰랑거리며
배수구를 향해 나아가도 당신이 함께 빨려 들어가지는 않는다는
걸 알 수 있다.

그러나 현실은 당신의 걱정이 근거가 없다는 걸
입증하기는커녕 때때로 걱정할 만한 이유가 얼마나 충분한지
보여주곤 한다.

뉴트 깅그리치의 사례를 보자. 이 정치인이 암과 투병 중이던
부인을 버린 이야기는 나를 포함해 비슷한 처지의 많은 이들의
뇌리에서 떠나지 않고 있다. 그 사건은 수많은 신문에, 잡지에,
온라인 기사에, 방송에 보도되었다. 깅그리치는 두 딸과 함께 당시
별거 상태였던 부인 재키 배틀리가 입원해 있는 병원을 찾았고,
암 관련 세 번째 수술을 받은 직후 병상에 누워있던 그에게
이혼을 요구했다.[5]

그런데 그게 끝이 아니었다. 깅그리치의 두 번째 부인
매리앤 긴터 또한 심각한 건강 문제가 생긴 직후에 그가
이혼을 준비했다고 ABC 뉴스에 털어놓았다.[6] 의사가 매리앤이
다발경화증이라는 진단을 내렸을 때 깅그리치가 함께 있었다고
매리앤은 말했다. 그리고 몇 달 지나지 않아 깅그리치는 매리앤을
떠났다.

작가이자 「탑 셰프」 진행자 파드마 락슈미의 사례도 있다. 유명 작가 살만 루슈디와 결혼 생활을 할 때 그는 자궁내막증을 앓고 있다는 이유로 루슈디로부터 "잘못한 투자"라는 소리를 들었다고 밝혔다.[7]

이건 공인들만의 이야기가 아니다. 비슷한 이야기는 주변에서도 나온다.

옛 동료가 얼마 전에 함께 타코를 먹으면서 대학 친구 이야기를 해줬는데 헬레나라는 그 젊은 여성은 이십 대 때 난소암에 걸렸다고 한다. 헬레나와 그의 남자친구는 약혼한 사이나 다름없었고 서로에게 굉장히 충실했다. 그렇게 아주 깊은 관계였는데 난소암 발병 이후 남자친구가 관계를 끝냈다고 한다. 그러면서 병 때문에—차도를 보이고 있었는데도—헬레나를 잃게 될까 두려워서라는 변명을 대더란다. 병 때문이 아니라 본인이 의도해서 잃은 것인데 말이다.

식사를 마칠 때쯤 나는 이 이야기를 내 마음속 파일에 조용히, 마지못해 추가하고는 말했다.

"내 말이 바로 그거야. 나 같은 젊은 여자들이 알아서 미리 거부당하는 느낌을 받는 이유가 바로 그런 거야."

나의 옛 동료는 아직 이야기가 끝난 게 아니라고, 2부가 또 있다고 말했다. 헬레나는 마침내 새로운 사람을 만났다. 서로 급속도로 빠져들었기에 헬레나는 자신의 건강 상태를 솔직하게 털어놓기로 했다. 그래서 남자에게 지금은 호전되는 중이고 건강하며 암이 없는 상태지만 아이를 갖지 못할 가능성이 없지는 않다고 말했다. 사실 그럴 가능성은 확실하지도 않았고, 임신과 출산을 하는 데 아무런 문제가 없을 수도 있었다. 그래도 만에 하나 모르니 알려주고 싶었다고 한다.

이 남자도 헬레나와 헤어지는 쪽을 택했다. 정말 사랑에 빠진 것 같지만 아이를 못 낳을지도 모르는 여자와 깊은 관계로 나아갈 수는 없다면서 남자는 헬레나를 떠났다. 그렇게 두 명이 잇따라 가버렸다.

얼마 후 나는 어떤 연구를 접하게 됐다. 2001년에 열린 미국임상종양학회 연례 회의에서 보고된 연구로 남편이나 부인 어느 한쪽이 뇌종양을 앓고 있는 이성애자 부부를 대상으로 진행한 것이었다. 연구진은 뇌종양에 걸린 여성을 남성이 떠날 확률이 같은 병에 걸린 남성을 여성이 떠날 확률보다 약 10배가 높았다고 밝혔다.[8] 10배.

연구진 중 한 사람은 다발경화증과 폐암을 비롯한 다른 병에서도 성별에 따른 차이가 아주 크다는 점을 지적했는데 폐암의 경우 여성은 같은 진단을 받은 남성보다 이혼 위험이 5.7배 높은 것으로 나타났다. "[이혼] 위험이 역시나 높을 뿐만 아니라 이 경우에도 떠나는 쪽은 남성"이라고 그는 말한다.[9]

떠나버리는 남자들.

나는 다른 연구를 더 찾아보고 싶었다. 다른 종류의 관계, 즉 결혼한 부부가 아닌 커플이나 다양한 젠더와 섹슈얼리티의 사람들이 맺은 파트너 관계에서는 어떤지 조사한 연구를 찾아보고 싶었다. 동시에 나는 여성과 질병과 관계에 관한 어떤 연구라도 존재한다는 것 자체가 중요하다는 걸 잘 알고 있었다. 연구가 여전히 이성애자 시스젠더 백인 남성의 몸과 경험 쪽으로 치우쳐 있기 때문이다(이 문제는 4장에서 더 자세히 논의한다).

질병과 이혼에 대한 또 하나의 연구는 2015년의 것으로,

아이오와주립대학교 연구진의 말에 의하면 뉴트 깅그리치의
사례가 연구의 계기를 제공했다고 한다.[10] 그들은 암, 심장 질환,
폐 질환, 뇌졸중이 이성애자 부부의 결혼 생활에 어떤 영향을
미치는지 알아보고자 했다. 이성애자 부부의 경우 여성에게
심장 문제가 있으면 이혼 위험이 높아지는 것으로 나타났다.[11]
한편 『뉴욕 타임스』는 『암』 저널에 실린 2009년의 연구에 대해
보도하면서 "아내가 아프면 이혼 위험 높아져"라는 제목을
달았다. 앞서 언급한 종양학회 회의에서 발표를 했던 연구자 중
일부가 몇 년에 걸쳐 수행한 이 연구에 따르면 중병 진단을 받은
여성은 유사한 병으로 진단받은 남성보다 별거나 이혼을 맞게 될
확률이 약 7배 높았다.[12]

　　나는 이런 차이가 존재한다는 걸 아마 진작에 알고 있었을
것이다. 내가 생각하는 이상적인 관계에 결혼은 들어있지
않았지만 그럼에도 나는 남자와 데이트를 할 때마다 이 사실을
의식했다. 내가 들은 모든 이야기가 이런 차이를 말해주었기에
모를 수 없었다. 커플 중 한쪽―여성―의 병은 남성의 병과
다르게 취급되었다. 의학적 문제의 발생은 나이와 상관없이
누구에게나 무섭고 고통스러울 수 있으나, '젊다'는 것은 '죽지
않는다'는 의미라 생각하는 나이에 그런 일이 닥치면 한층 더한
곤란을 겪게 된다. 예를 들어 유타대학교 연구진은 성인기 초반에
만성질환을 얻은 사람과 그 배우자는 나이 든 커플에 비해 병으로
인한 스트레스를 더 많이 받는다는 사실을 알아냈다.[13]

　　한동안 나는 막연한 기대를 품었는데, 어느 정도 시간이
지나서야 그 기대를 말로 정리하고 스스로 인정하게 됐다.
데이트를 하다 보면 어떤 특별한 짝을 찾을지도 모른다는 기대,

나와 비슷하게 힘든 일을 겪은 누군가를 만나게 되리라는 기대였다. 그 사람은 어쩌면 암이나 관절 질환을 앓았을 것이다. 그렇다. 나는 나처럼 몸이 '망가진' 누군가를 찾게 되길 바랐다. 아니면 적어도 나처럼 부모님이 젊은 나이에 돌아가셨다거나 하는 경험을 가진—어떤 경험이든 그로 인해 이십 대의 나이에 늙고 지친 기분이 든다는 게 어떤 것인지 이해하게 된—사람을 만나기를 바랐다.

아버지의 죽음은 설령 건강과 관련이 없었다고 해도 아마 나의 기력을 빼놓았을 것이다. 다발경화증 증상이 악화되면서 몇 년간 자살 이야기를 하던 아버지는 끝내 안락사의 형태로 자살을 택했고, 이런 아버지의 죽음으로 나는 심신이 남아나지 않았다. 이제 와 깨달은 것이지만 나는 아버지의 죽음을 슬퍼하는 동시에 무력해진 자신을 대하던 아버지의 태도와 맞잡고 싸움을 벌였다. 나는 극한의 고통을 받으면서도 당신의 몸에 대한 자율성을 행사하고자 했던 아버지의 뜻을 존중한다. 또한 아버지가 병에 적응하기 위한 여러 과정에서 얼마나 수치심을 느꼈는지를 떠올려보면, 병에 걸린 몸은 부끄러운 것이라고 발화하는 행위의 문화적·법적 역사가 아버지의 자존감에 얼마만큼 영향을 끼쳤을까 궁금해지기도 한다. 아버지는 "선한" 사람은 심신을 쇠약하게 만드는 질병을 견디면서 살아남으려 애쓰지 않는다고—오직 "악한" 사람만이 삶에 매달린다고— 말하곤 했다. 이런 사고방식은 장애가 있는 사람을 거리에 나오지 못하게 금지한, 1970년대까지도 완전히 폐지되지 않았던 이른바 어글리법이 여전히 존재하던 세상에서 아버지가 자랐다는 사실과 얼마나 관련이 있을까?[14] 우생학이 활개를 치고 사회는 장애인에게 신경 쓰지 않는다는 태도가 일반적이었던 현실은 아버지의 자신을 보는 시각에 어떤 작용을 했을까?

아버지의 죽음이 복잡한 문제였다는 점은 제쳐두더라도, 나와 비슷하게 가족을 잃는 경험을 한 적이 있는 젊은 사람이라면 본인은 건강하다고 해도 나를 좀 더 이해할 수 있을 것만 같았다. 누군가에게 나쁜 일이 있기를 바라고 싶지는 않았다. 그렇지만 우리 나이 또래 대부분과 달리 죽을 수밖에 없는 자신의 운명을 일찍 인정하게 된 어떤 멋진 사람을 만난다면 나는 나의 일부를 숨기지 않아도 될 터였다. 그런 사람을 만난다면 함께 무언가를 겪어내는 느낌일 거라 생각했다. 한 사람이 자신의 망할 건강 문제에 대처하는 동안 다른 사람은 곁에서 마냥 기다려야 하는 게 아니라. 이를테면 당신과 당신의 연인이 같이 식중독에 걸린 상황이 좀 더 오래가는 것이라 할 수 있다. 사실 나는 그런 동병상련이 그렇게 나쁜 것 같지는 않다고 생각했다. 위벽이 칼로 변한 듯 찌르는 느낌이 특별히 재미있어서도 아니고, 온몸이 완전히 무너지는 경험이 좋은 추억거리이기 때문도 아니다. 그러나 당신과 어떤 사람이 같은 병으로 동시에 앓으며 같은 증상을 겪는다면, 연대감을 느끼게 된다. 두 사람은 땀에 절어 냄새가 코를 찌르는 끈적끈적한 옷을 입고 로맨스의 영역에 들어간다. 평소라면 메스꺼웠을 땀 냄새가 이 순간 둘이 함께라는 사실을 확인시켜준다. 번갈아가며 통증으로 몸을 움츠리고, 서로 음식 이름을 대면서 뭘 먹은 게 원인인지 토론한다.

"로메인(중국식 볶음면—옮긴이) 아닐까?" 당신이 물으면, "그럴 수도. 근데 우리 아이스크림도 먹었잖아"라고 그가 응수한다. "민트 초코칩 때문에 식중독 걸렸다는 얘기는 못 들어봤거든."

둘 중 하나가 아픈 배를 움켜잡을 때까지 이런 식의 대화가 이어진다. 두 사람은 통증과 몸의 반란을 함께 경험한다. 똑같이 탈이 났으니 어느 한쪽이 초를 친 상황이 아니다.

나는 대학 3학년 때 당시 남자친구와 함께 코스타리카로 여행을 갔다. 그와의 관계는 좋기도 하고 끔찍하기도 했다. 어쨌든 서로 사랑하고 있었고, 그래서 민박용 방이 몇 개 딸린 조그만 향신료 농장을 찾아내고는 버스를 타고 절벽을 따라 세 시간을 달린 끝에 그 시골 숙소에 도착했다. 우리는 수박 심는 일을 돕고, 사탕수수를 베고, 차를 타고 자연보호구역에 가서 원숭이와 밝은 빛깔의 게를 만났다.

그러던 어느 날 샌드위치를 먹었는데 안에 든 채소는 분명 수돗물로 씻었을 테지만 둘 다 새벽 4시쯤 배를 움켜쥐며 깨어나 고통에 몸부림쳤다. 다음 이틀간 우리는 식사를 하는 족족 변기에 쏟아냈다. 화장실은 방에 딸려있기는 했지만 문도 없는 시골 변소였다. 연인의 성적 매력을 이보다 더 떨어뜨리는 상황이 또 있을까. 그러나 이때는 2년 반 동안 지속된 우리의 연애가 어느 때보다 강렬했던 순간이었다. 몇 년이 흐른 뒤 우리는 이때를 회상하며 우리가 사귀면서 겪은 가장 의외의 멋진 시간이었다고 이야기했다. 몸의 위기를 함께 겪는 경험은 희한하게도 상대의 성적 매력을 오히려 더 끌어올릴 수 있고, 역겹고 거북하지만 궁극적으로는 긍정적인 유대감을 만들어낼 수 있다는 것을 우리는 깨달았다.

그렇지만 한 사람만 건강에 문제가 있고 그것도 일시적인 문제가 아니라면 이야기가 다르다.

"그 애한테 내가 '어디가' 아픈지는 말하지 않을 거예요."

내가 가르치는 한 학생이 말했다. 저널리즘 저녁 수업이 끝나고 이 학생이 쓴 글의 초고에 대해 상의하는 자리에서였다. 그리고 최근에 결석한 것이 수업을 따라잡는 데 어떤 지장을 줄지, 또 학생의 사생활에는 어떤 영향을 미칠지 함께 이야기했다. 마라라는 이름의 이 학생은 일주일 동안 무려 세 번의 수술을 받았다. 그런 엄청난 일을 치르고도 최대한 평소와 다름없는 기분으로 지내고 할 일을 다 해내려 애쓰고 있었다.

처음에 마라는 갑자기 엄청난 통증을 느꼈다고 한다. 의사는 파열된 낭종을 제거하는 작은 수술을 진행했다. 마라는 낭종이 정확히 어디에 생긴 것인지 밝히지 않고 다만 남자한테 말하기는 곤란한 곳이라고만 했다.

그는 열아홉 살로 2학년이었고, 이따금씩 몸이 이상해지고 통증이 찾아와서 당장 치료를 받아야 하는 상황임에도 학교생활과 친구들을 무엇보다 중요하게 생각했다. 그래서 수술을 받고 학교로 돌아왔을 때 마치 아무 일 없었던 것처럼 친구들과 어울려 지내려고 노력했다. 하지만 며칠 후 또 통증이 시작돼 다시 급히 의사를 찾아갔다. 수술 부위가 감염되어서 마라는 뒤쪽을 절개해야 했다. 의사는 이번에도 낫지 않으면 큰 병원으로 가라고 말했다. 전신마취를 하고 더 복잡한 수술을 받아야 할 것이라면서.

마라는 통증에 시달리거나 코에 산소 튜브를 낀 채 잠에서 깨야 하는 처지가 달갑지 않았다. 하지만 이제는 익숙해졌다고 한다. 겉은 '정상적'으로 보이지만 그 안에서 수많은 이상한 일들이 벌어지고 있는 젊은 여성의 신체를 가진 것에

익숙해졌다고. 그는 극심한 과민 대장 증후군을 앓고 있다고
털어놓았다. 그러나 만나는 남자애한테는 절대 말하지 않을
거라고 했다. 비위가 상할 테니까. 자기에게는 건강에 심각한
영향을 끼치는 문제이지만 과민성 대장 같은 얘기를 누가 듣고
싶어 하겠느냐고 마라는 생각했다. 그는 먹어도 되는 재료가
들어간 음식만 먹어야 하고, 친구들이 매일 저녁을 먹는 식당에서
아무 음식이나 먹을 수 없으며, 때로는 갑작스럽게 탈이 나서
응급 주사를 맞아야 한다.

밝히고 싶지 않은 그 신체 부위에 수술을 받고 또 받은
그 주에 마라의 아버지가 운전을 해주겠다고 말했다. 앉을 때
혹시 아프면 아빠가 태워주겠다는 제안이었다.

"으. 아빠랑 그런 얘기 하기 싫은데 말예요!"

마라가 말했다. 우리는 강의실에 서서 대화를 나누는
중이었다. 아빠한테도 하기 싫은 이야기를 잘되고 있는
남자애에게 하고 싶지 않은 것은 당연했다. 아무리 계속 어디가
아프냐고 물어도 마라는 알려줄 생각이 없다.

"매번 거짓말을 해요." 나도 젊은 나이에 여러 병을 앓는 지옥
같은 경험을 했다고 말하자 마라가 고백했다. "한번은 그 애가
수술을 어디에 받았냐고 묻더라고요. 다리 위쪽이라고 했어요.
진짜 어디에 받았는지 굳이 알 필요 없잖아요."

중증 질환을 앓는 젊은 여성들끼리 개인적으로 이야기를 나눌
때면 각자가 생각하는 가장 비루했던 순간을 주거니 받거니
상세하게 묘사하곤 한다.

"코에 이렇게 튜브를 박고 있는데 마취과 의사가 들어왔어요.

그런데 보니까 잘생긴 데다가 내 나이 또래인 거 있죠."

아니면 이런 식.

"네 번째 데이트에서 내가 지금 배에 고름 빨아들이려고 커다란 거즈를 대고 있다는 이야기는 못 하겠더라고요. 너무 추접스럽잖아요? 그래서 진도를 나가려는 중에 그냥 피곤하다고 했어요. 그 꼴을 보여주느니 그게 속 편하죠."

이와 같은 대화를 할 만큼 해본 나는 많은 여성이 섹스와 로맨스를, 혹은 그 비슷한 것을 얼마나 중요시하는지 알 수 있었다. 누군가는 나를 역겹다고 생각할까? 그 사람은 이미 내 몸을 세심히 살펴보고 있을까? 여성은 걱정할 게 충분하지 않기라도 한 듯이 이런 걱정들을 하고 있었다.

또 하나 깨달은 것은 다른 사람에게 역겨움을 유발하는 건강 문제에 관한 대화는 주로 남자와 관계되어 있다는 사실이었다. 이 '남자'가 나의 튜브를, 병력을, 흉터를 보고, 듣고, 느낀다면 무슨 생각을 할까? 이것이 그들의 염려였다. 수년 동안 남자를 만나다가 다소 뒤늦게 내가 이성애자보다는 동성애자에 훨씬 가깝다는 것을 깨달은 나는 이런 일화들을 들으며 여자를 사귀는 경우(또는 논바이너리로 정체화하는 사람을 사귀는 경우)와는 차이가 있다는 데 주목했다. 후자의 경우에도 건강 문제로 거부당하는 것에 대한 두려움이 완전히 가시는 것은 분명 아니나, 상대가 남자일 때 그 두려움은 훨씬 더 뚜렷했다. 남자와만 데이트를 하고 남자에게만 짜릿함을 느낀다고 생각하던 시절에 나는 연애를 할 때 '여자'가 될 것을 기대받는다는 걸 알 수 있었다. 내가 만난 남자들은 나와 내 친구들이 페미니스트이거나 깨어있는 사람으로 여기는 부류였지만―즉 여자는 이러저러해야 한다는 기대를 의식적으로 품지는 않는 남자들이었지만 —
그럼에도 깊고 강고한 문화적 요인, 미의 기준, 성 역할 따위가
연애 관계에 여전히 작용하면서 우리를 옭아맸다.

그렇지만 연애 관계에 있는 두 사람 중 어느 쪽도 남자가
아니라는 이유만으로 성 역할과 몸에 대한 기대가 사라지는 것은
아니다. 여자를 사귀는 여자, 논바이너리 또는 젠더퀴어와 사귀는
여자 중에도 자신의 몸이 파트너가 좋아할 것 같은 방식으로
작동하거나 보이지 않을까 봐 신경 쓰는 이들이 많다. 아니면
자신의 건강 문제가 파트너를 괴롭히게 될까 걱정한다. 그러나
건강 때문에 여성을 거부한 전례는 시스젠더 남성 쪽이 더 흔한
것으로 보인다.

그래서 나는 스물여섯에 마운트시나이병원에서 옷을 벗고
갑상샘을 잘라낼 준비를 마쳤을 때 남자친구가 없는 상태가 그리
나쁜 것 같지 않았다. 의사가 이제 곧 내 목을 가르고 작은 종양
덩어리와 나를 살아있게 하는 장기 중 하나를 꺼낼 예정이었다.
이걸 남자에게 설명하지 않아도 되니 어찌 보면 얼마나 다행인가
싶었다.

그런데 담당 마취과 의사를 만나고 보니 젊고 잘생긴
사람이었다. 게다가 매일 수술실을 드나들며 환자를 상대하는
사람이니 젊은 여자가 병원에 있다고 해서 별나도 참 별나다는
생각 같은 건 아마 하지 않을 듯했다. 그가 파란색 마스크를
쓰고 수술 준비실에 누워있는 내 침대 앞에 서자, 나는 수술을
앞두고 금식을 해야 했던 내 얼굴이 얼마나 초췌할 것이며 내가
얼마나 지치고 겁먹은 것처럼 보일까 싶어 갑자기 창피해졌다.
한편으로는 내 건강 상태 이면을 볼 줄 알 것 같은 매력적인

사람을 만난 것이 설레기도 했지만.

"정말 작으시네요."

마취과 의사가 의료진과 함께 나를 수술대로 이동하는 중에 부드러운 목소리로 말했다. 그러자 여성혐오적 사회에 길들여진 내 안의 한 부분이 '작다'는 말을 어쨌든 칭찬으로 받아들였고, 그 순간 기분이 조금 나아졌으며, 암을 다 제거하는 데 실패할 수도 있고 아니면 내 성대를 앗아갈 수도 있는 무서운 수술에 대한 두려움이 한결 가라앉았다.

수술을 하고 일주일이 지났다. 주요한 장기 하나가 없어졌는데도 살아있다는 사실이, 일회용 플라스틱병에 든 약에 의존해야 하는 처지가, 목이 비어있는 상태로 걸어 다니는 내 몸이 얼마나 기이한가 하는 생각을 많이 했다.

마취과 의사가 수술 후에 어떻게 지내고 있는지 확인차 전화를 걸었다. 아마 누구에게나 하는 일일 것이다. 통화를 하다가 병원에서 나눴던 대화가 생각나서 물었다.

"그래서 마취는 정확히 어떻게 작용하는 거예요?"

"저희도 백 퍼센트 확실하게 알지는 못해요." 그가 답했다.

글을 쓰는 사람으로서 나는 이 질문이 흥미롭다고 생각했다. 물론 마취과 의사한테도 흥미가 있었지만. 나는 매력 있는 여성의 몸은 어떤 모습이어야 하는가에 관한 나의 생각을 시험해보기로 했다. 달리 말하면, 의학적 문제를 겁내지 않는 사람으로부터 어떤 확인을 받고 싶어졌다. 그래서 병원 명부에서 그의 이메일 주소를 찾아 메일을 보냈다. 그를 포함한 의사들이 자신이 사용하는 화학약품을 제대로 이해하지 못하는 상황에 대해 더 듣고 싶다고 썼다. 관련 기사를 기획해 담당 에디터에게 제안할 예정이라고 하면서.

마취과 의사들도 마취가 어떻게 일어나는지 잘 모르며, 수술 전 환자에게 주입하는 약은 다소 미스터리한 방식으로 사람을 무의식 상태에 빠져들게 한다고 인정한다는 내용의 기사를 쓰고 싶었던 것은 거짓말이 아니다. 하지만 내심으로는 그와 커피를 마시며 인터뷰를 하고 그 만남을 데이트로 발전시켜볼 심산이었다.

그래서 읽으면서 매력 있다고 느끼기를 바라며 이메일을 처음부터 끝까지 일부러 격식을 차리지 않은 투로 작성했다. 여기가 내가 저널리스트로 일하는 곳이라고 소개하고, 당신을 인터뷰해서 이런 종류의 글을 쓰고 싶다고 적었다. 그리고 이렇게 마무리했다.

> 요약: 새내기 의사로서 마취의 과학과 예술에 관련한 당신의 머리를 따 오고 싶습니다(고견을 듣고 싶다는 뜻인 거 아시죠). (a) 제 목구멍에 튜브를 꽂은 분, (b) 추레한 환자복 차림의 제 모습을 본 분, (c) 누가 제 목을 째는 모습을 지켜본 분에게 이런 메일을 쓰자니 조오오금 쑥스럽군요. 하지만 그런 꼴을 다 보여드렸으니 이제 더 이미지 깎일 것도 없죠, 뭐.

마취과 의사는 지도 의사와 상의해보고 인터뷰에 응하겠다는 답장을 보냈다. 이윽고 우리는 재미없는 스타벅스에서 만나 커피를 마셨다. 그가 제안한 장소였다. 눈 아래까지 덮었던 파란색 마스크를 벗은 그는 그때만큼 잘생겨 보이지 않았고, 내가 덜 취약한 상태여서 그런지 그때만큼 멋져 보이지가 않았다.

아주 취약한 상태에서 약간 벗어났을 뿐인데도 그랬다. 나는 불과 일주일 전에 그의 환자였던 사람이고, 또 다른 의사가 메스로 내 목을 그은 자국이 아직 시뻘겋게 남아있었다. 다만 이번에는 똑바로 앉아있었고, 종이 수술포가 아닌 옷을 입고 있었으며, 무의식 상태로 빠져들기 직전이 아니었다.

우리는 마취학에 관한 이야기를 그럭저럭 잘 나누었고— 마취학이 그 사람보다 훨씬 더 흥미로운 것으로 결론 내렸다— 막판에는 정신의 물리적 토대인 뇌에 관해 뻔한 철학적 대화를 좀 주고받았다. 그는 했던 얘기를 자꾸 또 했다. 별 재미도 없는 얘기를.

갑자기 시계를 보더니 가야겠다고 말하는 그를 보며 여자친구가 저녁을 차리려고 기다리고 있구나 하는 직감이 들었다. 전혀 마음 상하지 않았다. 그 전에 나는 친구들에게 자기를 수술한 팀 사람을 불러내 만나자고 할 수 있는 사람은 여기서 나밖에 없다며 으스댔었다. 그런데 이 남자의 실제 모습은 무균 상태의 병실이라는 묘한 공간에서 그토록 빛나 보였던 사람과는 거리가 먼 듯했다.

"마취과 의사한테 만나자고 했어!"

나는 몇몇 친구에게 떠벌렸었다. 이십 대인 친구들에게 나에게 정말로 무슨 일이 일어나고 있는지 이야기하는 것보다는, 그러니까 '난 녹초가 됐어. 말을 하면 흉터가 목구멍 벽을 찔러서 따끔거려. 다음 단계 치료를 받기가 두려워' 같은 말을 터놓기보다는 그게 더 쉬웠다.

또한 웃기고도 슬픈 와중에 연애 감정을 쥐어짜려 애써야 했던 상황에 대해 수다를 떠는 편이 더 적절하게 느껴졌다.

며칠 뒤 나는 다시 일을 하러 나가서 선배 에디터 한 명에게 마취의 미스터리를 다루는 기사 이야기를 꺼냈다. 내 담당 의사를 어찌어찌 인터뷰했는데 본인도 마취나 무의식 상태가 어떻게 일어나는지 잘 모른다는 걸 인정하더라고 말했다. 그러고는 전 세계의 전문의들이 수술 중에 우리 뇌를 통제해 수면과 죽음의 중간 상태에 이르게 하지만 정작 그 원리를 제대로 이해하지 못하고 있다는 사실이 너무 이상하지 않으냐고 덧붙였다.

선배는 수술과 마취라는 주제가 이 잡지 독자들의 충분한 공감을 얻지 못할 거라 말했다. 많은 사람에게 다가갈 수 있는 주제가 아니라는 것이다.

마음속 어딘가에서 나는 그의 말이 틀렸다고 확신했다. 미국에서 입원 환자가 받는 수술이 연간 총 5100만 회에 달한다고 받아칠 수도 있었다. 그렇게 많은 사람이 – 우리 잡지 독자를 포함해서 온갖 부류의 사람이 – 수술을 받는다고 말할 수도 있었다. 하지만 삼켰다. 그 순간에는 그의 말이 맞는 것만 같았고, 어쨌거나 내가 예외적이며 건강은 주류 이슈가 될 수 없다는 생각이 들었기 때문이다.

한 달이 지나도 흉터는 여전히 시뻘건 채로 아물지 않고 있었다. "어머 세상에, 목에 그게 뭐예요!?"라고 묻는 사람도 더러 있었다. 보는 사람마다 깜짝 놀라는 것 같았다. 모르는 사람이 있는 저녁 식사 자리나 모임에 나가기가 싫어졌다. 이제 드디어 그럴 기력은 회복했지만, 그 질문에 대답해야 하는 상황을 피하고 싶었다.

그런데 소호의 하우징워크스(Housing Works, 노숙하는 에이즈 환자를 돕는 비영리 단체─옮긴이) 서점에서 열리는 낭독회 소식을 접하고는 붉은 칼자국이 난 그 목을 하고라도 가야겠다고 생각했다. 같이 일하는 친구와 함께 서점으로 향했고, 불과 얼마 전에 암 수술을 받은 경험 같은 건 없는 젊은 여성이 된 기분을 잠시나마 느꼈다.

낭독회가 끝나고 가벼운 뒤풀이가 있었다. 서점 운영자들이 사람들을 근처의 바로 데려갔고, 거기서 나는 사이먼을 만났다. 내 목의 흉터를 숨길 수 있을 만큼 충분히 어둡기를 바랐던 바로 그곳에서.

이후 몇 번의 멋진 데이트를 했고 나는 근 몇 년간 그 누구를 좋아했던 때보다 더 가슴 떨릴 만큼 사이먼을 좋아하게 됐다. 내 이십 대가 지금까지 얼마나 힘들었는지에 대해, 갑자기 목구멍이 조여오는 경험을 했고 죽을 고비를 몇 번 넘겼으며 이번에는 암이 찾아온 나에 대해 사이먼은 아무것도 모르고 있었다. 나는 2주 뒤에 방사능에 노출될 것이며 치료를 받으려면 매일 엄격한 식단 관리를 해야만 한다는 이야기를 그에게 하면 과연 어떤 반응이 나올지 짐작이 되지 않았다.

"그냥 거짓말해. 어디 좀 다녀올 거라고 말해."

내 친구 재니스는 말했다. 재니스도 나처럼 겉으로는 명랑해 보이지만 속은 의학적 문제로 너덜너덜해져 있었다. 대학 때부터 시작해 심장 수술을 세 번이나 받았지만 사람들과 이야기할 때는 그런 티가 나지 않았다. 집 한구석에 쌓아둔 심장약이나 옷으로 가려진 가슴팍을 얼핏 본 적이 있는 사람이 아니고서는 그 사실을 알지 못했다. 또한 재니스도 나처럼 건강해 보이는 겉모습이 허물어지는 것을 두려워했다. 마지막 수술을 받기 며칠 전에 그는 데이트 자리에 나가 웃으면서 다른 이야기만 하고 수술에 대해서는 상대 남자에게 아무런 언급도 하지 않았다. 그러니 내가 사귄 지 얼마 되지도 않은 사이먼에게 모든 걸 털어놓을 필요가 없다는 건 재니스가 보기에 당연했다.

문제는 내가 거짓말을 잘 못하는 것이었다. 하고 싶어도 실패한다. 뭔가 감추고 있는 게 들통나고 만다.

"일러스트레이터랑 했던 그 끔찍한 데이트 기억나지?"

내가 물었다. 재니스가 으악 소리를 뱉으며 그렇다고 했다. 몇 년 전, 사이먼을 둘러싼 이 딜레마를 예고하는 일이 있었다. 나는 야릇하고 무서운 의학적 문제를 겪고 있던 중에 한 남자를 만났다. 귀엽게 생긴 일러스트레이터였다. 그가 같이 저녁을 먹자고 했을 때, 나는 바로 얼마 전에 난데없이 목구멍이 막혀서 죽을 고비를 가까스로 넘기고 회복 중이라고 말해도 될지 판단이 서지 않았다. 죽기 일보 직전까지 갔다가 응급실에서 겨우 살아난 상태라 지금 먹을 수 있는 건 흰쌀밥과 심심한 달걀 요리, 시금치, 그리고 사과 한 품종밖에 없다고, 의사가 어떤 음식이 원인이었는지 밝혀내기 전까지는 그것만 먹어야 된다고 설명해야 할 텐데 그 상황에서 정말 어떻게 그럴 수 있겠는가?

나는 사무실 근처 식당들의 메뉴를 샅샅이 뒤진 끝에 저녁에 달걀 요리를 하는 허접한 음식점을 찾아냈다. 근사한 식당처럼 꾸몄지만 아기자기하고 조잡한 장식만 없을 뿐, 실상은 간이식당보다 조금 나은 정도였다. 음식은 형편없고 분위기는 관광객이 주로 찾는 그런 곳이었다. 난처했다. 하지만 달걀 요리가 있으니까 죽을 위험을 무릅쓰지 않을 수 있고, 아무래도 그게 제일 중요하다는 생각이 들었다. 나는 일러스트레이터에게 그 식당이 훌륭하다는 얘기를 들었다고 거짓말을 했다. 그렇게 해서 우리는 거기 도착했고 나는 막상 보니 너무 허름한 곳이어서 짐짓 놀라는 척했다. 분명히 누가 추천했다고 하면서. 일러스트레이터와 내가 서있는 곳에서 조금만 걸으면 더 괜찮은 음식점들이 있었지만 나는 슬그머니 말했다.

"그냥 들어가보는 게 어떨까요?"

그저 그런 음식이 담겨 나온 접시를 앞에 두고 그가 얼굴을 찌푸리는 것이 보였다. 그리고 나는 식사를 하는 내내 내가 주문한 시금치 오믈렛에 발린 기름이 먹어도 안전한 것일까 하는 걱정에 빠져있었다. 그러다 담당 의사들은 지금 이 식사도 너무 위험하다고 생각할지 모른다는 결론에 이르렀다. 만약 속에 숨은 어떤 재료가 실제로 위험을 일으키는 상황이 발생하면 나는 이 데이트 상대에게 결국 사정을 털어놔야 할 것이고, 그러면 그는 내 허벅지에 에피네프린 주사기를 찔러 넣어 내 목숨을 구해줘야 할 것이라고 상상했다.

데이트는 잘 안됐다.[15]

아무튼, 지금 이 위기에 대한 이야기로 돌아와 보자고 나는 재니스에게 말했다. 사이먼에게 내가 암 치료를 받는 게 아니라 휴가를 간다고 말하라는 재니스의 아이디어는 다른 사람에게는 해결책이 될지 몰라도 나에게는 아니었다. 그 일러스트레이터와의 데이트에서 나는 거짓말을 했다가 식사 한 끼조차 편하게 하지 못했다. 게다가 사이먼과 데이트를 몇 번 더 하게 되면 방사선 치료 준비를 시작해야 할 날이 올 테고 그러면 나는 내가 먹을 음식을, 간식까지도 전부 직접 만들어야 하며 기본적인 식재료 중 많은 것을 못 먹게 될 터였다. 아무리

미루고 미루어도 그날이 되면 나는 그에게 계속 둘러대려
애쓰기보다는 자초지종을 설명해야 할 것이다.

　월요일 밤이었다. 사이먼과 나는 퇴근 후에 만났다. 둘 다
새롭게 싹튼 사랑의 감정에 휩싸여 있었지만 불행한 비밀에
대한 불안에도 휩싸인 것은 나 혼자였다. 사이먼은 얼마 전
시에서 후원하는 투어에 참가하면서 자기 동네에 있는 역사적
랜드마크들에 대해 알게 됐다고 했다. 이날 밤 그는 전문 투어
가이드들이 알려주었던, 숨어있는 괴물 석상이며 얼룩덜룩
페인트가 묻은 아치 등을 가리켜 보이면서 나에게 투어를
시켜주었다. 내 짝이 될 수도 있는 상대와 데이트를 할 때 너무나
흔하게 보던 것과 달리 거들먹거리지 않고 19세기 후반 건축물을
설명하는 그의 솜씨에 나는 넋을 잃었다. 찬란한 빛깔의 꽁지깃을
가지고 있으면서 뽐내기는커녕 자신에게 그런 게 있는지도
모르는 것 같은, 보기 드문 젊은 남자가 바로 내 옆에 있었다.

　나는 내 얘기를 꺼내서 이 달콤한 저녁을 망치고 싶지
않았다. 그러나 알려야 했다. 안 그러면 정말로 몇 주 동안 계속
다른 데 있는 척을 해야 하고 입원 기간만큼 긴 휴가에 대한
이야기를 꾸며내야 한다. 그래서 사이먼의 거실로 돌아왔을 때
나는 어깨를 잔뜩 움츠리고는 그에게 잠깐 앉아보라고 했다.
겨드랑이 밑이 진땀에 절었다. 그렇지만 해야 할 말을 할 수만
있다면, 건강 때문에 차인 사연을 가진 또 한 명의 여자가 부디
되지 않을 수만 있다면, 땀 따위는 아무래도 괜찮았다.

　"이 흉터 갑상샘암 때문에 생긴 거예요." 내가 말했다. "바로
몇 주 전에 수술을 받았어요. 목이 왜 이렇게 빨개 보이느냐는
질문에 대한 답이 되었겠죠. 그런데 사실 더 있어요."

그해는 일본에서 후쿠시마 원전 폭발 사고가 일어난 해였다. 사이먼도 나도 뉴스 채널마다 나오던 사고 영상을 보았고, 손상된 원자로와 위험 지역에서 서둘러 떠나는 사람들의 모습을 기억하고 있었다. 기자들은 일본 시민들이 요오드 알약을 받으러 몰려든 상황을 보도했다. 요오드제는 재난으로 누출된 방사성 물질이 갑상샘에 흡수되는 것을 막아준다. 그런데 기이하게도 갑상샘암 치료는 딱 그 반대로 이루어진다고 나는 사이먼에게 말했다. 환자는 방사선을 차단하는 것이 아니라 방출하는 방사성 요오드를 삼켜야 한다.

몇 주만 있으면 나는 후쿠시마 주변 지역 사람들이 복용한 것과 정반대 작용을 하는 약을 먹을 것이라고 설명했다. 의료진은 수술 후 남은 갑상샘 암세포의 사멸을 기대하면서 나를 일부러 방사선에 피폭시킬 것이라고 말이다. 후쿠시마 사고가 없었어도 충분히 괴이한 치료법이지만 때마침 그런 일이 있었기에 한층 더 야릇하게 느껴졌다.

이 모든 걸 설명한 후 나는 말을 멈췄다. 사이먼은 말이 없었다. 놀라서 할 말을 잃은 것이리라. 어떤 서른 살짜리 남자가 이런 것을 기꺼이 감당할 수 있겠는가? 방사선을 피하기는커녕 흡수할 예정이라는 소식을 전한 스물여섯 살짜리 여자와 누가 잠을 자고 싶겠는가?

"말해줘서 고마워요." 그가 속삭이는 목소리로 말했다.

"놀라지 않았어요? 내가 방사능이 될 거라고요!" 내가 물었다.

"놀라기보다는 홀린 기분이에요." 그가 말했다. "그리고 어쨌든 '방사성 미셸'(Radioactive Michele)이라니, 슈퍼히어로 이름 같은걸요." 그는 미소를 지었다.

그래서 나는 아직 더 있다며 말을 이었다. 내 몸에 변이가 일어나기 전까지 14일 동안 요오드가 든 음식을 피해야 해서 다른 사람이 만든 음식은 먹을 수 없다고. 핵의학 의사—라는 게 있다고 사이먼에게 알려줬는데 나도 '핵의학 의사'라는 말에 SF가 연상돼서 충격을 받았었다—가 외식은 아예 할 생각도 하지 말라고 했다고. 테이크아웃 음식점에서 파는 흰밥에도 요오드 첨가 소금이 분명 들어있을 것이므로 먹으면 안 된다고. 종일 생과일만 먹거나 아니면 직접 요리를 해서 먹는 것밖에는 선택의 여지가 없는데 그때도 달걀 노른자, 우유, 치즈, 버터, 파스타 소스, 기타 등등 입맛을 달래줄 다수의 식재료를 쓸 수 없다고. 이걸 다 못 먹으니 음식으로 만족을 얻을 것은 기대하지 말아야 한다고.

그러니 저녁 식사 데이트는 불가능하다고. 천연 요오드가 든 음식을 소량이라도 섭취하면 몇 주 후 내 몸에 들어올 방서성 형태의 요오드를 갑상샘 세포가 흡수하는 데 차질이 생긴다고. 의사가 칵테일도 잔에 소금이 들어갈 수 있으니 마시지 말라고 했다고. 내 실수로 치료를 그르칠 수는 없다고.

그리고 수 주간 복용하던 갑상샘 호르몬 대체제를 끊어야 하는데 그러면 내 몸과 정신이 많이 쇠약해질 거라고. 밖에 나가서 오래 걷는 것도, 뭔가에 집중하는 것도 힘들어질 거라고. 어쩌면 책도 못 읽을 정도일지 모른다고.

이번에도 사이먼은 당황하지 않은 듯했다. 눈을 거의 못 맞추고 땀을 흘리는 쪽은 나였다. 나는 내가 병원 격리실에 앉아있을 때쯤 사이먼은 다른 젊은 여자와, 모스라(괴수의 여왕으로 불리는 영화 캐릭터—옮긴이)라는 애칭을 얻을 수는 없을 건강한 여자와 밖에서 저녁을 먹고 있을 거라 생각했다. 그런데 사이먼은 다 괜찮다고 했다. 다만 내가 그런 일을 겪었다는 것이—그리고 자기가 도망갈까 걱정까지 했다는 것이—마음 아프다고 말했다.

나는 사이먼에게 그건 이유가 있다고 했다. 당신이 도망칠 거라고 생각한 데는 이유가 있다고 말했다.

┼┼┼

리서치를 하던 중에 나는 비타라는 여성을 만난다. 이성애자이며 멕시코 혼혈의 유색인 여성이라고 밝힌 비타는 스물세 살에 다발경화증 진단을 받았다고 한다. 그는 마음대로 살면서 여러 파트너와 캐주얼한 성관계를 즐기다가 연애를 시도했다. 그리고 데이트 상대에게 건강 문제를 숨긴 사람들의 블로그 글들을 읽어봤지만 그건 그의 직성에 맞지 않았다.

가끔씩 같이 일하는 남자가 있었는데 여러 해 동안 알고 지냈고 항상 매력 있다고 생각하던 사람이었다. 둘은 첫 데이트 후 두 번째 데이트를 했다. 숨기지 못하는 성격인 비타는 자신이 다발경화증을 앓고 있다고 언급했다.

비타는 오랫동안 좋아하던 사람과 애무를 나누기 시작했다. 한창 서로를 애무하던 중에 남자가 그를 밀쳤다.

"이건 못 하겠어요. 너무 세." 남자가 말했다.

"뭐가 너무 세요?" 비타는 물었다.

"아까 한 거요." 남자가 그에게 말했다. 그러고는 가버렸다.

비타는 당시의 상황과 기분을 내게 들려준다. 그는 그때는

41

물론이고 이후로도 오랫동안 자신이 연애를 할 자격이 없다고
느꼈다고 한다. '다들 이딴 걸로 나를 떠날까?'라고 생각했던 것을
그는 기억한다.

╫

비타는 병 때문에 실연한 유일한 케이스가
결코 아니다. 내가 세 살 때 우리 가족은 맨해튼의 새로운 동네로
이사를 갔다. 부모님은 이웃에 사는 두 여성과 이따금씩 담소를
나누었고 그러다 보니 나도 그들과 친해졌다. 둘은 성이 다르고
얼굴도 다르게 생겼지만 자매라고 했다. 그들은 명절이 다가올
때면 매번 조그만 멋진 선물을 봉투에 담아 우리 집 문고리에
걸어둘 정도로 우리 가족과 가까이 지냈다. 나는 부활절에 토끼
초콜릿을, 하누카에 동전 초콜릿을 받곤 했고 한번은 진짜 보석
구슬이 가득 든—유난히 퇴폐적인—장신구 만들기 키트를 생일
선물로 받기도 했다. 두 여성은 앤지와 마거릿이었고 '앤지와
마거릿'은 한 세트였다. 언젠가 나는 앤지와 마거릿이 자매가
아니며 이부나 이복 혹은 의붓 자매도 아니라는 걸 깨달았다.
그러나 그런 생각을 내보이진 않았다.

대학을 졸업하고 엄마 집에 갔던 어느 날, 우연히 마거릿을
만났다. 나는 내가 겪고 있는 심각한 건강 문제 몇 가지를
마거릿에게 말했다. 그러자 건강 문제를 이겨낸다는 것이, 이 의사
저 의사 만나러 다닌다는 것이 어떤 경험인지 내가 잘 이해한다고
생각한 그는 본인의 병에 대해 들려주었다. 얼굴에 발진이 생기고
햇빛을 쐬면 탈진하고 소화 능력이 전반적으로 떨어지는 증상을
초래하는 까다롭고 지독한 병이었다. 마거릿은 이 복합적인

질환을 이십 대 때부터 앓고 있었다.

그리고 그는 건강 문제 때문에 젊은 시절 사귀던 연인과
헤어진 적이 있다고, 중요한 연애를 망친 적이 있다고 언급했다.
지나가는 말처럼 이야기했지만 이 이별은 분명 중대한
사건이었다. 마거릿은 내가 이에 대해 더 물어보기를 바라는 투로
말했었다.

마침내 물어본 것은 그로부터 몇 년이 지나서다. 나는
마거릿에게 밖에서 차 한잔하자면서 그의 건강 문제에 대해
이야기를 나누고 싶다고, 건강 문제가 지난 35년간 그의 계획을
얼마나 많이 좌절시켰는지 들려주었으면 한다고 말했다. 그런데
마거릿은 빛에 민감하고 계속 탈진을 하기 때문에 밖에서 말고
집에서 차를 마시자며 나를 초대했다. 그는 두 사람의 파스텔 톤
거실에 놓인 푹신한 의자로 나를 안내하고, 그와 몇십 년 동안
함께 살아온 앤지는 편하게 이야기 나누라며 침실로 자리를
피해준다.

"앤지가 아직 모르는 이야기는 하나도 없을 텐데." 마거릿이
빈정거리듯 말한다.

나는 이웃이었다가 친구가 된 이 여성에게 이십 대 초반에
겪은 질병이 그를 어떻게 바꾸어놓았는지 물으러 왔다. 하지만
내가 질문을 하기 전에 그가 먼저 입을 연다. 그와 앤지는 자매가
아니라고. 1970년대에 처음 여기로 이사를 왔을 때 같은 건물
사람 모두에게 자매라고 말했는데 그렇지 않으면 사람들이
수군거릴 것을 앤지가 두려워했기 때문이란다.

그런데 둘은 커플도 아니다. 둘 다 '이성애자'—마거릿은
이 단어를 똑똑하게 발음한다—이고 교회에서 만난 사이다.

43

마거릿은 사람들이 둘을 동성애자로 생각하는 것이 거슬리고 불만스럽다고 말한다.

어느 쪽이든 나는 신경 쓰지 않았을 거라고 얘기하고 싶지만 마거릿에게는 그 차이가 중요하다는 걸 알 것 같다. 오랜 세월 같이 살고 있는 이유는 둘 다 '독신녀'—마거릿의 표현이다— 라서다.

둘이 같이 살게 된 것은 마거릿의 병이 모든 걸 바꿔놓았기 때문이다.

1976년에 마거릿은 팀이라는 남자와 연애를 하고 있었다. 둘은 행복에 젖었고 서로 사랑했으며 함께 계속 성장하고 싶어 하는 커플이었다. 마거릿은 스물여섯의 간호사였고 팀은 법대 3학년생으로 스물다섯 살이었다. "우리는 함께 있으면 너무나 행복하다는 걸 잘 알 만큼" 둘 다 "연애를 충분히 해본" 상태였다고 그는 말한다. 그래서 그들은 결혼을 하기로 했다. 그리고 약혼 기념으로 밖에서 특별한 밤을 보내기로 계획했다.

금요일 저녁, 마거릿은 두 사람의 미래를 위한 축배를 들러 가기 위해 팀이 차로 그를 데리러 오기를 기다리고 있을 때 건강검진 결과를 알리는 의사의 전화를 받았다. 의사는 그의 방광에서 종양이 발견되었다고 전했다. 그리고 당장 주말에 수술을 받게 입원을 해야 한다고 했다.

잠시 후 팀이 도착했다.

마거릿은 리틀 블랙 드레스를 입은 채 그대로 서있었고 팀은 턱시도를 입고 왔다. 그들은 카네기홀에서 음악회를 관람한 뒤 러시안티룸(뉴욕의 유서 깊은 고급 레스토랑—옮긴이)에서 식사를 하며 약혼을 축하할 예정이었다.

마거릿은 더럭 겁이 났다. 할머니가 방광암으로 돌아가셨기에 다음 차례는 어쩌면 자신이 될 수도 있었다. 어쨌든 그럼에도 마거릿과 팀은 음악회에 갔다. 그리고 이틀 후 마거릿은 병원에 가서 종양을 제거했다. 다행히 아직 악성은 아니었다. 앞으로 세 달에 한 번 검사를 받아야 하고 방광경—요도를 통해 방광으로 올라가 생체검사를 하는 튜브—을 몸에 삽입해야 하지만, 여하튼 당장은 괜찮았다.

세 달마다 거북스러운 생체검사를 받아야 할지라도 완전한 암은 아니라는 사실에 그는 안도했다. 마거릿과 팀은 이미 결혼 계획을 세우기 시작했고 팀의 어머니도 그랬다. 부유한 부인이었던 팀의 어머니는 자신과 같은 아일랜드 가톨릭 신자인 마거릿이 아들을 교회에 다시 나오게 할지 모른다는 기대감에 둘의 결혼을 무척 기뻐했다. 발랄하고 책을 많이 읽고 아주 깔끔한 마거릿을 어머니는 마음에 들어 했으며, 둘이 어서 결혼을 하고 아이를 갖기를 바랐다고 그는 말한다.

그러나 그가 악성은 아니지만 종양이 있었고 세 달에 한 번씩 검사를 받아야 한다는 사실을 알고 난 후 팀의 어머니는 태도가 180도 달라졌다. 아무런 의학적 지식이 없던 그분은 마거릿이 아이를 낳을 수 없을 거라 생각했다. 곧 며느리가 될 마거릿을 그토록 아꼈던 분이 갑자기 그를 매몰차게 대했다.

"그 애는 아파." 팀의 어머니는 아들에게 말했다. "아이를 못 가질 거라고."

이런 식으로 그분은 두 사람을 협박했다. 둘이 정 못 헤어지겠으면 연을 끊자고 했다. 마거릿이 추적 검사를 받아야 한다는 단지 그 이유만으로.

마거릿의 이야기가 여기까지 진행됐을 때 나는 횡경막을 닫고 숨을 참는다. 마거릿은 말을 이어간다. 나는 그 뒤에 어떤 이야기가 나올지 알고 있다. 그러나 1970년대 이후로 얼마나 변한 것이 없는지 들으면서 나는 몸을 바짝 죈다. 내 몸에 갑옷을 입힌다.

이후 상황은 더 나빠졌다고 마거릿이 말한다. 팀의 어머니는 마거릿이, 이미 가족으로 맞아들였던 이 젊은 여성이 건강에 문제가 있으므로 떠나주기를 원했다. 하지만 팀은 마거릿을 사랑했고 그와 평생을 함께하고 싶어 했다. 팀은 어머니의 바람에 맞서 싸웠다. 그러자 어머니는 아들에게 인생의 사랑을 떠나라고 강요할 수는 없겠다 싶었는지 본인의 재산을 이용해 두 사람에게 다음과 같이 최후통첩을 했다. 가족의 바람을 저버리고 마거릿이 꼭 팀과 결혼을 하겠다면 해도 좋다, 다만 결혼 후 바로 아이를 갖도록 노력해야 한다, 1년 이내로 마거릿이 임신을 하지 못하면 두 사람은 헤어져야 한다.

그리고 마거릿은 그 기간에 대한 "위자료"로 50만 달러를 받게 될 거라고 했다. 무슨 뜻인가 하면, 마거릿은 아이를 낳음으로써 팀의 가족에 속할 자격이 있음을 1년 이내로 증명해야 하며 그러지 못할 경우 돈을 받고 떠나야 한다는 것이었다.

"나를 아이 만드는 사람으로 본 거지."

마거릿이 말한다. 팀의 가족은 그를 따뜻하게 맞아들였지만—그뿐 아니라 아들의 인생 동반자로 맞이하려 서둘렀고 예식장 이야기까지 했지만—이제는 마치 드라마에나 나오는 것처럼 돈을 주고 떼어내려 하고 있었다. 그가 의학적 검사를 받아야 한다는 이유만으로.

마거릿의 이야기를 듣는 내 눈에 눈물이 차오른다. 나는 사이먼의 부모님이 내가 가진 여러 의학적 문제를 알게 되면 어떤 반응을 보일까 생각한다. 마거릿이 남은 이야기를 덤덤하게 들려주는 동안 나는 눈을 깜빡이며 계속 귀를 기울이고 괜찮은 척한다.

팀은 다시 싸웠다고 마거릿이 말한다. 그는 돈으로 둘을 억지로 떼어놓으려는 어머니의 제안이 말도 안 된다고 생각했다. 팀은 마거릿과 헤어지기 싫었지만 그럼에도 결국에는 나가떨어지고 말았다. 부모님은 물러서지 않았고, 그는 부모님이 원하는 대로 하지 않으면 그분들은 정말로 그와 연을 끊으리라는 걸 깨닫기 시작했다. 팀은 심리치료를 받기 시작했다. 제정신이 아니었다.

마거릿은 팀이 자기를 사랑한다는 걸 잘 알았지만 '마거릿과 팀'이라는 공동 전선이 무너지고 있음을 직감했다. 마거릿은 팀의 부모님이 이기리라는 걸 알았다. 예비 시어머니는 마거릿을 받아들이지 않았고 터무니없는 액수의 돈을 제시했다. 그건 이미 엎질러진 물이었다. 그래서 마거릿은 팀에게 안될 거라고 말했다. 결혼식을 두 달 앞두고 둘의 관계는 끝났다.

나는 마거릿을 알고 지낸 지 벌써 몇십 년이 되었다. 그렇지만 나는 그의 이야기가 내가 알고 있는 대로 끝나게 놔둘 수 없다. 나는 그가 앤지와 함께 살고 있다는 것을 안다. 그의 삶에 팀이 없다는 것을 안다. 하지만 나는 이 서사를 되받아친다.

"팀의 부모님은 당신과 팀이 서로 사랑한다는 걸 몰랐나요?" 내가 묻는다. "아들 결혼 준비까지 하다가 신부를 돈 주고 떼내려 하다니, 대체 어떤 사람이죠?"

나는 각자가 원하는 삶의 확고한 옹호자다. 파트너가 있든 없든 아니면 두 명 이상이든, 젠더와 성적 정체성이 어떠하든 간에 나는 그 삶의 편이다. 무조건. 그렇지만 마거릿이 스스로를 독신녀라고 부를 때 조금 움찔하게 된다. 나는 그가 지금처럼 살게 된 것에 만족한다고 믿고 싶다. 플라토닉한 침실과 두 개의 침대, 그리고 코바늘로 직접 뜬 담요들이 있는 이 거실을 앤지와 함께 쓰면서 이따금씩 티격태격하며 행복하게 살고 있다고 생각하고 싶다. 하지만 마거릿이 이야기를 풀어놓는 동안 내 눈에는 1970년대로 돌아간 그의 모습이 보인다. 검은색 드레스를 입은 마거릿, 마음에 상처를 입은 마거릿이 눈앞에 그려진다.

마거릿은 침착하고 논리적인 성격이다. 그는 감정보다 사고를 우선시한다면서 결말이 어찌 됐든 자기는 괜찮다고 말한다. 그렇지만 마거릿은 팀을 사랑했고 남은 삶을 팀과 함께하고 싶었다. 게다가 팀의 가족과 겪게 될 갈등 상황을 피하려면 팀과 헤어지는 수밖에 없겠다고 느낀 이후에도 그는 정기적으로 암 검진을 받아야 했다. 팀의 어머니를 놀라 돌아서게 만든 바로 그 원인을 계속 마주해야 했던 것이다. 그는 이제 다른 남자에게 자신의 건강에 대해 이야기해야 하는 상황이 두려워지기 시작했다. 그래서 그다음에 만난 남자에게는 병력에 대해 입도 뻥긋하지 않았다.

5년 후 또 다른 병이 마거릿을 덮쳤다. 이번에는 자가면역질환이었는데 이 때문에 그는 지금까지도 소화 장애와 결합조직 이상을 겪고 있다. 병이 심해지면서 그는 성생활을 그만두었다고 말한다. 그냥 그랬다는 식으로 무미건조하게 이야기하지만 차분한 어조 아래에는 감정이 흐르고 있다.

마치 더 이상 주목받을 수 없는 존재가 된 느낌이라고
마거릿은 말한다.

"거울에 비친 가슴을 본다거나 살이 5킬로그램 쪄서
걱정한다거나 하는 것과는 차원이 다르지. 이건 정말로 무거운
짐이야. 관찰을 당하고, 낙인과 싸우고, 병이 가져오는 온갖
불확실성을 감내할 수 있어야 해." 그리고 덧붙인다. "절대
떠나지도 않아."

그렇다. 절대로 떠나지 않는다. 내가 아는 일부 여성은 수술
후 수년째 건강하게 지내면서도 수술 흉터를 잠재적 파트너가
언뜻 본다면 달아나고도 남을 거라는 생각을 여전히 떨치지
못한다. 그리고 내 경우 사이먼에게 암과 수술, 그 이상하고
무서운 방사선 격리 치료에 대해 터놓고 나서도 다 끝난 게
결코 아니었다. 어느 날 그는 결국 열린 내 가방 사이로 샛노란
에피펜(에피네프린 자가 주사제—옮긴이)이 삐져나와 있는 걸
보았고, 또 어느 날은 같이 하이킹을 하던 중에 극심한 고관절
통증이 찾아와서 나는 걸음을 멈추고 이유를 설명해야 했다.

내 나이대의 여성이 가지고 있을 거라고는 예상하지 못할
건강 문제 이야기를 또 하나씩 꺼낼 때마다 나는 그게 사이먼이
받아들일 수 있는 마지막 문제일지 모른다고 생각했다. 내 건강에
대한 진실을 들을 만큼 듣고 나면 아마 그는 떠날 것이고 그렇게
탈 많은 몸, 당장에라도 꺼져버릴 위험이 있는 몸을 가지지 않은
젊은 여성을 찾을지 모른다.

'당신의 목구멍을 막히게 한 그 비만세포 활성화
증후군이라는 것 때문에 내가 왜 기겁을 해요?'라고 그가

묻는다면, 나는 웃을 것이다. 왜냐하면 왜 기겁하지 않는지 알 수 없으니까.

언제라도 터져 나와 몇 초 만에 목숨을 앗아갈 수 있는 병은 없다고 해도—가령 아나필락시스 쇼크를 겪을 위험이 있는 나처럼 순식간에 진행되는 오싹한 질환을 갖고 있는 경우는 아니라고 해도—의료용 표본이 된 듯한 기분은 결코 섹시하지 않으며, 여자답다는 게 무엇이든 간에 세상이 가르쳐준 여자다움과는 아무튼 거리가 멀다. 작가 리사 글랏은 산문시로 이 이미지를 표현한 바 있다. 시의 화자는 어머니가 유방암으로 사망한 후 남성 부인과 의사에게 진찰을 받는다.

"나는 애인과 내가 이런 테이블에서 섹스를 하지 않는다는 것이 정말 좋은 일이라고 생각한다." 이어서 글랏은 쓴다. "그가 이런 조명 아래서 나를 보지 않는다는 것이, 막대와 도구로 내 안을 들여다보지 않는다는 것이."[16]

내 경우 사이먼은 병원에 갈 때 필요하면 같이 가겠다고 항상 말했다. 그리고 내가 이런 테이블 위, 이런 조명 아래에서 막대와 도구로 관찰당하는 걸 봐도 자기는 얼마든지 괜찮다고 했다. 하지만 막상 같이 갈 때면 번뜩 후회가 들곤 했다. 나는 검진 테이블에 눕고 사이먼은 의자에 앉는다. 머리를 낮추면서 나는, 올려다보이는 그가 너무나 꼿꼿하고 너무나 강인해 보인다고 생각한다. 머리로는 그도 나만큼이나 취약한 존재이며 우리 모두가 시시때때로 취약해진다는 것을 안다. 우리는 곧 몸이고, 우리는 나이가 들기 때문이다. 그렇지만 내 진료 일정을 모두 맞추어줄 만큼 그가 나를 사랑하고, 또 내가 기묘한 표본이 되는 광경을 보면서도 나를 사랑한다는 것이 믿어지지 않았다.

어둠 속에서 의사가 몸을 기울여 나를 들여다보고, 초음파기에는 종양을 제거한 후의 내 목구멍을 보여주는 영상이 깜빡이고, 내 목에는 찐득찐득한 전도성 젤이 듬뿍 발려 있다. 나와 글랏을 비롯해 건강 문제가 있는 많은 이들에게 이런 종류의 순간은 취약하고 매력 없는 순간처럼 느껴지며, 심지어는 '숙녀답지 않은' 것처럼 느껴진다. 숙녀다움이라는 것은 내가 의식적인 삶을 사는 동안 내내 무너뜨려 없애려고 애써온 관념이나 여전히 도처에서 젊은 여성을 숨 막히게 한다.

　　나는 사이먼에게 나의 건강 상태 가운데 가장 불길한 것들에 대해 이미 얘기했지만 덜 심각한 몇 가지가 더 있었고 이에 대해서는 그냥 설명하고 싶지가 않았다. 그런데 사귄 지 1년 반쯤 지난 어느 날이었다. 우리는 저녁 식사 배달을 주문하려던 참이었는데, 나는 또 다른 폭로가 될 것을 예상하면서 나의 '노인성 속 쓰림'을 달래줄 음식을 먹어야 한다고 말했다. 그리고 이건 테러 공격을 받은 세계무역센터 근처의 고등학교에 다닌 후에 생긴 문제라고 설명했다. 연방 건강 조사에 의하면 9.11 생존자 다수가 같은 문제를 겪고 있었는데―침통하고 슬픈 어떤 원인에서 비롯된 증상으로 성별이나 연령과는 관계가 없었지만―어쨌거나 노인 남성에게 잘 일어나는 질환인 듯했다. 사이먼은 걱정하며 나에게 괜찮으냐고 물었다. 나는 그의 눈에 슬쩍 비친 놀라움이 그가 만나고 있는 이 여자에게 '의학적 문제가 더 있다'는 사실이 믿기지 않는다는 뜻이리라 생각했다.

　　그래서 하마터면 '미안해'라고 말할 뻔했지만 입을 다물었다. 내가 왜 미안한가? 이 병이 전염이라도 되나? 아니잖아. 괜히 이야기를 꺼내서 그날 저녁을 망쳤나? 그것도 아니었다.

"웃기다." 내가 말했다. "속이 쓰려서 미안하다고 말하려고 했어. 근데 생각해보니 말이 안 되네."

"그래, 그건 말도 안 돼." 그가 다정하게 말했다. "몸이 아픈 걸 당신이 왜 사과를 해?"

맞는 말이었다. 하지만 여성들이, 여자아이들이 듣고 배우는 것은 어쩐지 그 반대다. 나는 귀찮게 해서, 의학적 문제로 골칫거리를 잔뜩 안겨줘서 미안하다고 사과하고 싶었다. 나는 사과 대신 속 쓰림이 소화관에 있는 덮개에 문제가 생겨 위산을 제대로 내려보내지 못해서 발생하는 거라고 설명했다.

다음 날 사이먼을 다시 만났다.

"덮개는 좀 어때?" 그가 물었다.

내가 사귀는 사람이 나의 당혹스러운 질환에 대해 이토록 애정 어리고 사려 깊은 질문을 하다니 너무 기가 막히게 멋져서 감동받았고, 간직해야겠다고 생각했다. 그래서 적어두었다.

『벨뷰 리터러리 리뷰』에 실린 에세이에서 아디나 탤브-굿맨은 스무 살 때의 자아감을 회고한다.[17] 그보다 1년 전 심장 이식을 받고 생명을 건진 그는 당시 평범한 대학 1학년생이 되려고 노력했다. 에세이는 어떤 남자와의 가벼운 만남에 대한 이야기로 시작된다. 그는 그 남자와 위스키를 마시고 키스를 한다. 그리고 함께 밤을 보내자고 말한다. 둘은 옷을 벗는다. 남자는 그의 가슴 한가운데 난 흉터를 보고, 분홍색 선을 따라 부풀어 오른 켈로이드를 눈으로 훑는다. 그리고 "이게 뭐예요?"라고 묻는다. 그는 이때 나눈 대화를 기억한다.

"심장 이식을 받았어요." 내가 말했다.

"언제요?"

"1년 전에요."

"아."

나는 흔히들 하는 질문이 나오기를 기다렸다. 왜 이식받는지, 지금은 괜찮은지, 기증자는 어떤 사람인지 등.

"가슴이 참 예뻐요." 그가 말했다.

관계 후 탤브-굿맨은 거울로 자신의 수술 흉터를 구석구석 살펴본다. 그는 몸에 그렇게 눈에 확 띄는 지도가 그려져 있음에도 여느 대학생과 다를 바 없이 남자와 잤다는 사실에 흡족해하는 —조금 감사해하기까지 하는— 듯이 보인다. 가슴에 대한 그런 언급이 누군가에게는 아무런 감흥을 주지 못했을지 모르지만 이런 병력이 있는, 이런 시나리오의 주인공인 그에게는 우쭐한 기분을 느끼게 했다. 그는 그런 흉터들이 있음에도, '심장 이식'이라는 듣기만 해도 무서운 수술을 받았음에도 불구하고 여전히 매력적이었다. 여전히 '정상적'이며 젊고 재미있었다.

다음 날 아침, 남자는 탤브-굿맨에게 그의 연극 리허설 전날 밤에 대사 연습을 도와주겠다고 말한다. 그러고는 수업을 들으러 간다.

그는 이렇게 쓴다. "그 남자애는 아무것도 묻지 않은 것이, 한가운데가 갈라졌다가 다시 붙은 내 몸을 마치 그런 사실이 없는 것처럼 대해준 것이 내게 선물로 다가왔다는 걸 알지 못한 채 아마 도서관 앞에서 담배를 피우고 있었을 것이다."

이 부분은 내가 인터뷰한 젊은 여성 거의 모두에게서 들었던 이야기를 되울린다. 그들은 장기적인 관계든 단 하룻밤 만난 사이든, 자신의 병을 중요하게 생각하지 않는 파트너를 찾고서 느꼈던 안도감에 대해 이야기했다. 당신의 흉터라든지 당신의 목발, 기타 당신의 건강 문제를 보여주는 무언가를 인지했으면서도 그 때문에 분위기가 깨지게 하지 않으며 당신을 이상하게 보지 않는 사람. 그냥 입에 발린 말일지라도 이 젊은 남자처럼 당신을 칭찬하고 당신의 자아상을 끌어올려 주는 사람.[18] 그러한 관계는 안도감을 준다. 나처럼 당신도 타인이 당신의 성적 매력을 언급하는 방식이 자기애에 영향을 끼치지 않기를 바라거나, 당신의 자아상이 짝을 찾느냐 여부와는─ 그러니까 찾고 있는 경우라면─전혀 무관하기를 바란다고 해도 그렇다. 혼자 살기를 원하고 연애할 생각이 없는 사람도 어쨌든 많은데, 사회과학자 벨라 드파울로가 "진심의 싱글"이라 일컬은 "이 사람들은 혼자 살 때 가장 멋지고 진정성 있으며 가장 의미 있는 삶을 꾸려간다."[19] 싱글이 되기를 선택하는 삶과 연애를 안 하는 사람이 받는 수많은 차별에 관한 중요한 연구에서 드파울로는 모두가 섹스를 원하거나 장기적인 연애 상대를 찾고 싶어 하는 것이 아니며, 사람들은 혼자 사는 이들에 대해 그릇되고 해로운 가정을 하는 경향이 있다고 분명히 말한다.

그렇기는 해도 내가 인터뷰한 여성들 중에는 건강이나 장애 이야기를 하다가 이내 데이트와 섹스에 대한 이야기로 옮겨 가는 경우가 많았다. 짝을 만나고 싶어 하는 젊은 여성에게 신체상과 연애는 뒤얽혀 있을 수 있기 때문이다. 많은 이들이 자기 안에서 자신의 가치와 매력을 백 퍼센트 얻기를 바라고 적극적인

자기애로 빛나는 사람이 되고 싶어 하지만, 연구에 따르면
만성질환을 가진 여성에 대한 타인의 시선과 반응이 "이들의
자기 정체감 형성에 중대한 영향을 미친다".[20] 우리는 필사적으로
스스로 힘을 얻고 다른 누군가의 기대나 의견에 기대지 않는
기분을 느끼고 싶어 하나, 그러한 기대와 의견에 분명 영향을
받는다. 통계를 보면 젊은 여성은 흔한 질병을 앓는 인구 가운데
큰 부분을 차지하지만, 실제 문화에서 사람들은 젊은 여성이
건강에 문제가 있는 것을 이상하고 충격적이거나 엽기적이거나
기괴하다고 생각한다.

　"모든 남자가 흉터를 감당할 수 있는 건 아니지."

　언젠가 친구가 한 말이다. 이 친구는 보기 드문 미인이고
똑똑하고 매력적이어서 남자들이 늘 도리 없이 끌리고 말
정도임에도 같은 경험을 했다. 친구가 어떤 남자 앞에서 처음
옷을 벗었을 때 남자는 친구의 가슴에 오래전에 받은 수술 흉터가
길게 나 있는 것을 보고는 그만 식어버렸다.

　남자인 친한 친구는 이렇게 묻는다.

　"근데 같이 자려고 하는 사람의 건강 문제가 눈에 보이면
섹스를 할 만큼 흥분이 안 될 수도 있지 않겠어?"

　내가 수집한 이야기들 몇 개를 들려주자 그는 이런 상황에서
많은 남자가 말이 안 되게 행동했다는 것을 수긍한다. 이 친구
역시 심각한 건강 문제가 있음을 알린 여자들과 몇 번 데이트를
했다. 그리고 그럴 때마다 내게 와서 "얼마 전에 암을 앓았거나
중요한 장기에 수술을 받은 여자한테 막 달아오르지는 않는 것
같은데 내가 몹쓸 놈이지?"라고 친근하게 물었다.

　그가 하고 싶은 말은 이런 것이다. "어떤 놈들은 진짜

형편없는" 게 맞는데, 완전히 개자식처럼 구는 것과 누군가의 몸이 어떻든 아무런 거리낌을 느끼지 않는 것 사이의 중간 같은 것도 있지 않겠느냐고 그는 말한다.

"좋은 질문이야." 내가 말한다. "음. 누군가의 건강 때문에 그런 의문이 든다고 해서 자동으로 네가 개자식이 되는 건 아니라고 봐. 그러니까 네가 만난 그 여자들이 의학적인 어떤 문제가 있어서 네가 데이트를 계속 할지 말지에 대해 사실 조금 다르게 생각하게 됐다는 건 잘 알겠어. 그리고 나는 너를 몇 년을 알았고, 네가 나쁜 놈은 아니라는 것도 알아."

"모르겠어. 나쁜 놈 맞는 거 같아!" 그가 말한다. "그런데 이것도 혹시 진화론적인 그런 걸까. 그러니까 건강한 짝을 원한다거나 하는…"

"맞아." 내가 말한다. "이런 것과 관련한 진화심리학 연구가 있어. 그런데 그중에는 정말 흥미로운 연구도 있지만 좀 성차별적인 것도 있어. 가령 모든 사람이 이성애자라 단정 짓고 또 여성의 외모는 어떠어떠해야 한다고 결론 내리는 양반들이 있는데, 그래야 아이를 낳는다는 거지. 특정한 유형의 아름다움만 강조하면서 말이야."

"그렇구나. 으윽." 친구가 말한다. "그런 식이라면 우생학처럼 들리기 시작하는데."

"내가 보기에 문제는 타인의 병력을 알고 나면 아주 저열하게 행동하는 인간이 많다는 거야." 내가 말한다. "그리고 또 하나 문제는 '여자'가 건강 때문에 '남자'를 밀어내는 경우는 그렇게 많지 않아 보인다는 거지. 물론 아픈 남자를 밀어낸 여자들도 있고, 반대로 여자를 밀어내지 않은 남자들도 있다는 건 알아.

나라고 무슨 완벽한 인간이어서 누군가의 건강이 어떻든 전혀 신경 쓰지 않는 것도 아니야. 으깬 감자를 한 접시에 놓고 같이 먹던 사람 입술에 발진이 돋은 걸 보고는 티 나게 반응한 적도 분명 있으니까. 그렇지만 건강 문제로 사람을 차버리는 건 어느 모로 보나 남자가 압도적으로 많은 스포츠라는 거지."

청하지도 않은 만성 통증이나 자가면역질환이 찾아왔다거나, 그냥 친구 집에 좀 가려는데 지하철에서 휠체어를 사용하기가 불편해 애를 먹어야 하는 상황은 정말로 짜증 날 수 있다. 이건 성별이나 연령에 상관없이 그럴 수 있다. 그러나 젊은 여성이 의학적인 어떤 문제를 안고 살아간다는 것은 세상의 기대를 정면으로 거스르는 일이다. 세상은 우리에게 반짝이는 청춘의 화사한 불빛이 되어야 한다고 말한다. 우리는 젊고 활기차 보이는 듯하지만 자세히 들여다보면 어딘가 고장 나 있다. 우리는 매력적이지만 어느 정도까지만 그렇다. '아, 심장 수술을 받은 줄 몰랐네요'라는 말이 나오기 전까지만. 섹스 파트너, 특히 남성 섹스 파트너가 우리 몸의 역사를 말없이 접수하고 자신의 욕망을 수정하기 전까지만. 좀 더 깊은 차원에서는 그들이 우리를 사람으로, 같은 젊은이로 받아들이는 방식에 변화가 생기기 전까지만 그렇다. 어쩌면 우리는 그들에게 이십 대라고 하면 천하무적일 것 같지만 생각만큼 그렇지는 않다는 사실을 떠올리게 하는지도 모른다.

젊은 여성이 두려워하는 혐오감은 때때로 손에 잡힐 듯하다. 우리가 자가면역질환이 있다는 이유로 누군가는 애무 도중에 실제로 우리를 밀쳐내 버린다. 대놓고 거부하지 않는다고 해도 결국에는 그럴 가능성이 때로는 직접적인 거부 못지않게

큰 작용을 한다. 탤브-굿맨은 섹스도 해보고 대학 생활을
경험해보려 했던 스무 살 장기이식 환자의 삶에 관한 에세이에서
그가 만났던 남자와의 좋은 경험을 스스로 뿌리쳐버린다.

그 남자는 분명 그의 몸을 여느 매력적인 여자의 몸과 다를
바 없이 대했다.

"하지만 이제 그는 내가 영구적으로 부러진 가슴팍과 큰
소리가 나는 심장을 가지고 캠퍼스를 거닌다는 사실을 알고
있었다." 이어서 그는 이렇게 쓴다. "나는 다시 그를 보고 싶지
않았다."[21]

그렇지 않아도 감정적으로나 성적으로 상처받기 쉬운 관계에
있는 사람에게ー그 사람이 당신의 흉터를 보거나 당신의 병을
알게 되거나 당신의 설명을 듣고서 겉으로는 아무렇지도 않아
보인다고 해도ー당신의 건강 취약성까지 드러내고 싶지 않은
마음. 이건 내가 젊은 여성들에게서 들은 흔한 주제다. 내가
만난 젊은 여성들 일부는 애초에 설명을 하지 않아도 되는 편이
가장 좋다고 생각한다. 밝히지 않을 수만 있다면 밝히지 않은 채
재미있고 '정상적인' 여자, 흥미롭지만 짐은 되지 않는 여자라는
인상을 계속 심어주는 것이 최선이라고 그들은 생각한다. 나는
사이먼에게 건강 문제를 하나씩 터놓을 때마다 마음을 졸였다.
사이먼이 아무런 동요가 없어 보여도 그랬다.

백인 퀴어 시스젠더 여성이며 이십 대 후반이라고 밝힌
에이프릴은 어릴 때부터 지금까지 통틀어 여남은 번의 수술을
받았다. 태어났을 때 식도재건술을 받았고 자라면서 다른 여러
수술을 받았으며 스물한 살 때쯤 심장 수술을, 스물네 살에

58

심박동기 수술을 받았다. 우리는 그가 룸메이트 두 명과 함께 사용하는 커다란 식탁에 앉아 이야기를 나눈다. 그는 의사가 자신을 몇 번 절개했는지 세어본다.

"온몸이 흉터로 뒤덮여 있어요."

그는 말한다. 그가 누군가와 사귀고 있고 셔츠를 입고 있지 않을 때, 흉터는 눈에 보인다. 어떻게 할 방법이 없다. 상의를 벗었을 때의 반응을 보고 그는 사람을 판단한다.

"질문을 하면 그 사람에 대해 판단하죠. 질문을 안 해도 판단하고요."

섹스 파트너들과의 경험 자체는 대부분 긍정적이었으나 흉터를 드러내는 과정에서 짜증이 나곤 했다고 그는 내게 말한다.

"이제 적어도 저는 제 몸을 편하게 느끼는 것 같아요." 그가 말한다. "흉터에 정이 들었달까요. 사실 얼마 전엔 흉터 하나에 문신을 넣었죠." 요즘 그는 자신의 피부를 있는 그대로 받아들이지만, 문제는 그가 말할 준비가 되었건 말건 수술 자국이 그의 병력을 드러낸다는 것이다. "그건 내 몸에 있어요. 온 세상이 보고 질문하라는 듯이 거기에 있어요."

누군가와 밤을 보낼 때 문제가 되는 것은 흉터만이 아니다. 그는 식도 문제 때문에 경사진 잠자리에서 자야 한다. 안 그러면 고통을 느낀다. 다른 사람의 평평한 매트리스에서 잠을 자면 아프지만, 그래도 그럴 때가 있다.

"지난해에 싱글이었어요. 그래서 요즘 데이트를 하고 있죠." 그가 말한다. "바에 가서 술 마시고 그러면 식도가 자극될 수 있어요. 그러다가 이 사람이랑 자야겠다는 생각이 들고… 밤 시간 데이트가 상당히 불편하고 고통스러울 수 있죠."

그는 함께 밤을 보내는 사람에게 사정을 설명하기보다는 이십 대의 '평범한' 데이트 상대처럼 행동하는 편을 택한다. 의학적인 문제로 필요한 것들을 말하지 않고 숨기고, 그의 몸을 상하게 할 술을 마시고, 더 상하게 할 침대에서 잠을 잔다.

"다 감수하는 거죠, 뭐." 그가 말한다.[22]

╫

고관절 수술을 받으러 병원에 가기 며칠 전, 메스가 들어왔던 자리에 구멍이 난 허벅지를 끌고 퇴원하고 나면 몇 주간 목발 없이는 걷지 못할 상황을 앞두고 있던 때, 나는 데이트 자리에 나갔다. 상대는 마이크라는 이름의 뮤지션이었고, 우리는 이야기를 나누고 플러팅을 하고 키스를 하고 또 이야기를 했다. 그리고 그가 내게 며칠 뒤에 또 만나겠느냐고 물었다. 나는 머뭇거렸다. 그럴 수 없다는 걸 알고 있었으니까. 그에게 관심이 없어서가 아니라 그때쯤이면 나는 꼼짝도 못하고 누워서 아마 극심한 고통에 시달리고 있을 것이었다.

나는 대학 시절에도 고관절 수술을 받은 적이 있다. 끔찍했을 뿐만 아니라 말하기 너무 창피한 수술이었다. 사람들은 생각 없이 말한다. 예컨대 "잠깐, 엉덩이라고?" 혹은 "고관절 수술은 할머니들이 받는 건 줄 알았어" 같은 말로 기분을 살짝 상하게 한다. 이 매력적인 남자가 며칠 후에 더 깊은 만남을 갖기를 원하니 나는 수술을 받아야 해서 안 된다고 말할 게 아니라면 알겠다고 해야 했다.

이때도 나는 거짓말을 할 수 있었다. 내 저널리즘 수업을 들었던 학생이 잠자리를 같이하는 남자에게 몸에 관한 비위

상하는 이야기를 하지 않으려고 둘러댔듯이, 나도 거짓말할 수
있었다. 하지만 그러지 않았다. 건강에 문제는 있지만 그래도 내가
가치 있는 사람이라는 걸 보여주고 싶어서였든 아니면 그냥 내가
거짓말을 잘 못해서든 간에 나는 그러지 않기를 선택했다.

"음. 이상한 얘기지만 실은 제가 월요일에 고관절 수술을
받아요." 내가 말했다.

나는 혐오감이 비치는 표정을 예상했다. 이제 막 만난
사람이 나에 대한 새롭거나 놀라운 사실을 알게 됐을 때 으레
그러듯 나는 "좀 망측하죠. 저도 알아요. 그런데 할머니들만 받는
수술은 아니랍니다. 하하" 같은 말을 궁색하게 웅얼거리며 침묵을
채웠다. '하하' 소리가 과장되게 나오는 바람에 눈물이 차올라
목이 멘 것이 아마 티가 났을 것이다.

마이크는 좋은 말만 했다. 할머니들 어쩌고 하는 부분은
언급하지 않았다. 그는 위로를 하려는 듯, 혹은 그 순간의
어색함을 깨려는 듯 자기도 입 수술을 받은 적이 있다며 이렇게
말했다.

"그게 훨씬 더 망측하죠."

그런 말들이 나를 편안하게 해주었다.

"고관절 수술을 받는다고요. 그래도 당신은 여전히 매력
있다는 말을 하고 싶어요."

마이크가 멋쩍은 듯 미소를 지으며 했던 이 말 역시
그랬는데, 듣고서 나는 잠시 생각에 잠겼다. 아디나 탤브-굿맨에게
가슴이 참 예쁘다고 칭찬했던 그 남자처럼 마이크도 진심으로
한 말이었다. 나는 남자로부터 이런 종류의 인정을 받을 필요가
없기를 바라지만 그래도 이 말은 '당신은 이상한 의학적 문제가

있는 사람이 아니라 그냥 사람'이라는 뜻으로 들려 따스하게
다가왔다. 남자가 여자를 대상화할 때 나는 보통 기분이 상하지만
이 순간에는 마음이 누그러졌다.

　　한 의자에 온종일 앉아있어야 할 정도로 엄청난 통증에
시달리던 한 주가 지나고 나자 아주 조금 나아졌다. 나는 하루
종일 입고 있던 잠옷을 벗고, 샤워를 하고 옷을 입으려고
엉덩이에 두껍게 두른 붕대를 비닐로 감쌌다. 나는 누군가 나를
원한다는 느낌을 받고 싶었다. 그리고 그 순간, 이것이 무엇을
의미하는가에 대한 뿌리 깊은 관념이 수면 위로 떠올랐다. 몸의
곡선을 드러낼 필요가 있었다. 예전부터 나는 양성적인 옷차림을
주로 하다가 가끔씩 몸에 붙는 빈티지 드레스를 입곤 했는데
그날 밤은 고민할 필요가 없었다. 나는 허리가 딱 붙는―그러나
엉덩이 쪽은 충분히 여유 있어서 몸매를 드러내면서도 붕대가
감긴 부분을 너무 압박하지는 않을―1950년대 시스 드레스를
입기로 했다. 이 드레스는 불안정한 상태의 내 몸을 보호해줄
갑옷과 같았다. 즉, 모든 옷이 그렇듯이 어떤 기능을 수행하는
의상이었다. 이런 몸에 꼭 맞는 드레스를 입는 게 나를 위한
것인지 아니면 마이크를 위한 것인지, 그에게 내가 정말로 여전히
매력 있다는 걸 증명하려는 것인지 아니면 스스로 그렇다고
확신하고 싶어서인지 확실히 알 수는 없었다.

　　회복하는 동안 앞으로 몇 주간은 지하철을 타면 안 되었기
때문에 통증이 느껴지는 가운데 조심조심 움직여 택시를 타고서
마이크를 만나러 맨해튼의 태국 음식점에 갔다. 그에게서 매력
있다는 말을 듣기는 했어도 스물다섯 나이에 목발을 짚고 다니는
모습을 새로운 데이트 상대에게 보여주는 상황을 마주할 자신은

없었다. 그래서 목발은 집에 두고, 나 자신과 걱정하는 엄마에게 택시에서 내려 식당까지만 걷겠다고 약속했다.

하지만 당연하게도 그렇게 되지 않았다. 저녁 식사 후 절뚝절뚝 몇몇 거리를 걸어 재즈 클럽으로 향하는 동안 주요한 힘줄이 아마 더 손상을 입었던 것 같다. 그저 내가 얼마나 '망측하지 않고 매력 있는' 사람인지 보여주려다가 벌어진 일이었다. 나의 데이트 상대는 절뚝거리며 걷는 나를 보고 또 한 번 칭찬을 했다.

"며칠 전에 수술받은 사람치고 꽤 잘 걷는데요!"

마이크가 말했다. 정말로 감명받은 듯이 보였다. 나는 뭔가 자기 비하적인 말을 했고, 타는 듯한 통증에 대해서는 언급하지 않았다.

마이크가 여전히 내게 매력을 느낀다고 말한 것은 사실이었다. 우리는 그의 집으로 갔고 나는 거기서 그날 밤을 보냈다. 그렇지만 내 엉덩이가 절개된 후의 뜨거운 데이트 한 번이 내 모습을—젊은 여자가 고관절 때문에 활기를 잃고 절뚝거리면서 다니는 모습을—불편하게 보는 듯한 다른 모든 사람의 시선을 없애거나 막아줄 수는 없었다.

결국 나는 마이크로부터 장문의 이메일을 받았다. 그는 나에게 관심은 있으나 '이 사람'이라는 생각은 들지 않는다고 썼다(나는 그런 사람을 찾고 있지 않았지만 그는 그랬다).

나는 그저 내가 괴물 같은 존재가 아니라 무엇보다 젊은 여성이라는 기분을 느끼게 해줄 사람을 만나고 싶었다. 나는 내가 '이 사람'이다 싶은 생각을 할 누군가가 필요한 게 아니었다. 그래서 답장을 보냈다. 그가 나에게 끌렸는지 아닌지, 수술 전에

내게 한 말들과 수술 후에 함께한 시간을 생각하면 나는 그렇다고
느꼈는데 어떤지 그냥 알고 싶다고 썼다.

　　그는 끌렸다고 답장을 보냈다.

　　마음이 놓였다. 나도 어차피 우리가 진지한 관계를 만들어갈
사이는 아니라고 생각했다. 다만 나는 그의 결정이 내 엉덩이
때문인지 알아야만 했다.

　　몇 주 후 엘리베이터에서 삼십 대 초반의 어떤 남자가 내게
왜 목발을 짚고 있느냐고 물었다. 추파라도 던지는 건가 싶을
만큼 밝은 목소리였다.

　　"무릎 다치신 거예요?" 처음에 그가 한 말이다.

　　"아, 몇 주 전에 고관절 수술을 받아서요." 내가 답했다.
그러고는 사람들이 보통 어떻게 반응했는지 상기하며 미소를
지으면서 밝게 덧붙였다. "할머니들만 받는 수술은 아니랍니다!"

　　"아." 그가 코를 찡긋했다.

　　그런 다음 사람 주눅 들게 하는 어조로 이렇게 말했다.

　　"사람들한테는 그냥 무릎 때문이라고 말하셔야겠어요."

어쩌면 우리는 모두 아무것도 아닌 일을 걱정하는지도
모른다는 생각이 들 때마다 내 머릿속에서는 엘리베이터에서
만난 그 남자가 나를 보며 코를 찡긋하던 장면이 재생된다.
비타와 헬레나, 뉴트 깅그리치의 전처들과 내 사촌의 경우처럼
남자가 건강 문제를 이유로 뒷걸음질 치기 시작한 이야기들이
엄연히 존재한다. 그런데 이 이야기들이 내 두려움의 궁극적인
원인이라면, 차곡차곡 쌓인 구역질 나는 작은 기억들도 나를 계속
따라다닌다. 엘리베이터 사건을 떠올릴 때마다 나는 화가 나고

슬퍼진다.

그리고 십 대 시절 텔레비전에서 보고 내 머릿속에 들어와 나갈 곳을 찾지 못하고 있는 이미지가 하나 있다. 비오레 딥 클렌징 모공 스트립 광고였는데, 날개 달린 작은 접착식 팩으로 코나 이마에 붙여 블랙헤드를 뽑아내는 제품이다.

가장 기억에 남는 것은 광고 모델인 배우가 자신의 피부 속에 살고 있던 것을 눈으로 봤을 때 얼굴에 드러난 역겨움의 표정이었다. 그는 자기 몸에 혐오감을 느끼다가 이 얼굴 팩을 하고 나서는 훨씬 '순수해진' 것을 보며 안도하는 듯했다.

내게 무한한 시간과 연방정부 보조금과 사회과학 연구실이 있다면 하고 싶은 연구가 하나 있다. 퍼스널 케어 제품과 관련된 텔레비전 광고의 표본을 추출해 배우의 얼굴에 나타난 역겨움을 측정하는 것이다. 역겨움은 그냥 하나의 얼굴 표정이 아니라 심리학자들이 인간의 보편적인 감정과 결부하는 단 여섯 가지(학자에 따라서는 네 가지) 표정 중 하나에 해당한다.[23] 역겨움은 측정과 매핑이 가능하다. 그것은 코의 특정한 주름(예컨대 엘리베이터에서 만난 남자의 코에 생겼던 주름), 입술의 특정한 움직임, 부푼 볼 등에서 나타난다.[24] 나는 무작위로 뽑은 표본 가운데 자신의 몸을 역겨워하는 여성을 보여주는 광고가 얼마나 되는지 조사할 것이다. 자신의 코에 난 뾰루지, 제모 자국, 얼굴 털, 부스스한 곱슬머리, 갈라진 모발 끝, 또 물론 몸무게를. 자신의 눈가 잔주름을. 자신의 배를. 자신의 엉덩이를.

이러한 연구를 수행하기는 쉽지 않다. 관련된 텔레비전 광고를 다 찾아내고 무작위 표본을 추출하는 데만도 시간이 걸릴 것이다. 우리 여성들이 자라면서 본 광고들을 돌이켜 생각해볼 때 떠오르는 것을 무작위라고 할 수는 없을 것이다. 무엇이 먼저 떠오르는가? 우리 뇌는 행복한 광고보다는 혐오감으로 가득 찬 광고를 저장하는 데 더 능한 것일까?

아무튼 내 기억 속에 남아있는 광고 중 곧잘 떠오르곤 하는 것은 무엇보다 자기혐오 광고들이다. 이제는 내가 걱정할 게 고등학교 시절의 여드름만이 아니지만. 여드름도 징그러운데 예쁜 배우가 암이나 자가면역질환이나 '할머니들'이 하는 고관절 수술을 겪게 된다면 얼마나 더 역겨울까?

꧁꧂

엘리베이터의 남자가 했던 말처럼 불필요하고 상처 주는 발언은 따로따로 보면 한 번이지만, 그로 인한 상처는 계속 쌓인다. '여드름보다 더 징그러워지는' 것에 대한 두려움은 쌓이고 쌓이고 또 쌓인다.

엘리베이터에서 그 일이 있었을 때 나는 내게서 '죽음의 암시'(deathyness)가 보인다는 것을 알았다. '필멸성'(mortality)이 보다 적절한 용어처럼 들리겠지만 이 말은 조금 다른 것을 의미한다. 나는 인간이라면 누구나 경험하는, 죽을 수밖에 없는 운명에 처한 상태에 대해 말하려는 것이 아니다. 내가 의미하는 것은 이를테면 죽음과 눈에 보이게 연결된 상태다. 그리고 이는 젊은 사람이라도 어떤 이들에게는 노쇠해 보일 수 있다는 사실을 상기시킨다.

2년 전, 내 몸에 원인 불명의 아나필락시스가 나타나면서 '죽음의 암시'라는 작은 구름이 내 주변을 떠돌기 시작했다. 그것은 예상하지 못한 순간에 여러 번 발생했다. 동료가 마침 가까이 있던 병원으로 나를 데려가서 내 생명을 구해주었는데 다른 곳에서 또 내 몸이 쓰러지는 것을 보고는 되돌아왔다. 다음 날 내가 나타나자 그는 속삭이듯 말했다.

"유령이랑 얘기하는 기분이에요."

내가 그의 눈앞에 서서 일상적인 이야기를 하며 전날 일은 떨쳐버리려 애쓰는 것을 그는 믿을 수가 없었다.

이런 것이 바로 죽음의 암시다. 내 몸이 왜 자기를 죽이려고 하는지 전문의들이 반쯤 알아낼 때까지, 내가 거의 죽은 상태로 살아있는 사람이라는 사실을 받아들이기 시작할 때까지, 나는 허약하고 텅 빈 나 자신의 주변을 맴돌며 방황했다. 제대로 웃지 못하고 미소도 지을 수 없었으며 기도가 다시 부어오를지 어떨지도 알지 못했다. 친구들과 어울려 노는 동안에는 다들 이제 막 대학을 졸업한 나이인데 나만 갑자기 갑절은 늙어버린 듯한 기분이었다.

탤브-굿맨은 자신이 이상하지 않고 매력적인 사람이라는 기분을 느끼게 해준 남자와 자기는 했지만, 에세이에서 바로 그런 현상에 대해 다음과 같이 서술한다.

"나는 심장 이식을 2년 가까이 기다렸다. 그리고 1년 전에는 죽음에 너무나 가까이 다가갔었기 때문에 내 몸에 죽음의 냄새가 아직 남아있을까 종종 걱정이 된다. 아마 그래서 내가 그렇게 옷과 크림을 많이 사는지도 모르겠다."

변호사이자 전문 스토리텔러인 앤 토머스는 『뉴욕 타임스』에 실린 글에서 그의 감정에 대해 쓴다.

"로맨스의 가능성은 내가 스스로 장애인이라는 생각을 하게 하는 실로 유일한 것이다."[25]

그가 휠체어를 사용하는 것을 두고 사람들은 그와 결혼한 남편은 성인이라는 둥 온갖 무례하고 무지한 발언을 했지만 어느새 그는 자신에 대한 그런 생각들을 수긍하기 시작했다. 그는 남편과 멋진 삶을 함께하고 있었음에도 결혼할 때 이런 기분을 느꼈다고 쓴다.

"나는 운이 좋다고 느꼈다. 마치 B급 제품이 놓인 선반에서 선택된 것처럼."

우리의 문화는 여성에게 성적 매력이 있고 뜨겁고 매혹적이고 임신이 가능해야 한다고 요구하며 따라서 신체적인 건강 문제를 암시하는ㅡ즉, 죽음을 향해 다가가고 있음을 암시하는ㅡ것은 어떤 것이라도 역겨움을 유발하게 된다. 옛날 그 비오레 스트립 광고에서처럼, 우리가 학습을 통해 다른 사람들이 느낄 것으로 예상하는 역겨움은 우리 자신에게서도 생겨나기 시작한다.

작가 서맨사 어비는 '계집애들은 먹어야 한다'(Bitches Gotta Eat)라는 블로그에 연애와 크론병 투병을 비롯한 경험에서 유머와 날카로운 통찰을 끌어내는 글을 게시한다. 한 게시글에서 그의 친구 카라가 그에게 전화를 걸어 다짜고짜 "블랙이야, 팻이야?"라고 묻는다.[26]

어비는 이 친구가 무슨 소리를 하고 있는지 전혀 감이 잡히지 않는데 카라는 자꾸 다그쳐 묻는다.

"샘, 결정해야 해. 블랙(흑인) 아니면 팻(비만)?"
"음, 둘 다는 안 돼? 이런 거 고르라는 사람 처음 봐.

인구조사표에도 비만 체크난은 없어."

마침내 카라는 어비에게 스피드 데이트 행사에 나가보자고
농담했던 걸 상기시킨다. 카라는 참가 신청을 하는 중인데
"초콜릿색 싱글들의 만남"과 "통통한 여자가 최고" 중에
뭘 선택할지 고민하고 있다. 같은 인종의 남자들만 만날 것인가
아니면 신체상 때문에 "자존감이 다소 낮은 여자를 이용해
먹으려고 하는 루저"일지도 모를 남자들이 있는 자리에 나갈
것인가를 생각해본 카라는 결국 후자를 택한다. 스피드 데이트에
나가는 날, 카라가 한껏 단장하고 어비의 집에 왔을 때 어비는
깜짝 놀란다. 어비는 '학부모 면담' 자리에나 어울릴 법한
실용적인 바지를 입으려고 했는데 친구의 옷차림은 차원이
다르기 때문이다. 조금 전에 샤워를 했지만 친구 옆에 서니
구질구질한 기분이 든다. 여자들이 오래전부터 자신에 대해
느껴온 바로 그 역겨운 기분. 머리를 매만지려던 차에 설사가
나오기 시작한다. 크론병 환자인 어비가 20년 동안 겪어온
일이다. 스피드 데이트 행사에 나가자는 건 농담으로 한 소리였고
막상 나가려니 그렇지 않아도 자신이 없었는데 설사가 그런
기분에 기름을 끼얹는다.
　　어비가 기저귀를 차야겠다고 말하자 카라는 당황하는 기색
없이 "내 백에 향수 있어. 똥 새면 냄새 덮으려고 챙겨 왔지"라고
대꾸한다. 어비는 카라의 반응에 대해 이렇게 쓴다.

　　　　이러니 내가 염병할 내 친구들을 사랑하지.
　　　　그래서 제일 좋은 브라 중 하나를 골라 입고, 솜뭉치로

항문에 묻은 A+D[기저귀 발진 연고]를 닦아내고, 엉덩이에
기저귀 크림을 듬뿍 바르고, 부드러운 거즈 패드 몇 개를
엉덩이 사이에 끼우고, 디펜드 팬티를 입었다. 그러고는
곧장 패닉에 빠져들었다. "나 못 가겠어"라고 불쑥
내뱉었다. 울음이 터질 것 같았다. "이런 사람하고 누가
데이트를 하고 싶겠어." 나는 욕실 세면대 위에 쌓인 내
엉덩이용 각종 물품과 장비를 향해 손을 내저으며 말했다.
"한 달에 두루마리 화장지 열아홉 개를 쓰는 년하고 같이
있고 싶어 할 놈은 아무도 없어. 난 집구석에나 처박혀
있을래."

　　[…]

　　나는 어쨌든 얼굴에 칠은 하면서도 계속 울먹이며
데이트는 그냥 포기할 거라고, 쉰 살까지 기다렸다가
이렇게 질질 새는 거 다 진짜로 이해해줄 수 있을 환갑
먹은 사람이나 찾아봐야겠다고 지껄였다.

많은 젊은 여성이 내게 말한 것—그들이 원하는 데이트 상대는
대부분 그들의 처지를 공감하지 못하거나 아니면 역겹게 생각할
것이라는 두려움—을 어비는 잘 알고 있다. 그는 내가 왜 가끔은
나처럼 힘든 일을 겪은 파트너를 만났으면 하고 바라는지
이해한다.

　　어비와 그의 친구는 그날 밤 스피드 데이트에 나간다. 어비는
한 남자와 재미있고 또 어쩌면 잘될 가능성이 보이는 대화를
나눈다. 그 후의 이야기를 그는 이렇게 쓴다.

내가 웃을 차례였고, 웃었다. 꽤 크게. 그때 기저귀에 똥을 쌌다. 이놈의 몸뚱이는 나를 왜 이다지도 배신하는가.

몇 년 후 어비는 블로그에 썼던 글들을 모아 책을 냈고, 여자와 결혼했다.[27]

여자와 결혼했다는 사실을 알았을 때 이런 생각이 들었다.

'그렇구나. 그럼 어비나 나 같은 여성이 남자를 만나지 않는 경우에 연애를 어떻게 하는지도 고려해야 공평하지 않을까?'

+++

나는 심각한 건강 문제를 겪고 있는 퀴어 및 트랜스젠더 여성을 찾는다는 글을 올린다. 젠이라는 이름의 여성이 내게 이메일을 보내온다. 그는 만성질환이 있는 양성애자이고 민족학을 가르치는 강사라고 자신을 소개한다.

"아주 어릴 때부터 종합병원에 들락거렸어요."

그가 말한다. 그는 태어났을 때 몸의 근육과 힘줄이 상당 부분 지나치게 짧았다고 한다. 그래서 여러 번 수술을 받았다. 첫 수술을 세 살 때쯤, 제일 큰 수술은 열한 살부터 열두 살까지, 가장 최근 수술은 스물네 살에 받았다. 요즘도 그 문제를 일상적으로 겪고 있다.

"열 살 때 발이 여든 먹은 노인의 발과 본질적으로 차이가 없었어요."

그의 이 말은 내가 만나보거나 이야기를 읽어본 여성 다수가 자신의 몸을, 또 어느 정도는 자신의 정체성을 한참 더 나이 든 사람과 비교했던 것을 떠올리게 한다. 스물여덟의 젠은 아주 많은 일을 겪었다. 근육과 힘줄 때문에 그렇게 여러 번 수술을 받았을 뿐만 아니라 어릴 때 골관절염도 생겼다. 그러다 중학생 때는 정신건강 문제를 겪었는데 계속 오진을 받았다. 정신과 의사는 젠에게 위험한 약물을 주었는데 그중에는 미국 식품의약국(FDA)의 청소년 복용 허가를 받지 않은 약도 하나 포함되어 있었고 이로 인한 자살 사고로 그는 병원에 들어가게 된다. 비교적 최근에는 섬유근육통 진단을 받았다. 그는 장애인이라고 밝힌다. 눈에 보이지 않는 장애를 가진 장애인. 그런데 연애 상대로 남자와 여자를 다 만나봤지만 그가 관절과 결합조직에 문제가 있다는 것을 알고 나서 그를 다르게 대한 건 남자들이었다.

젠에게 그래도 섹스는 할 수 있느냐고, 할 수 있으면 '정상적으로' 할 수 있느냐고 물어본 건 남자들이었다. 대학 시절에 소개팅으로 만난 남자가 있었다. 둘은 눈이 맞았다. 젠은 남자에게 바로 섹스를 하고 싶지는 않다고 말했고, 어릴 때 정신건강 문제로 오진과 부적절한 치료를 받는 일을 겪으면서 트라우마가 좀 생겼다고 이야기했다. 남자는 듣지 않았으며 젠이 싫다고 이미 말했음에도 섹스를 강요하려 했다.

젠은 그대로 얼어붙었다. 그리고 울었다. 곧바로 섹스를 하고 싶지 않다고 하지 않았느냐고 다시 말해보려 했다. 남자의 반응은 이랬다.

"미안해요, 젠." 남자가 말했다. "당신이 손상된(damaged) 사람이라는 걸 알았어야 했는데."

‡‡‡

또 젠이 어떤 남자와 장기 연애를 하고 있을 때 수술을 받고서 한동안 지팡이를 짚고 다녀야 했던 적이 있다. 길거리에서 나이 든 남자들이 하는 희롱이 이번에는 그의 이동 보조 기구를 가리키며 하는 말과 합쳐져서 귀에 들려왔다.

"지팡이 이리 줘봐." 길에서 한 남자가 젠에게 말했다. "거 없어도 되잖아."

비슷한 상황은 여러 번 있었다. 그중 최악은 젠이 그의 남성 파트너와 함께 길을 걷고 있을 때의 일이다. 나이 많은 남자가 지팡이를 가리키며 어찌 된 거냐고 물었다.

"원래 이렇게 태어났어요." 젠이 말했다.

"씨발년이." 거리의 희롱꾼이 응수했다.

젠의 이야기를 듣는 내 입에서 "뭐어어?" 소리가 절로 나온다. 하지만 젠이 묘사하는 상황은 생각해보면 내가 겪은 일의 좀 더 지독한 버전일 따름이다. 즉, 엘리베이터에서 만난 남자가 목발에 대한 내 이야기를 '바로잡아' 주며 사실대로 말하지 말고 어떤 척하라고 가르쳤던 일의 다른 버전이다. 길거리에서 저 말을 들은 순간 젠은 당연히 불쾌했다. 그러나 그때 함께 있었던 파트너는 젠더러 그렇게 대답하지 말았어야 한다고 말했다. 그 남자가 "씨발년이"라고 말한 게 사실 젠의 잘못이라는 것이었다.

"내가 어떤 사연을 [지어내서] 말해줬어야 한다는 거예요. 그 남자가 나한테 화를 낼 만했다면서요." 젠이 내게 말한다. "그 남자가 재밌자고 말을 건 거니까 나도 뭔가 재미있는 말을 했어야 한대요."

73

젠이 사귀고 있던 남자에게 그 길거리 희롱꾼의 분노와
독설은 정당한 반응이었다.

여자를 사귈 때는 어땠는지 내가 묻는다. 실은 젠더 선입견을
영속화하는 발언을 하지 않으려다 보니 말이 자꾸 꼬이는 바람에
그의 경험을 묻기까지 1~2분쯤 걸린다.

"고정관념은 피하고 싶은데…" 내가 말한다. "그런데 궁금한
게… 그러니까 제가 궁금한 건… 여자와 데이트를 할 때도… 그런
적이… 제 말은 그게 아니라… 물론 여자라고 전부 마법처럼 멋진
건 아니겠지만, 그래도 궁금해요… 차이가 있는지—"

"큰 차이가 있죠." 젠이 답하며 쩔쩔매는 나를 구해준다. "네,
정말로 확실히 차이가 있습니다. 데이트를 할 때, 그러니까 저는
데이트를 남자와도 하고 여자와도 하지만 여자랑 이야기할 때
차이에 대해 훨씬 너그럽고 열려 있다는 느낌을 받아요."

요컨대 젠이 자신의 장애에 대해 여성 파트너에게 말했을
때는 큰 문제가 된 적이 없다고 한다. 그는 이렇게 덧붙인다.

"그리고 퀴어들은 뭔가 다른 게 있어요." 퀴어는 퀴어의 몸을
가진 사람들이 있고 다양한 스펙트럼에 대한 이해가 있는 집단의
구성원인 만큼 "경계성에 대한, 일종의 사이 공간에 존재하는
사람들에 대한 관용의 폭이 훨씬 넓다"는 것이다.

젠은 그가 속한 학계에서도 이와 같은 연관성이 크게
나타난다고 언급한다. 대학에서, 또 학술 문헌에서 퀴어학과
장애학은 교차하는 지점이 실로 눈에 띄게 많다. 『페미니스트,
퀴어, 크립』, 『크립 이론: 퀴어성과 장애의 문화적 기호』 같은
책들이 근년에 나오는가 하면 일류 대학들에서 이런 교차성에
관한 학문이 등장했다.[28]

"저의 장애는 아주 특이합니다." 젠이 말한다. "겉보기에 저는 장애인 같지 않으니까요." 그러나 그는 분명 장애를, 그것도 하나 이상의 장애를 가지고 있다.

"제 경우에는 '장애'라는 단어를 쓸지 말지 고민이 많아요."

내가 젠에게 말한다. 우리는 무엇이 장애로 여겨지는가를 대략 알고 있다. 나는 여러 가지 심각한 건강 문제와 만성 통증이 있고 관절 수술을 받았으며 기타 질환도 앓고 있지만, 이런 것들을 합친다고 장애가 되는지 정확히 확신이 서지는 않는다.

젠은 내 이야기를 듣고 장애라는 말이 왜 자기한테는 들어맞는지 설명한다.

"제가 그 말을 사용하는 이유는 이렇습니다." 그의 말에 의하면 장애라는 단어는 "이 세상은 내 몸을 염두에 두고 설계되었는가? 나는 인간이 만든 환경 속의 공간들에 접근할 수 있는가? 그리고 그 안에서 건강하게 기능할 수 있는가? 그런 시설이 만들어질 때 내 몸이 고려 대상이 되었는가?"라는 질문을 제기한다. 그가 보기에 답은 "아니다"이다. 이어서 그는 말한다. "대체로는 그렇지 않죠. 그런데 저는 장애를 경계에 걸쳐 있는 어떤 것으로 생각하는 것도 아주 좋아합니다. 학생들에게 이런 질문을 던지곤 해요. 캠퍼스가 휠체어 사용자를 위해 설계된다면 그들은 [그때도 여전히] 장애인일까요?"

그는 서로 다른 공간 사이에 낀 상태를 이해하고 심지어 축복할 줄 아는 능력이 퀴어 여성 데이트 상대가 젠의 건강 문제를 훨씬 편하게 대했던 이유의 하나라고 말한다.

"이성애 데이트 문화 안에서" 젠이 데이트한 남자들은 "저라는 사람을 더 알고 싶어 하기보다 제가 그 사람의 삶에서 어떤 역할을 할 수 있는지를 더 많이" 생각했다고 한다. 남자들은 "당신이 실은 여전히 '진짜 여자'라는 걸 내게 증명해 보여라"라고 말하는 듯한 느낌이었던 적이 많다.

　　그가 데이트한 남자들은 대개 수동 공격적이었으며, 젠을 자기 삶에 끼워 맞추려고 했다(이건 역사를 통틀어 여성이라면 장애가 있든 없든 공감할 수 있는 부분이다). 젠은 콜로라도주에 사는데 그곳에는 성별에 관계없이 야외 활동을 좋아하는 사람이 넘쳐 나고 많은 이들이 하이킹과 암벽 등반, 기타 스포츠에 열중한다. 젠이 만난 여자 중에도 짝과 함께 밖에 나가서 각종 신체 활동을 즐기기를 바라는 이들이 있었는데, 그게 불가능하다는 이유로 젠과 데이트를 할 의향이 없었던 여자들의 경우 그 점을 분명하고 솔직하게 이야기했다. 여자들은 서로 생활 방식이 달라서 맞지 않을 것 같다고 그냥 터놓고 말하는 편이었다. 그리고 이 경우 젠은 상대가 자기를 판단할 때 사람 자체를 본다는 느낌을 받았다. 생활 방식이 서로 부딪칠 수 있겠다는 이야기를 꺼낸 이 여자들은 그가 만난 대부분의 남자들과 비교할 때 그래도 열려 있었으며 그를 긍정하는 태도를 보였다. 반면에 남자들은 자연히 그를 성적으로 덜 끌리고 재미없는 여성, 자기가 계획한 삶을 위한 완벽한 소품이 되기에는 부족한 여성으로 바라보는 경우가 흔했다.

　　"장애를 가진 사람은 섹시하거나 섹슈얼하지 않다는 것과 관련한 메타서사도 존재한다고 생각합니다." 젠이 말한다. "그리고 아직 적절한 때가 아닌데 남자가 제게 어떤 성적인 행위를 강요하려 한 적도 몇 번 있어요… 그렇게 해서 제가 여전히 성적 매력이 있다는 걸 증명해 보이라는 뜻이었죠."

건강 문제를 털어놓고 나면 남자들은 섹스를 강요하면서 젠에게 자신감을 느끼게 하려는 것이라는 프레임을 씌웠다고 한다. 장애가 있는 여성—자존감이 낮을 수도 있는 여성—을 이용할 수 있다고 생각하는지, 아니면 정말로 그런 여성이 장애가 있음에도 여전히 매력적이라는 걸 보여주기를 바라는지 젠으로서는 알 수 없다.

"저는 이게 저의 장애가 비가시적이라는 사실과 관련이 있다고 확신합니다." 그가 말한다. 휠체어 같은 이동 보조 기구를 사용하는 친구들의 경우, 데이트하고 싶은 남자들이 마음속으로는 자기에 대해 "여자로 보이지도 않고, 따라서 고민할 여지도 없다"라고 생각하는 것이 느껴진다더라고 젠은 말한다.

젠의 생각은 전에 우연히 읽었던 '대퍼Q'(DapperQ)의 기사를 떠올리게 한다. 대퍼Q는 "특히 남성성을 표현하는 여성들과 트랜스로 정체화한 이들을 위한 최고의 퀴어 스타일과 임파워먼트 웹사이트"라는 소개를 내건 대중적인 퀴어 웹사이트다. "말쑥한 크립: 장애, 퀴어 남성성, 패션"이라는 제목의 기사에서 인터뷰한 사람들은 퀴어성과 장애의 교차 공간인 '퀴어크립'에 대해 이야기한다. 기사 상단에는 잭스 재키 브라운의 사진이 나온다. 섹슈얼리티가 물씬 풍기는 강렬한 이미지다. 바싹 자르고 염색한 머리에 몸에 붙는 검은색 가죽 재킷을 입고 휠체어를 탄 잭스를 뒤에서 찍은 사진이다. 재킷 뒷면에는 흰색 레터링이 장식된 패치가 붙어 있는데 "fuckability"(성교력)라고 적혀 있다. 그리고 휠체어에도 그림이 붙어 있다. "휠체어 사용자 위에 누군가 마주 올라앉아 있는 모습을 막대 인간으로 표현한 그림"이다.

그런데 젠의 경우에는 장애가 눈에 잘 보이지 않음에도 그의 'fuckability', 즉 성적 역량을 증명해야 한다는 생각을 번번이 마주하곤 했다.

대화를 나누는 현재 만난 지 2년이 된 젠의 남자친구는 이전에 데이트한 남자들과 다른 듯하다. 젠은 가족과 함께 중국에 여행을 갔던 이야기를 들려준다. 그의 어머니가 어디든 다 가자 가자 했을 때 남자친구는 "정말로 세심"했다고 한다. 남자친구는 젠과 따로 체크인을 하고 젠에게 필요한 것을 확인한 뒤 어머니에게 다음 일정들이 너무 힘들지 않을지 다시 생각해보는 게 어떻겠느냐고 말했다. 세심한 파트너를 만났다고 해서 이전에 젠이 받았던 상처가 마법처럼 없어지는 것은 아니지만, 어쨌든 이 남자친구는—젠을 자신의 "필요"에 맞거나 맞지 않는 대상으로 바라본 남자들과 달리—젠이라는 사람 전부를 사랑하는 듯이 보인다.

╫

나는 퀴어 여성 블로그 '오토스트래들'(Auto-straddle)에서 "원주민과 유대인의 피가 섞인 스물셋 퀴어 트랜스 여성이며 뇌성마비를 앓고 있는" 타일러 바일의 인터뷰를 읽는다.[29] 글의 상당 부분이 그의 폴리아모리에 관한 이야기에 할애돼 있다. 그는 현재 두 사람과 연애 중이고 그 밖에 다른 몇 명과 캐주얼한 관계를 맺고 있다. 또한 여행을 많이 하며 전국 각지에 친구들이 있는 것 같다.

뇌성마비에 대해 바일은 이렇게 말한다.

"저는 대부분의 사람들에게 눈에 보이는 신체장애를 가진 사람을 사랑하는 경험의 첫 상대예요. 장애인과 데이트를 하는 사람은 그 장애인을 곁에서 돌봐주는 유일한 사람일 것이라는 문화적 기대가 있습니다. 저는 여러 친구와 여러 애인을 사귀고 그중 아무도 저를 돌봐주는 역할에 매몰되지 않게끔 해서 그런 기대를 깨버리죠."

바일의 말은 내게 크게 와닿는다. 장애가 있는 젊은 여성이 자신의 삶에 들어온 어느 한 사람이 지나친 부담을 느끼는 일이 없도록 적극적으로 노력하는 사례이기 때문이다. 그의 이야기는 장애인이 타인에게 짐이 되는 사람이라는 고정관념을 뒤엎을 뿐만 아니라 거기에 ─ 그가 피하고자 하는 함정에 ─ 어떤 진실이 있음을 암시한다. 글 전반을 보면 그는 공동체를 찬양하고 그 안에서 많은 기쁨을 발견하는 젊은 여성처럼 보인다. 퀴어이자 폴리 트랜스 여성인 바일은 이성애 중심 문화의 바깥에서 움직이고 있지만 그럼에도 그 문화는 그가 ─ 그리고 우리 모두가 ─ 자란 환경이었다. 이성애 중심 문화에서 여성은 어머니, 아내, 여자친구 등 타인을 돌보는 역할을 맡을 것으로 기대된다. 한 명 이상의 파트너의 추가적인 돌봄을 필요로 하는 사람이 여성이라면 어떻게 될까? 연구 결과 남성이 뇌종양에 걸린 여성을 떠날 확률이 같은 병에 걸린 남성을 여성이 떠날 확률보다 높다고 밝혀진 이유도 아마 그 때문일까? 그런데 퀴어 섹슈얼리티와 성 정체성의 스펙트럼을 고려한다면 이런 질문들을 던지는 게 합당하기나 한가?

코네티컷주 브리지포트의 한 페미니스트 서점 겸 카페에서 나는 누렇게 바랜 얇은 책 한 권을 우연히 발견한다.『그늘에서 나오는 목소리: 장애 여성들 입을 열다』는 시대에 뒤처진 면도 있지만 여전히 유효해 보이는 면도 적지 않다. 책이 나온 1983년 이후 몇십 년간 우리가 여성에 대해, 또 장애에 대해 말하는 방식은 많이 바뀌었다. 그렇지만 지금에도 들어맞는 부분들이 나를 끌어당겼다. 우리의 담론과 사고에서 그동안 여러 변화가 일어났음에도 아직 그대로인 것은 무엇인지 확인하고 싶었다.

저자 귀네스 퍼거슨 매슈스는 은퇴한 심리치료사 브란트 박사와 이야기를 나눈다. 박사는 수년간 재활 전문 치료사로 일했으며 어릴 적 소아마비에 걸려 매슈스처럼 사지가 마비된 여성이다. 매슈스의 서술에 따르면 브란트 박사는 장애가 있는 여성이 남성에 비해 사회로 통합되는 데 대체로 어려움을 덜 겪는다고 보았다. 이어서 매슈스는 이렇게 쓴다.

"그렇지만 박사는 예외인 영역이 하나 있다고 느꼈다. '데이트와 짝 찾기에 있어서는 여성이 불리하다고 생각합니다.'" 브란트 박사는 매슈스에게 말한다. "'어린이나 부상당한 기사 같은 무력한 사람을 돌보고 보살피는 건 언제나 여성이었고 그것이 전통적인 역할이었다고 봅니다.'" 그렇기 때문에 장애가 있는 남성이 여성보다 아마 결혼하는 확률이 높지 않을까 싶다고 박사는 말한다.[30]

그렇다면 퀴어의 관계에서는 어떨까? 물론 여자도 아픈 여자를 떠나는 경우가 있다. 그러나 다시 말하지만 내가 들은 모든 이야기를 통틀어도 그렇게 흔하지는 않았다. 오드리 로드는 『암 일지』에서 이렇게 쓴다.

"평생 여성을 사랑하면서 내가 배운 것은 여성들이 서로 사랑할 때는 신체 변화가 사랑을 변하게 하지 않는다는 것이다. 나를 진정으로 사랑했던 사람이 내 유방이 둘이 아닌 하나가 되었다고 해서 나를 조금이라도 덜 사랑하게 되는 일은 내게 일어나지 않았다. 상대가 과연 새로운 나를 사랑하고 잘 대할 수 있을지 내가 의심이 들었던 일은 있었지만 말이다."[31]

여기서 로드가 이야기하는 것은 그의 신체적 외양보다 더 심오한 어떤 것이다.

사이먼과 나는 더 가까워지면서 함께 살기 시작하고, 서로의 가족과 시간을 보내고, 동거 파트너가 되고, 서로의 일을 도와주고, 여기저기 같이 여행을 다녔다. 그럴수록 나는 이 모든 게 급격히 변하는 시점이 오리라는 생각이 계속 들었다. 사이먼이 '당신은 의학적으로 정말 구제 불능이야' 하고 언젠가 말하리라 상상하곤 했다. 어쨌거나 내 건강 문제는 점점 그런 쪽으로 가고 있었으니까. 함께 일본 여행을 갔을 때 내 관절 통증이 너무 심해서 우리는 도시 하나를 아예 여정에서 빼야 했다. 그리고 다음 행선지였던 싱가포르에서 도움을 줄 수 있는 의사를 찾아 헤매며 오후 한나절을 보내야 했다. 나는 짐짝이 된 기분이었다. 열대성 폭우가 쏟아지는 가운데 길을 건너 병원으로 가려고 비가 그치기를 기다리며 서 있던 사이먼은 그러나 우리가 이 시간을 함께 헤쳐나가고 있다는 걸 보여주었다. 그는 개의치 않았다. 나는 고통스러워하고 여행 계획은 병원 시간에 맞춰서 돌아가던 그날도 실상 우리는 빗속에서 함께 웃고 대기 시간 동안 서로를 즐겁게 해주면서 알콩달콩 보냈다. 그는 발목과 고관절과 갑상샘과 '덮개'가 다 망가졌든 어떻든 사랑이 여전히 불꽃 튀고 마법처럼 느껴질 수 있다는 것을, 사람들이 연애에서 기대하는 모든 것을 보여주었다. 사이먼은 나에게 그냥 무릎 다친 척하라고 했던 엘리베이터의 그 남자 같은 사람이 아니기에, 건강 문제의 맹공격이 끌림이나 사랑에 영향을 주지 않는다는 것을 내가 알 수 있게 도와주었다.

결국 나는 그를 믿기 시작했다. 밤에 손 잡고 산책을 하거나, 보는 사람이 아무도 없을 때 입을 맞추거나, 재치 있는 말장난을 주고받으면서 느끼는 서로를 너무나도 사랑하는 기분 때문이었을까. 담당 의사와의 약속도, 전문의가 내게 발라보라고 한 약도, 때때로 내가 젊은이보다는 환자라는 기분에 더 사로잡히는 것도 그런 지극한 사랑의 느낌에 실로 흠집을 낼 수는 없을 것 같았다.

나는 거룩한 자신감이 부재하는 상태, 이를테면 오프라 윈프리가 인정한 그 공백 안에서 내가 가치 있다는 느낌을 온전히 스스로 만들어냈다고 말할 수 있으면 정말 좋겠다. 하지만 현실은 외부의 힘, 즉 나 자신의 바깥에 존재하는 사람인 사이먼이 도움을 주었다는 것이다. 그건 그가 어떤 완벽한, 다른 세상에서 온 존재 같은 사람이어서가 아니다(때로는 정말 그래 보이고 여전히 그렇기도 하지만). 우리의 연애에는 풀어야 할 힘든 문제들이 있었고 누구나 그렇듯이 우리 둘도 결함이 있는 인간이었다. 그러나 내 건강과 관련해서 사이먼은 조금도 흔들림이 없었다. 그는 내게 여자는 어때야 한다는 식의 성차별적 사고에 부응해야 한다는 생각이 들게 한 적이 없다. 가끔 우리는 농담 삼아, 나는 여자이고 백인이며 그는 남자이고 흑인이기 때문에 누리는 특권이 서로 다르고 일상에서 마주하는 편견도 다른데 연인이 되었고 아마 그런 경험들 덕에 우리는 상대방이 평소 씨름을 벌여야 하는 고정관념들이 우리의 눈을 가리지 않게 하려고 적어도 '노력'할 수는 있는 것 같다고 말하곤 했다.

나는 『뉴욕 타임스』에 실린 멸종 위기 펭귄의 번식 프로그램에 관한 기사를 읽다가 개인적인 감정을 건드리는 부분을 만난다. 기사는 두 "비운의 연인"을 묘사한다. 뛰어난 유전자를 지닌 수컷 귄과 "유전자 구성이 최적은 아닌" 주모크가 등장하는데 귄은 그런 것에 별로 신경 쓰지 않는다.[32]

유전적으로 "최적은 아닌"이라는 건 어떤 의미일까? 이 표현을 보고 나는 약간 울컥하지만 이내 주모크에게 감정을 이입한다.

이어지는 기사의 내용은 이렇다. 사육사의 말에 의하면 과학 센터가 번식을 목적으로 귄에게 다른 짝을 붙여주었으나 "귄은 자꾸만 주모크에게 돌아간다"고 한다. 『뉴욕 타임스』는 귄이 "물론 새로운 짝에게로 옮겨 가서 종의 보존에 이바지하겠지만 그래도 주모크를 도무지 단념하지 못한다"라고 보도한다.

내 생각에 아마 그건 귄이 조류를 사육하는 인간과 같은 방식으로 주모크의 "최적은 아닌" 유전자를 감지할 수는 없기 때문일 것이다. 아니면 아마 이 펭귄들이 여전히 서로 사랑하며 우생학에 물든 인간의 사고에 동조하지 않는다는 사실에 그저 힘을 얻으면 되는지도 모르겠다.

사이먼이 내 건강에 대해서 한 말들에는 하나같이 애정이 담겨있었다.

"당신은 살갗에 둘러싸인 폭동 같아."

어느 날 그가 한 말이다. 내가 또 새로운 병을 진단받고 얼마나 많은 일을 겪어내고 있는지 보면서. 이 말이 의미하는 건 '나는 그 폭동을 사랑해'임이 분명했다.

사이먼과 함께한 지 5년째 접어들었을 때 나는 서서히, 그러다가 급격하게 내가 동성애자일 수도 있다는 걸 깨달았고 여자와 데이트를 해야 했다. 그리고 사이먼은 변함없이 다정했다. 이 깨달음으로 인해 때로 우리는 몹시 힘들어했지만 그는 내게 그러면 한번 시도해보라며 여지를 주었다.

그렇게 해서 나는 베일리라는 여성과 데이트를 하기 시작했는데 베일리는 내가 사이먼과 최근에 자유로운 연애 관계에 들어갔다는 사실을 전혀 언짢아하지 않았다. 또한 나의 병력을 다른 데이트 상대들에 비해 빨리 터놓았는데—한꺼번에 다는 아니었지만—그 점에 대해서도 그는 전혀 놀라지 않았다.

어느 날 베일리와 내가 그의 아파트에 있다가 장을 보러 나가려는데 그가 평소 내가 곤란해하는 말을 했다.

"가방 무거워 보여요." 베일리가 말했다. "그냥 여기 두고 가도 돼요. 마트는 조금만 가면 나와요."

"아, 괜찮아요. 그냥 가지고 갈게요."

가볍게 하는 말인 것처럼 보이려고 애쓰면서 내가 대꾸했다. 내가 어디를 가나 토트백을 가지고 다니는 진짜 이유는 단 하나, 에피펜이 주머니에 안 들어가기 때문이었다.

"알겠어요. 근데 정말 두 블록만 가면 돼요. 지갑만 들고 가면 되는데."

그가 말했다. 전에 만난 사람들, 애인이든 친구든 나를 알게 된 지 얼마 안 된 사람들로부터 수년간 들었던 말이다. 내가 사귀었던 사람의 형제가 좋은 뜻에서 저런 말을 한 적도 있다. 그러나 다른 때와 달리 나는 그냥 가방을 들고 나가기로 했다.

"어, 실은 가방에 구급약을 넣고 다니거든요. 주머니에

안 들어가서요."

내가 말했다. 베일리가 부디 기겁하지 않기를 바라면서. 건강 때문에 투박하게 생긴 이런 물건을 소지하고 다니는 사람들에게는 토트백 같은 사소한 것이 갑자기 문제가 될 수 있다. 시인 샌드라 비즐리는 이렇게 쓴다.

"나는 에피펜이 들어갈 만큼 폭이 넓고 흡입기를 넣을 만큼 깊숙하고 베나드릴(항히스타민제—옮긴이)을 넣을 지퍼 달린 주머니까지 갖춘 핸드백 말고는 다른 것을 가져본 적이 없다."[33]

이처럼 가방은 어디까지 털어놓을 것인지의 문제가 될 수 있다.

하지만 베일리는 젊은 사람이 죽음의 운명에 가까워졌다는 사실에 놀라지 않았다. 열두 살 때 그는 친구가 끔찍한 암을 앓는 모습을 본 적이 있다. 그는 병실에서 친구 곁을 지켰는데 친구가 살아날지 확신이 들지 않았다. 친구는 다행히 살아났지만 수년 동안 화학요법으로 항암 치료를 받으며 불확실한 상황에 놓였다. 이 경험 직후에 베일리는 반 친구가 또 똑같은 일을 겪는 모습을 보았다. 이 친구는 사망했다. 그리고 나처럼 극단적인 의학적 문제를 안고 있지는 않았지만 베일리의 몸도 전체 스펙트럼에 놓고 본다면 나와 같은 쪽에 있었다. 그는 일 또는 주 단위로 대처해야 하는 몇 가지 만성적인 건강 문제가 있었고 그 나이의 사람이 앓고 있으리라고는 예상하지 못할 문제도 하나 있었다.

"나는 내가 이렇게 '섬세'하지 않았으면 좋겠다는 생각을 해요."

'섬세'라는 말을 마치 욕을 내뱉듯 똑똑히 발음하며 그가 말한다. 우리는 우리가 너무 지나치게 섬세한 것이 우리 자신과

85

우리의 명랑한 유년기, 그리고 독립심과 자부심에 대한 우리의
생각과 얼마나 맞지 않는지 이야기했다.

　　나와 만났을 때 베일리는 겨우 스물일곱이었고 나는
서른하나였다. 우리는 이 숫자들이 우리가 직접 겪었거나 목격한
필멸의 순간들을 제대로 포착하지 못한다는 데 동의했다. 또한
활동적인 사람이 되는 것과 관절에 통증이 찾아오거나 어딘가
불편한 반응을 일으키는 몸을 가진 것 사이의 긴장을 이해하는
상대와 데이트를 한다는 것에 안도감을 느꼈다. 동시에 이렇게
서로 이해하는 것이 단점이 될 수 있다는 생각도 들었다. 서로
사랑하게 된 두 사람이 상대가 건강 문제를 겪을 때 도움을 주고
싶어 한다면, 둘이 한날한시에 갑자기 아플 경우에는 어떻게
할 것인가? 그리고 아직 젊은 우리의 삶 속에 '죽음의 암시'가
들어왔던 시기에 대해 앉아서 이야기를 나누다 보면 정신적으로
피폐해질 때가 있지 않았던가?

　　나는 어느 쪽이 더 나쁜지 알 수 없었다. 본인도 대처해야
하는 건강 문제가 있는 파트너에게 짐이 되는 기분이 나은지,
그런 문제가 없어서 공감하지 못하는 파트너에게 짐이 되는
기분이 나은지. 베일리가 나와 그나마 비슷한 몸과 젠더 경험을
가졌다는 것과 관련한 무언가가 한동안 나의 걱정을 덜어준 것은
사실이다. 그는 내가 남들과 다르다는 점에 영향을 덜 받았고
그런 다름을 더 당연하게 받아들였다. 양성애자인 젠이 여성을
만날 때 같은 경험을 했다고 말했던 것처럼. 그러나 베일리와
겹치는 부분이 많기는 해도 나는 평생에 걸쳐 젊은 여성에 대한
문화적 이미지, 화사하게 보정된 그 이미지들을 내면화해왔다.
나는 버림받은 여성들의 이야기를 수도 없이 들었다. 이들은

남자에게 버림받은 것이기는 하나 여자를 만난다고 해서
두려움이 완전히 없어지는 것은 아니었다.

사소하지만 눈에 보이는 증상이 나타나면서 못생겨 보이는
기분이 들던 어느 날 나는 울음이 터졌다. 의사 말로는 보통
일이 년 안에 사라진다는데 일주일에 한두 번은 자는 동안
눈꺼풀이 붓는 증상이었다. 그동안 살면서 암에 걸리고 목구멍이
조이고 온갖 수술을 받는 등의 일을 겪었는데 눈꺼풀 피부가 자꾸
부어오르면서 살짝 늘어진다고 우는 건 지질하다고 생각했지만,
나도 모르게 흐느끼고 있었다. 그리고 베일리에게 내 안에 있는
줄도 몰랐던 말들을 큰 소리로 내뱉었다.

"내 눈꺼풀 한쪽이 좀 늘어져 처져도 당신 눈에 내가 매력
있어 보일까요?" 나는 물었다. "한쪽은 부어서 접힌 작은 주름이
이미 생겼어요. 눈이 짝짝이가 되면 어떡해요? 다섯 달쯤 후에는
눈가에 괴상한 주름이 더 잡힐지도 모르는데, 그러면 나 정말
별로겠죠?"

젠더도 그렇고 죽음의 암시와 관련해 아무리 비슷한 부분이
많아도 우리 둘에게 똑같은 일이 일어나는 것은 아님을 나는
깨달았다. 이건 커플이 같이 식중독에 걸린 것과 달랐다. 베일리의
눈은 멀쩡했다.

그런데 몸과 관련해 서로 겹치는 점이 더 적었던 사이먼과
함께 있을 때는 거부당할 위험을 별로 느끼지 않았다. 수년간
키워온 크나큰 사랑과 믿음과 헌신이 있었기에 더 그랬다.
그렇지만 역시 백 퍼센트 안전하다고 느끼지는 않았다. 내가
바라는 가장 멋진 파트너, 매일매일을 행복과 설렘으로 터질
듯하고 편안함과 따뜻함에 푹 젖어 들게 해준 사람이었던

사이먼도 어쨌든 병든 나와 달리 건강했기 때문이다. 내 몸과 면역체계가 어떻든 나를 사랑한다는 것을 아무리 보여주어도 내 마음속 한구석에서는 그가 내 약에, 내 고관절에, 여전히 희미하게 남아있는 내 목을 가로지르는 흉터의 진의에 질려버리지 않을까 하는 생각을 떨쳐낼 수 없었다.

(희뿌연) 유리천장과 벽

2

대학을 졸업하고 들어간 첫 직장에서 나는 인사팀(human resources)이 왜 필요한지 잘 알지 못했다. 당시 나는 스물한 살이었고 고관절 수술을 이미 한 번 받은 상태였지만 다른 건강 문제는 아직 나타나기 전이었다. 누가 휴직을 한다고 할 때 나는 그 이유에 대해 별로 깊게 생각하지 않았다. 게다가 '인적 자원'(human resources)이라니, 뭔가 「소일렌트 그린」(디스토피아를 그린 1973년 미국 SF 영화로 인육으로 만든 식품 '소일렌트 그린'이 등장한다ー옮긴이)이나 조지 오웰의 작품 같은 데 나올 법한 것처럼 들렸다. 사람으로 만든 디스토피아 음식까지 연상되지 않았다고 쳐도 그런 일을 전담하는 팀이 정말 필요할까 싶은 의구심은 들었다. 팀 전체가 하는 업무라고는 전화로 지원자에게 공식적인 고용 제안을 하는 것밖에 없어 보였으니까. 그 덕에 상사가 될 사람은 지원자에게 당신의 몸값이 미화로 환산할 때 얼마나 보잘것없는지 직접 말해야 하는 껄끄러운 상황을 모면할 수 있다.

나는 국제 비영리 단체의 사내 변호사 법무 조수로 일을 시작했다. 알고 보니 내 직책은 실상 학위만 없을 뿐 변호사와 다름없이 열심히 일해야 하는 자리였다. 엄청난 훈련과 학습이 필요한 직무였고, 밤에는 글을 써서 내 작업을 출판하려고 했지만 낮에 이 비영리 단체에서 업무를 하고 나면 남는 시간과 에너지가 거의 없었다.

어느 날 오후, 사무실에 있던 중에 귀 쪽에서 격렬하게 따끔거리며 찌릿한 느낌이 올라왔다. 그러다가 얼굴이 부어올랐다. 이유를 알 수 없었다.

"어, 괜찮아요?"

동료 마이클이 물었다. 그는 나보다 몇 살 많았고, 나와 막 친해지기 시작한 사이였다.

"네, 그냥. 저도 잘 모르겠어요. 뭣 때문인지 얼굴이 갑자기 부어올라서."

"알레르기 반응인데요." 마이클이 말했다.

"근데 저 아무 알레르기도 없어요."

"얼굴이 이만큼 부었는걸요." 그가 양손을 양 볼에서 15센티미터쯤 떨어진 허공에 올리고는 말한다. "병원에 데려다줄게요."

마침 같은 블록에 병원이 있었다. 요행으로 조금만 걸으면 됐다. 응급실에 도착하고 마이클이 접수를 도와주었다. 그리고 갑자기 화장실에 가고 싶어졌다. 안내 데스크 직원이 화장실을 알려주었고 나는 안으로 들어가서 소변을 보았다.

그런 다음 화장실 문을 열려고 손잡이를 돌리다가 눈앞이 깜깜해지며 정신을 잃었다.

눈을 떴을 때 나는 바닥에서 비명을 지르고 있었다. 온갖 모르는 사람들이 서서 나를 내려다보며 뭔가를 외치고, 발작하듯 나뒹구는 나를 들어 올리고 진정시키며 응급실로 날랐다. 나는 원래 보고 듣고 숨 쉬던 대로 볼 수도, 들을 수도, 숨 쉴 수도 없었다. 이전에도 이후에도 한 번도 느낀 적 없는 종류의 통증이 내 안의 모든 장기와 막을 1밀리미터도 빠짐없이 가격했고, 나는 몸부림치는 동시에 송두리째 꺼져가고 있었다.

바늘이 내 몸 어딘가로 쑥 들어왔다. 다시 비명이 터졌다. 그러다 갑자기 코르크스크루 같은 것이 내 몸에 들어와 마치

물속에 잠긴 나를 시속 150킬로미터로 빙빙 돌려 뽑아내는 듯한, 마치 어떤 파도나 세찬 바람이 작고 빠른 원을 그리며 나를 빨아들이는 동시에 위로 쭉쭉 들어 올리는 듯한 느낌이 들었다.

"견과류 먹었습니까? 견과류 알레르기 있습니까? 이게 얼마나 위험한 줄 아십니까?" 한 의사가 질책하듯 나를 향해 질문을 퍼부었던 것이 기억난다. 의사는 식겁한 표정이었다.

감각이 되살아나자 내가 있는 병실이 보였다. 마이클은 가고 없었고 엄마가 와 있었다. 엄마는 겁에 질린 듯했다. 시간이 얼마나 흐른 건지 알 수 없었다. 그사이에 무슨 일이 있었는지 아직도 모른다.

어쩌면 에피네프린 주사가 원인이었을 것이다. 그 때문에 내 몸이 코르크스크루처럼 돌면서 위로 빨려 들었다가 땅으로 다시 떨어져 이 응급실에 내려앉은 초현실적인 느낌을 체험했는지도 모른다. 의사에게 그런 기이한 기분이 왜 든 것인지 물어보지는 않았다. 나는 백색광이라든지 사람들이 죽음 직전에 본다는 것들을 보지는 않았지만, 어쨌거나 더 이상 살아있는 것이 아닌 상태의 일보 직전까지 갔었다.

††††

맨해튼의 응급실이 내 목숨을 구한 것은 의심의 여지가 없는 사실이며, 그에 앞서 나를 거기로 끌고 간 마이클은 정말로 내 생명의 은인이다. 의사들은 나를 밤새 지켜보았고 얼마 후 나는 아마도 약이 아직 내 몸속을 흐르는 상태에서 멀쩡하게 깨어났다. 의사가 나를 살펴보러 왔을 때 나는 그때 막 생각난 것을 말했다. 우습게 들리겠지만 오늘은 친구 만나러 인도에 가기로 한 날이라고 의사에게 이야기했다.

나는 몇 달 전에 비행기표를 사둔 데다가 내 생명을 되살려
준 화학약품에 취해 있었기 때문에, 그리고 의사들도 내가 무엇에
그런 반응을 일으켰는지 원인을 확실히 알지 못했기 때문에—
또한 평소 별 탈 없는 몸으로 잘 살고 있었고 스물한 살이었으며
죽을 나이는 아니었기에—지금 생각하면 완전히 정신 나간 짓을
감행했다. 짐을 싸서 콜카타로 날아간 것이다.

그곳에 도착해서 나는 친구 스미타에게 응급실에서 있었던
일을 이야기했다. 친구가 듣기에도, 내가 말을 하면서도 현실
같지가 않았다. 천만다행이었다. 그래서 우리는 아랑곳 않고
스미타의 할머니가 꼭 가보라고 한 차 밭에 가기 위해 콜카타에서
다르질링으로 가는 기차에 올랐다.

기차역에서 나는 어지러움을 느꼈다. 온몸이 꺼졌다가
살아나서 곧바로 비행기를 타고 지구 반대편으로 왔으니 그냥
너무 지쳐서 그런 것일 수도 있었다. 바나나를 먹었다.

기차를 타고 30분, 어쩌면 40분 정도 지났을 때 주변의
좌석이나 사람들의 얼굴이 흐릿해졌다. 모든 게 천천히 움직였고,
모든 게 희미해졌다.

"저, 스미타." 내가 말했다. "겁주고 싶진 않은데, 나 또 그러는
것 같아. 기절할 것 같아."

혈압이 떨어지고 시야가 터널처럼 변하기 시작했다.
스미타가 기차에 의사가 있는지 묻는 게 들렸다. 그러다가 어떻게
했는지 스미타는 우리가 타고 있는 급행열차를 비상 정지하게
했다. 그는 내 손을 잡고 기차에서 길로 내리는 걸 도와줬고 삼륜
택시를 잡아 함께 타고는 내가 정신을 잃지 않게 하려고 애썼다.

나는 병원에서 엿새를 보냈고 계속 더 나빠지다가 가까스로 회복했다. 아니, 회복한다는 게 어떤 의미인지도 감이 안 잡힐 만큼 안 좋아졌었다. 입원한 지 며칠 됐을 때 간호사가 혈압을 재보더니 스미타를 보고는 고개를 가로저으며 속삭였다.

"굉장히 낮아요."

그러고는 내 몸이 바다 건너 뉴욕으로 어떻게 돌아갈 수 있을지 모르겠다고 했다.

인사팀이 등장하는 건 바로 여기서다. 나는 인사팀이 필요했다. 매우 절실히. 의식을 잃지 않을 방법 외에 잠시나마 다른 생각도 머릿속에 떠올랐을 때 나는 직장에 바로 복귀할 수 없겠다는 생각을 했다. 이 인도 여행은 새 직장에 다닌 지 다섯 달밖에 안 된 시점에서 처음으로 2주간 긴 휴가를 받아서 간 것이었다. 이제 나는 자리를 꽤 오래 비워야 할 텐데 회사의 처분을 따라야 하는 입장이었던 것이다. 이걸 깨닫자 인사팀에 대해 내가 갖고 있던 이미지—빈둥빈둥 느긋하게 일하면서 서류철이나 나눠주는 운 좋은 직원들이라는 인상—가 바로 바뀌었다.

그러던 중에 인사팀 직원의 전화를 받았다. 그는 나를 안심시키는 목소리로 다들 내가 얼마나 끔찍한 일을 겪고 있는지 알고 있다고, 마이클은 내가 죽을 뻔한 것도 보지 않았느냐고, 부서 전체가 건강이 우선이라는 점을 잘 이해한다고, 그래서 몇 가지 방안이 있다고 말했다. 이 인사팀 동료는 가족 및 의료 휴가법에 대해 말해주었고 내가 선택할 수 있는 옵션(휴직 또는 병가)을 설명하면서 따뜻하게 위로해주었다. 덕분에 나는 갑자기 안심할 수 없게 된 건강 상태 때문에 직장을 잃게 되진 않을까 하는 걱정을 그만할 수 있었다. 다른 동료들도 전화를 걸어 안부를 물었다. 부축 없이는 제대로 걸을 수 없는 데다가 비행기에서 무슨 일이 생길지 모르니 무서웠지만 혼자서 미국으로 돌아왔고, 일주일 병가를 내서 부모님 댁에 머물며 기력을 되찾으려 노력했다. 직장 동료들이 또 연락해 상태가 어떤지 묻고 괜찮아질 때까지 더 쉬라고 말해주었다. 나는 동료 마이클이 내가 내 몸을 제어할 수 없게 된 모습을 보았던 것이 부끄러웠다. 그러나 그가 회사에서 나를 어서 데리고 나가 병원에 보내야 한다고 판단했기에 내 몸이 생명을 건질 수 있었다는 것 또한 잘 알고 있었다.

나는 훨씬 더 늙은 사람, 그저 재미있게 살고 싶고 사회 초년생으로서 일도 잘해보려고 하지만 자꾸 엄청난 양의 똥을 밟고 넘어지는 사람이 된 기분이 들기 시작했다. 전에는 1년에 한 번 의사를 만나 검진을 받았다면 이제는 고작 몇 주 동안 병원을 수차례씩 들락거리는 신세가 됐다. 나는 특발성 아나필락시스 혹은 비만세포 활성화 증후군이라 불리는, 원인을 알 수 없는 알레르기 반응으로 생명을 위협하는 희귀한 질환을 겪고 있었다. 나는 언제 목구멍이 다시 조여올지 모르는 상태로 하루하루를 보냈다.

그로부터 3년이 지났다. 그때 들어간 새 직장에서 나는 함께 일하는 사람들이 내가 단지 일하는 기계가 아니라 인간이라는 사실을 잊어버리면 (그리고 나이를 불문하고 인간이란 누가 보고 있지 않아도 제 할 일을 하는 세포들의 집합이라는 사실을 잊어버리면) 어떤 일이 벌어지는지 알게 되었다.

잡지사에서 인턴으로 일한 지 몇 달이 지났을 때 상사는 내게 글쓰기와 편집 능력이 뛰어나다고 말했다. 그리고 나를 정직원으로 채용하고 싶다고 했다. 인턴이 바라는 가장 큰 꿈이 이루어진 것이다. 나는 제안을 받아들였고 가을부터 정식으로 입사하는 것에 동의했다. 잡지사에서 돈을 아끼기 위해 당초 예정된 기간보다 오래 나를 무급 인턴으로 쓰다가 그때가 되면 새로운 직위를 주려고 한다는 걸 눈치챘지만 어쨌든 그러기로 했다. 그래서 정식 입사일이 되어 새 직함을 받고 정직원들이 있는 쪽으로 자리를 옮기기 전까지 나는 계속 무급으로 일을 했다.

정직원이 된 첫날, 나는 진짜 정식 에디터로 어서 일을 시작하고 싶어서 몸이 근질거렸고 계속 더 열심히 할 각오가 되어 있었다. 그런데 그날 저녁에 병원 예약이 잡혀 있었다. 내가 미뤄서 퇴근 시간에 딱 맞추어 잡은 예약이었다. 그간 여러 차례 병원을 방문하면서 점점 더 웃을 수 없게 된 상황도 이번이면 마지막이었다. 몇 달 전에 나는 평소 다니던 병원에서 검진을 받았다. 담당 의사는 내 목을 촉진했다. '촉진하다'(palpate)라니 얼마나 역하고 징그러운 단어인가. 저 'p'는 라디오 인터뷰에서 성능이 뛰어나지 않은 마이크를 쓸 때 퍽 터지는 거슬리는 소리가 나고, '-pate'('pate'는 정수리를 뜻하는 단어로 특히 벗어진 머리를 가리킬 때 많이 쓰인다—옮긴이)는 머리 가죽을 연상시킨다. 이런 생각을 하던 중에 의사는 내 림프샘 위로 손을 가져갔고 작은 멍울이 만져지는 것을 느꼈다.

누구나 알다시피 멍울은 대개 좋지 않은 징후다. 그래서 그다음에는 영상 검사를 받았다. 화면에 멍울이 보였고 작고 무서운 친구도 보였다. 두 번째 멍울이었다. 기사가 알아차리지 못할 정도로 나는 고개를 살짝 기울여서 엿보았다. 봐야 했으니까. 멍울이 정말로 있는지 내 눈으로 확인해야만 했다.

"세상에. 심각해 보이는데 어떤가요?" 내가 물었다.

기사는 초음파 촬영을 진행하면서 내 목과 화면을 번갈아 보고 있었지만 화면은 일부러 자세히 들여다보지 않으려는 듯이 보였다. 그는 무뚝뚝하게 대답했다.

"방사선과 의사가 판독해서 며칠 뒤에 결과를 알려줄 겁니다."

"네, 그렇겠죠." 내가 말했다. "그런데, 심각한 거 맞죠?" 나는 최악의 경우를 받아들일 마음의 준비를 하며 재차 묻지 않을 수 없었다.

기사는 대충 그렇다고 인정했다. 뭐라고 말했는지는 기억나지 않지만 아마 심각한 게 맞을 거라고 눈썹으로 알렸다.

그 후에 나는 세침 흡인 검사라는 것을 받았다. 길고 고통스러운 바늘을 목에 꽂아서 갑상샘의 세포를 채취하는 생체검사로, 의사가 검사 결과를 받을 때까지 기다려야 했다.

그리고 그날이 되었다. 여름부터 인턴으로 근무하던 잡지사에서 전일제로 일하며 월급을 받는 정식 직원이 된 첫날 저녁에 나는 담당 의사의 병원에 있었다. 결과는 나빴다.

"갑상샘 유두암입니다."

의사가 나와 눈을 마주치는 대신 차트를 읽어 내리며 말했다. 적어도 내가 기억하기로는 그랬다. 많은 경우 임상 의사들은 환자에게 끔찍한 소식을 전할 때 눈을 다른 데로 돌리는 것 같았다.

이내 커다란 슬픔과 분노가 차올랐다. 나는 수술을 받아야 하고 아마 추가적인 치료도 필요할 것이었다. 몇몇 친구에게 전화를 하고 집으로 돌아와 뜻밖의 끔찍한 소식들 중에서도 이 최신의 소식을 직시했다. 상사에게 알려야 한다는 생각이 들었다. 그러나 먼저 하루 정도 정리할 시간이 필요했다. 나는 내가 암에 걸렸다는 사실을 잘 실감할 수 없었고 어떤 진단을 받았는지 엄마에게 말하는 것도 너무 막막했다. 나는 상사에게 이메일을 보냈다. 인턴일 때부터 몇 달간 나를 보아온 이 여성에게 나는 몸이 좋지 않아서 하루 쉬고 싶다고 썼다. 그리고 긴히 할 이야기가 있어서 면담이 필요할 것 같다고, 그런데 그 이야기는 비밀로 해주었으면 한다고 했다. 이 상사가 항상 따뜻하게 대해주지는 않는다는 걸 인턴 기간에 느꼈기 때문에 바로 위 사수를 참조 수신인으로 넣어 이메일을 전송했다.

병가를 얻어 쉰 그날 뭘 했는지 잘 모르겠다. 잠옷 차림으로 그냥 앉아서 '종양'이라는 단어에 대해 생각한 것 빼고는 딱히 한 일이 없다. 현실을 받아들이고 충격을 가라앉히는 데 하루를 썼던 것 같다. 그리고 다음 날은 다시 일을 하러 나갔다.

"어제 안 나온 건 충분한 이유가 있겠지요."

상사가 내 책상을 지나쳐 걸으며 말했다. 좁은 사무실에 자리가 다닥다닥 붙어 있다 보니 사실 그는 모든 직원의 책상을 지나다녔다. 그래서 그가 하는 말을, 툭툭 쏘아대는 소리를 모두가 다 들을 수 있었다.

"네, 있어요… 나중에 면담할 때 말씀드려도 될까요?" 나는 마음과 달리 고분고분하게 대답했다.

"좋습니다." 그가 말했다. 잔뜩 화가 난 것 같았다. "테드에게

설명할 수 있어야 해서 그럽니다." 테드는 이 잡지사의
우두머리로 다혈질이다. "출근 둘째 날에 안 나온 이유를 말이죠."

나는 충분하고도 남는 이유가 있을 뿐만 아니라, 내가
인턴으로 일하던 몇 달 동안 당신이 나를 죽 지켜봤고 나라는
사람과 내 직업관과 내가 한 일을 신뢰해서 나를 고용한 것
아니냐고 말하고 싶었다. 그러나 아무 말도 하지 않았다. 그날
아침 전체 직원이 모여 주간 회의를 했고, 나는 그저 상사의 날 선
말투에 대해 생각하면서 몸이 서늘해지는 기분을 느꼈다. 이렇게
말하는 사람 앞에서 나는 내 안에 암이 있다는 사실을 어떻게
말해야 할까?

"미셸." 회의가 끝나고 직원들이 아직 다 빠져나가지
않았는데 상사가 큰 소리로 나를 불렀다. "하고 싶은 말이 있다고
했죠?"

그렇다고 속으로 답하면서 생각했다. 이 사람, 비밀로
해달라고 한 부분은 못 읽은 걸까?

동료 몇 명이 무슨 이야기를 하나 보려고 문가에서 잠시
뭉그적거렸다. 다정한 성격의 에디터 한 명이 뒤를 돌아보았다.
좀 궁금해하는 듯했지만 아마 내가 괜찮은지 보려고 그랬을
것이다. 상사의 목소리가 큰 만큼 나는 평소 나답지 않게 조용히
말해보려 했는데 그러다 보니 당연하게도 사람들은 더 귀를 쫑긋
세웠다.

나는 상사에게 그렇다고, 할 말이 있다고 말하고는 사수에게
같이 있어달라는 제스처를 보냈다. 우리는 나무로 된 커다란
회의 테이블에 앉았다. 나는 어제 못 나온 이유는 그저께 밤에
암 선고를 받았기 때문이라고 말했다.

눈앞이 온통 흐릿해졌다. 그리고 반응을 기다렸다. 내 바로 위 에디터, 그러니까 나와 상사 사이에서 일종의 벽 역할을 해주길 바라며 함께 있어달라고 부탁했던 사수는 나를 보면서 따뜻하고 사려 깊은 말을 해주었다. 그는 마음이 아픈 듯했고 애통한 표정으로 나를 바라보았다.

반면에 상사는 나를 물끄러미 쳐다보며 질문 공세를 이어갔다. 회사가 나를 급여 대상자 명부에 올린 건 불과 며칠 전이기 때문에 그는 내게 건강보험은 문제없는지 물었다. 그러나 그 말투는 '저런, 암이라니 유감이군요. 그럼 이제 어떻게 해야 하죠?'보다는 '지금 무슨 장난합니까?'에 가까웠다.

"저, 제가 이 사실을 숨긴 거라고 생각하지 않으시면 좋겠습니다." 내가 말했다. "정말로 이틀 전에 알았어요. 하필 정직원이 된 첫날 알게 되다니 타이밍이 나쁘다는 건 저도 알아요. 제 말은 일부러 숨긴 것은 아니라는… 그러니까 저를 고용하셨을 때 제가 이런 사실을 말씀드렸어야 하는 건 아니지만, 아마 법적으로 그럴 의무는 없을 거라 생각하지만, 그런데 그때는 몰랐습니다. 정말로 몰랐어요…" 거의 이런 식으로, 나는 공감 능력이 제로인 사람 앞에서 떠듬떠듬 말을 이었다.

"아침에 출근할 때 암은 문 앞에 놓고 사무실로 들어오기 바랍니다." 그가 말했다. "회사는 일하는 곳이에요. 암 이야기는 듣고 싶지 않습니다."

상사는 일어나서 의자를 테이블로 밀쳐 넣었다.

"얘기 끝났죠?" 그가 말했다.

질문이 아니었다.

그다음 몇 주간 회사에서 몸이 안 좋아졌던 때가 몇 번 있었다. 하지만 머리로는 병원 예약을 어떻게 할지 생각했다. 최종적으로 내 목을 절개하게 될 의사를 포함해 여러 외과 의사를 만나볼 예정이었다. 그리고 "암은 문 앞에 놓고" 오라는 게 정확히 어떻게 하라는 건지 이해하려고 부지런히 노력했다. 그때는 상사가 얼마나 인정머리 없는 인간인지 미처 잘 몰랐다.

막연히 깨달은 것 한 가지는 이 잡지사에는 인사부가 없다는 것이었다. 인사 담당자 한 명조차 없었다. 예전 직장의 그 인사팀 직원이 내 병은 회사에 짐이 되는 것이 아니며 내 잘못이 아니라는 말을 확실하게 전해주었던 것이 얼마나 굉장한 일이었던가 하는 생각이 들었다.

첫 직장에 들어갈 때는 인사 부서라는 것이 조금 웃기다고 생각했는데, 의료 위급 상황을 한 번은 인사팀이 있고 한 번은 없는 상태로 경험해보니 이제는 생각이 많이 달라졌다. 있는 것과 없는 것은 뚜렷한 차이가 있었다.

그래서 궁금해지기 시작했다. 의학적 조치가 필요했거나 성희롱 혹은 해고를 당했던 시기에 인사팀이 얼마나 도움이 되지 않았는지에 관한 사연이 있는 사람은 적지 않은 듯하다. 그런데 미국 전역의 직장 중 애초에 인사팀이 없는 곳은 얼마나 될까? 인사팀의 부재는 직원이 아플 때 어떤 영향을 미치는가? 나는 미국 장애인법의 적용 대상이었을까? 내 상사가 암 문제로 나를 두려움에 떨게 한 것은 위법일까 아니면 그저 친절이나 인간으로서의 예의에 관한 기본을 어긴 것일까?

┼┼┼

    류머티즘성 질환이 환자의 직업에 어떻게
영향을 미치는지를 조사한 연구는 중요한 성별 차이가
나타난다고 서술한다. "연구는 장애를 가진 여성은 장애를 가진
남성보다 실업을 경험하는 비율이 일반적으로 더 높다는 것을
시사한다."[1]

    또, 2015년 『암』 저널에 실린 연구는 초기 유방암 환자
700여 명(전원 여성)을 추적 조사해 암과 화학요법(해당 사항이
있는 환자의 경우)이 고용에 어떻게 영향을 미칠 수 있는지
보여준다. 이 연구는 여성들에게 암 진단을 받은 이후 4년 동안
직장에서 어떤 일이 있었는지 물었다. 전체의 약 3분의 1이
일을 하지 않고 있었다. 그리고 화학요법 치료를 받은 환자의
38퍼센트가 실직 상태였다.[2]

    한편 의학적 문제에 대처하는 와중에 계속 일을 한 여성들도
많은 고초를 겪어야만 한다. 나의 옛 상사가 내가 암에 걸렸을
때 끔찍하게 굴었던 것처럼 모든 상사가 그 정도로 악몽 같지는
않겠지만 동료나 선배 혹은 교수와 어색한 순간을 적잖이 겪게
되며, 직장에서 일을 아무리 열심히 해도 아픈 것을 만회하기에는
부족할까 걱정하는 일이 흔하다. 특히 이제 막 일을 시작한
신입이라면 더 그렇다.

    백인 이성애자이며 유대인이라고 밝힌 젊은 여성 캐런의
사례를 보자. 캐런은 로스쿨에 입학한 지 얼마 되지 않았을
때 이상하게 배가 아파오기 시작했다고 한다. 그는 하버드
로스쿨에 다녔다. 이유를 알 수 없이 걸핏하면 토하고 계속

속이 매슥거리고 몸무게가 줄었다. 학교 보건소에서는 빈혈이
약간 있다고 했다. 의료진은 철분을 섭취하라고 말했다. 그리고
제산제를 먹으라고 했다. 1년 반 동안 캐런은 소화를 거의 시키지
못했다.

로스쿨 2학년 때 너무나도 극심한 복통이 찾아와서
맹장염일 거라 생각했다. 병원에 갔더니 맹장뿐 아니라 창자에도
염증이 생겼다고 했다. 대장 내시경 검사를 했고 그는 크론병으로
최종 진단받았다.

크론병 약을 받아 왔지만 차도가 없어서 일주일 동안
다시 병원 신세를 졌다. 그리고 나서도 또다시. 감염으로
인해 장 바깥에 탄산음료 캔만 한 크기의 농양이 생겨 고름을
짜내야 했다. 이윽고 캐런은 상태의 심각성을 깨달았다. 휴학을
해야 했으며 여름에 인턴 변호사로 일하는 것도 취소해야
할 상황이었다.

하버드 로스쿨 학생들은 여름 인턴 자리를 놓고 경쟁한다.
많은 로스쿨 학생이 여름 인턴을 졸업 후 정규직 취업을 위해
필수적인 발판으로 여긴다. 2학년을 마치고 여름에 인턴
변호사로 일하는 로펌은 대개 학생들이 1년 뒤 학위를 따고 나서
들어가고 싶어 하는 곳이다. 게다가 캐런의 말에 의하면 이 인턴
프로그램은 재미있다고 한다. 그는 한 학기 동안 공식적으로
휴학을 하고 메인주의 부모님 댁으로 돌아갈 예정이었으며 몹시
기대하고 있던 여름 인턴 일을 못 하게 될 터였다.

이제 막 경력의 출발점에 서려는데 모든 게 틀어진 것 같은
느낌이었다.

캐런은 학교를 쉬면서 공부가 아닌 병원 다니는 일로

한 학기를 보낸 후 복학했지만 예전과 같지 않았다. 그는 교수 누구에게도 건강 문제를 알리고 싶지 않았기 때문에 마치 어떤 껍데기 속에 갇힌 기분이었다고 한다. 그의 상황을 아직 모르는 동기들에게도 이야기하고 싶은 마음이 들지 않았다. 캐런의 말에 따르면 크론병은 굉장히 난처한 질환이며 오해도 많다. 일단 이 병은 화장실에 가는 것과 관계가 있다. 난처한 부분이다. 사람들은 크론병을 과민 대장 증후군과 동일한 것으로 생각한다고 그는 말한다. 둘은 다른 질환이다. 또 사람들은 식단을 바꾸면 괜찮아질 수 있다고 생각한다. 설상가상으로 캐런은 크론병 중에서도 비교적 드물게 나타나는 유형을 앓고 있다. 그가 앓는 크론병은 위장관 아래쪽이 아닌 위쪽에 탈이 생기는 유형이다. 그는 이런 것을 사람들에게 반복해서 설명하는 것이 내키지 않았다.

"아뇨. 시도 때도 없이 똥이 나오는 그런 종류는 아니에요." 말을 하다 보면 이런 설명을 하게 되곤 했다. "하지만 크론병을 앓고 있는 건 맞아요. 매우 심각한 병이죠."

그는 휴학한 것이 약점을 내보인 것처럼 느껴졌다고 말한다. 캐런은 사람들이 그와 협업하려 하지 않거나 그의 의견을 원하지 않을까 두려웠다. 자신에게는 병을 이겨내는 일이 실로 불가능하지만, 좀 더 강한 사람이라면 어렵지 않게 이겨냈으리라는 생각도 들었다.

캐런은 사람들이 자신을 덜 중요하게 볼 것만 같았다. 그에게 장애가 있음을 사람들이 알게 되면 그의 성과를 제대로 평가해 주지 않을 것 같았다.

남은 학기를 다 마치고 캐런은 지금 로펌에서 일하는 중이다.

업무량도 많고 기대치도 높은 곳이라 사무실에서 잠을 자는 동료들도 있다.

"저는 도저히 그렇게는 못 해요." 그가 말한다. "수면 부족과 스트레스와 저의 크론병과 저의 루푸스 사이에 직접적인 상관관계가 있다는 걸 알거든요." 루푸스는 크론병 약 때문에 캐런에게 생긴 두 번째 자가면역질환이다.

캐런은 건강 문제로 인해 회사에서 밤을 보낼 수 없다는 것을 알기에 일을 더 효율적으로 하게 됐다. 그는 미리 계획을 세운다. 그리고 마감이 있는 일을 마지막 순간까지 미루지 않는다. 그럼에도 다른 사람들의 업무 시간에 영향을 받지 않는 것은 아니다.

"책임자가 밤을 새우면 그 밑에 있는 사람도 그래야만 하는 분위기죠." 그가 말한다. "업무 평가는 아직 받은 적이 없어요. 그런데 제 업무 평가서에는 아마 '팀워크에 비협조적이다, 집에 간다' 뭐 이런 말이 적혀 있을 것 같네요. '집에 밤 11시에 가다니, 쯧쯧' 같은 소리를 하는 사람은 아무도 없지만요. 팀 사람들은 저는 왜 같이 밤을 안 새우는지 설명을 듣고 싶어 할 거예요."

로펌의 몇몇 사람은 캐런의 크론병에 대해 알고 있지만 주로 주니어급 직원들이다. 파트너들이나 윗사람들에게는 얘기하지 않았다.

"회사는 장애가 있는 사람을 수용해야 할 법적인 의무가 있고 윤리적인 의무도 분명 있을 텐데, 말하지 못하는 건 이상한 일이죠." 그가 이야기한다. "그렇지만 또 굉장히 강압적인 분위기여서요."

어쩌다 우연히 책임자에게 들킬 뻔한 어색한 순간들도

있는데 실제로 들켰는지 아닌지는 알 수 없다. 제약 관련 소송 업무를 맡았을 때 캐런과 동료들은 약물 이야기를 나누게 되었다. 상사가 팀원들에게 설명하기를 소송에 관계된 회사가 생체의약품을 만드는 곳인데 문제의 약이 어떤 약인지까지는 몰라도 괜찮다고 했다. 캐런이 그 약을 안다고 자진해서 말하자 상사는 "오, 의학 학위도 있나 봐요?"라고 했다.

캐런은 억지로 웃었지만 상사가 그걸 어떻게 아는지 정말로 궁금해한다는 걸 알 수 있었다. 그는 계속 웃으면서 무마했으나 너무나도 어색한 기분이었다. 이 사람은 윗사람이었고, 회의에 참석한 다른 사람들은 모두 그의 병에 대해 모르고 있었다.

+++

나는 언론학 교수 캐릴 리버스와 브랜다이스대학교 여성학연구소 선임 연구원 로절린드 C. 바넷을 만나 이야기를 나눈다. 바넷은 젠더와 직장 연구를 전문으로 하며, 두 사람은 『여성에 대한 새로운 총성 없는 전쟁: 여성 우위 신화가 여성과 남성—그리고 우리 경제—을 어떻게 다치게 하는가』를 비롯한 여러 책을 공동으로 저술했다.

"연구에 의하면 여성에게는—다정하게 대해주는—멘토가 많은 것으로 나타납니다." 리버스와 바넷이 내게 말한다. "반면에 남성에게는 '후원자'가 많지요."

후원자란 실질적으로 도움을 주고 편을 들어주며 직장에서 사다리를 오르는 데 힘을 실어주는 사람을 뜻한다. 리버스와 바넷의 표현에 따르면 후원자는 직장 내 다른 사람들에게 당신을 치켜세워 주는 사람이다. 후원자는 당신이 팀에서 중요한 사람으로 자리 잡도록 도와준다. 가령 당신이 암 치료를 받기 위해 휴가를 내야 해서 업무에 차질이 생기면, 후원자는 사무실의 나머지 사람들이 당신이 언제 복귀할 것이며 여느 때와 다름없이 좋은 상태라는 것을 확실히 알도록 해준다. 그런데 후원자가 없다는 것은 당신이 일을 열심히 하거나 잘하는 사람이라는 신뢰감을 확보하게 해준 사람이 아무도 없다는 것이며, 의학적 문제로 휴가를 냈다가 돌아와도 팀원으로서 당신의 뒤를 봐줄 사람이 아무도 없을지 모른다는 것이다. 『여성에 대한 새로운 총성 없는 전쟁』에서 저자들은 이렇게 쓴다.

"당신과 당신의 남성 동료에게는 둘 다 멘토가 있을지 모르지만 남성 동료는 후원자―여성의 옹호자와 다른 방식으로 남성을 두둔해줄 변호인―를 얻게 될 것이다." 그리고 이렇게 덧붙인다. "당신은 남성 동료보다 더 면밀하게 관찰될 것이다."[3]

캐런이 로펌에서 겪은 일과 내가 잡지사에서 겪은 일의 경우, 우리는 회사에 다녔고 월급을 받았다. 건강 문제에 관련된 이유로 해고를 당할까 벌벌 떠는 것이 심각한 불안이기는 하나―게다가 나는 중재해줄 인사 담당자가 없어서 병가를 내는 것에 대해 상사와 직접 협상을 해야 하는 거북한 상황에 놓이기도 했으나― 그래도 우리의 경험은 시간제로 일하는 젊은 여성, 예컨대 소매업, 요식업, 기타 서비스업 종사자에 비하면 아마 안정적인 편일 것이다.

나는 시간제 노동자를 포함한 노동자의 보호를 요구하기 위해 새롭게 출범한 캠페인 '뉴욕시 유급 병가 계획' 측에 연락을 취한다. 이 계획의 대표자 말에 따르면 누군가 고용주를 상대로 고소를 하기 전까지 시의 담당 기관은 어떤 일이 있었는지 알지 못한다. 이는 곧 시 담당자 누구도 듣지 못하는 고용주에 의한 차별 사례가 허다하다는 뜻이다. 그렇기는 하다면서 어쨌든 그는 사례 하나를 들려준다. 카페에서 슈퍼바이저로 일하던 로사리오라는 여성은 몇 달 전에 받은 뇌 수술과 관련한 의학적 처치가 필요해서 휴가를 요청했다. 그러고 나서 다시 일을 하러 나갔는데 고용주가 병가 급여를 지급하지 않았다. 이에 시 기관에서 조사를 나왔다. 조사 결과 로사리오의 직장은 그가 정당하게 얻은 질병 휴가 기간에 대해 급여를 주지 않았을 뿐만 아니라 명문화한 병가 규정이 없었으며 직원들에게 '직원 권리에 관한 통지서'를 제공하지 않은 것으로 드러났다. 고용주가 1225달러의 민사상 벌금을 내고 로사리오에게 600달러 이상을 배상하는 것으로 양측은 합의했다. 또한 시 기관은 해당 카페가 이제부터 뉴욕시 유급 병가법을 반드시 준수하도록 조치를 취했다.

그런데 로사리오처럼 애초에 유급 병가를 확보하지 못하는 사람이 많다. 이들은 임금 손실액을 결코 돌려받지 못하며, 수술이나 건강 상태로 인해 임금도 적은 직장을 잃을 위험에 처한다. 나는 월마트 직원들의 권리를 옹호하는 단체인 아워월마트(OUR Walmart)의 공동 설립자에게 건강 문제나 장애 때문에 직장에서 모멸을 당한 젊은 여성의 이야기를 들은 것이 있는지 묻는다. 그는 당연히 있다고 말한다.

"월마트 노동자들이 겪는 큰 문제입니다."

그가 답한다. 그리고 전국 최대의 소매점 체인인 그곳에 고용된 여성 둘을 연결해준다. 그중 한 명인 브릿은 그의 표현에 따르면 "필로폰의 수도"라 불리는 소도시의 월마트에서 서른일곱

즈음부터 일하기 시작했다.

"저는 네 살 때 암에 걸렸습니다."

브릿이 내게 말한다. 이야기를 나누던 중에 전화가 걸려
온다. 그의 다섯 살 난 아이 목소리가 전화기 너머로 들린다.
브릿은 아들을 "기적의 아이"라 부른다. 어릴 때 너무나 힘든 암
치료를 받고 나서 아이를 가질 수 없으리라 생각했기 때문이란다.
암 치료는 그에게 다른 타격도 입혔다. 열다섯 살에 만성 IgA
신증 형태의 신장 이상이 생기기 시작했다. 이 질환에 걸리면
항체가 신장에 축적되어 염증을 일으킨다. 암 치료제는 관절에도
영향을 미쳤다. 현재 그는 오른쪽 다리에 종아리까지 올라오는
보조기를 착용하고 다니는데, 오랜 시간 가만히 서있으면 발목이
굳어버리기 때문이다.

월마트에서 그를 일반 계산원으로 채용하고 몇 달이
지나면서 브릿은 보조기를 착용해도 업무 시간 내내 한자리에
서있는 것이 굉장히 고통스러움을 느꼈다. 다리를 조금 움직일
수 있는 업무를 해야 했다. 담당 의사가 업무 조정이 필요하다는
내용의 소견서를 써주면서 셀프 계산대를 관리하는 업무를
맡는다면 이상적일 것이라고, 그러면 도움이 필요한 고객을 위해
여덟 개의 계산대를 왔다 갔다 할 수 있으므로 브릿의 관절이
뻣뻣해지는 것을 막을 수 있다고 설명했다. 월마트는 안 된다고
했다. 부서를 아예 바꾸는 것은 가능하지만 셀프 계산대 구역은
다양한 직원의 훈련을 위해 종전처럼 운영하고자 한다는 것이
매장 측의 답변이었다. 그래서 매니저들은 브릿을 일이 좀 더
편한 자리에 배치해주었다.

그러던 어느 날, 매장에서 두 소년이 싸움 놀이를 했다.

한 소년이 몸을 날렸다가 브릿의 발가락 위에 떨어졌다. 이전에 발가락이 부러진 적이 있는 브릿은 발의 어딘가가 부러졌다는 걸 알 수 있었다. 발이 아팠다. 한 동료가 그를 보고는 너무 안 좋아 보인다고 말했다. 브릿은 토할 것 같은 기분이라고 대꾸했다. 얼마쯤 지나서 결국 그들은 매니저를 불렀다. 브릿은 조퇴를 하고 직접 차를 몰아 병원으로 갔고, 엑스레이를 찍어 부러진 부분을 확인했다. 의사는 브릿에게 앞으로 3일간 발을 쓰지 말고 진통제를 바르라고 했다. 다음 날 브릿은 응급실에서 받은 소견서를 매니저들에게 보여주기 위해 다른 사람의 차를 타고 매장에 갔다.

"그런데 그때부터 죽, 그러니까 발가락이 부러진 이후로 계속 상황은 나빠지기만 했어요."

얼마 후 매장 측에서 브릿에게 사고 보고서를 작성해달라고 했다. 월마트는 그에게 산재보상 담당 의사를 찾아가게 했고, 이 의사는 "단순 타박상"이라고 진단했다. 병원 엑스레이 사진에 그냥 타박상이 아닌 것이 보이는데도 그렇게 했다. 월마트 측은 발가락이 부러진 사람이, 게다가 관절염과 관절 문제가 있다는 사실을 이미 알린 사람이 하기에 알맞지 않은 일들을 브릿에게 주었다. 예전에 발가락이 부러졌을 때는 회복이 됐던 것과 달리 이번에는 차도가 전혀 없었다. 월마트에서 심각하게 받아들이지 않은 이 상해에도 불구하고 계속 걸었다가 도무지 낫지 않자 브릿은 병가를 내야 했다. 그러고는 병가 후 돌아왔는데 관리자들이 갑자기 무례하게 굴더라고 그는 말한다. 하지만 계속 일을 했고 마침내 그가 원하던 셀프 계산대 구역의 업무를 맡게 되었다. 그러다가 다시 상황이 나빠졌다.

어느 날 아침에 브릿은 샤워를 하다가 넘어졌다. 그리고
정확히 알 수 없는 이유로 의식을 잃었다. 남편이 옷을 입혀 그를
응급실로 데려갔고 응급실 의료진은 브릿의 뇌에서 몇 개의
종양을 발견했다. 양성 종양이지만 극심한 편두통 등의 증상을
일으키는 종양이었다. 브릿은 직장 관리자들에게 이를 알렸다.

"양성 뇌종양이 있는 걸 알게 됐다고 말했을 때 듣고 싶었던
반응은 '음, 당신이 우리를 도와 일할 수 있게 우리가 돕겠습니다'
같은 거였죠." 그는 관리자들이 그가 팀에 계속해서 기여할 수
있도록 뭔가 장치를 마련해주길 바랐다. 하지만 그러기는커녕
"저를 치워버리려고 하는 것 같았어요"라고 브릿은 토로한다.

탐사 저널리스트, 비영리 감시 단체, 기타 이와 같은 문제를
우려하는 단체 등이 전국 각지 월마트 매장의 문제적인 노동
환경을 오래전부터 기록해왔다. 그중에는 월마트가 조직화를
시도하는 것으로 보이는 노동자들을 해고했다는 보고가 많다.
브릿은 그저 교대 근무를 계속하면서 인간다운 대우를 받고자
했을 뿐이다. 그는 정도를 넘어섰던 몇 가지 일들을 이야기해준다.
직속 관리자 한 명은 예전에는 브릿을 다정하게 대했는데
건강 문제가 생기고 나서부터 날카로워지더니 계산대에 있는
사람들에게 다 들리도록 브릿을 향해 소리를 지르기 시작했다.
두 사람 모두를 감독하는 매니저가 사무실로 둘을 불렀다.

"지금 점심시간이 30분 늦어졌어요. 두통도 있고, 누가 제게
소리 지르는 걸 듣고 싶지 않습니다." 브릿이 말했다.

"개인적인 문제와 의학적인 문제를 직장에 가지고 오면
안 됩니다." 매니저가 쌀쌀맞게 대꾸했다.

"울면서 사무실을 나왔어요." 브릿이 내게 말한다. "정말

너무한다 싶었죠."

  "저도 예전 직장에서 상사에게 거의 똑같은 일을 당한 적이
있어요." 내가 말한다.

  "저는 하루 종일 손님들한테도 당해요." 그가 하소연한다.
"인종차별주의자라는 말도 들었고 백인 쓰레기라는 말도 들은
적 있고 욕설도 두어 번 들었습니다… 그런데 매니저한테까지
안 좋은 소리를 들어야 된다니요."

  "일을 세 달 쉬었어요. 돈이 하나도 없었죠." 브릿은
병가를 냈던 일에 대해 이야기한다. "겨우겨우 살아남았습니다.
천만다행으로 그때 남편이 일을 하고 있었고 집이 우리 소유여서
살 곳은 있었어요. 안 그랬으면 우리 가족은 거리에 나앉았을지
몰라요."

᛭

            캐서린 러셀 리치는 서른두 살 때 가슴에서
멍울이 발견되었고, 이후 동료들은 더 이상 그를 유능한 사람으로
보지 않았다. 『워싱턴 포스트』에 실린 에세이에서 그가 떠올리는
장면을 보면 그의 상사는 내 상사보다 아마 더 독하고 직설적인
사람이었던 듯하다.[4]

  "앉아요." 에디터 상사가 연말 평가를 시작하면서 말했다.
암 치료가 끝나지 않았지만 "두건은 벗었던" 시점이었다. "모발이
색소를 잃어서 내 꼴이 마치 광섬유가 자라는 잔디 인형 같았던
때다"라고 그는 쓴다. 상사가 입을 열었다.

  "업무 평가를 할 수가 없네요. 당신이 올해 한 일이 많지
않아서 말이죠. 내가 일을 별로 주고 싶지 않았어요. 인간적으로

배려해서 그런 것도 있고, 꼭 끝내야 되는 일들이어서 당신한테 못 준 것도 있고요."

리치는 자기에게 맡겼어도 끝냈을 거라고 자신 있게 말했다. 그러니 이제라도 맡기라고.

"있잖아요." 상사가 깔깔대며 말했다. "나도 참 마음이 안 좋아요. 그런데 당신이 관계된 일을 하고 싶어 하는 사람이 여기 아무도 없었답니다. 당신을 보면서 자기도 죽을 수 있다는 사실을 떠올리기 싫었겠죠."

리치는 이렇게 쓴다.

"그는 활짝 웃었다. 이제 이해하겠느냐는 듯이. 나오는데 머릿속에서 윙윙거리는 소리가 나며 현기증이 일었고, 당혹감이 공포로 바뀌었다. 이 에디터는 걸어 다니면서 죽음을 연상시키는 것보다 더 경미한 잘못을 저지른 사람들을 해고한 이력이 있었다."

그렇다. 여기서 다시 죽음의 암시가 등장한다. 리치의 상사는 사무실 직원 모두가 리치를 인간의 필멸성을 떠오르게 하는 존재로 본다고, 리치와 관련된 일은 아무도 하고 싶어 하지 않는다고 인정했다.

『뉴욕 타임스』 기사에 따르면 그는 결국 "리치 씨의 암을 불편하게 여겼던 것으로 보이는" 상사에게 해고를 당했다.[5] 좀 더 직설적으로 말하면, 사람이 사람을 해고했다. 일 잘하는 사람을 아프다는 이유로 해고했다.

인용한 기사는 2012년의 것이다. 리치의 부고다. 내 안의 무언가가 '부고'라는 단어를 쓰지 않기를 원한다. 그 단어는 지금 하는 이야기와 상관없다고 나의 일부는 생각한다. 리치는 상사가 그를 두고 걸어 다니면서 죽음을 연상시키는 존재라고 말한 지 수십 년이 지나서 사망했다. 그렇다고 그의 사망이 상사의 저 끔찍한 발언에 신빙성을 실어주는 것은 결코 아니다. 어쨌거나 상사가 리치를 해고한 것은 위법일 가능성이 있어 보인다.

그런데 바로 여기서 효율성과 유능한 일꾼이라는 것에 대한 우리의 문화적 관념이 내 머릿속에 떠오른다. 나는 왜 리치가 결국 암으로 사망했다는 부분을 숨기고 싶은 마음이 들까? 나는 독자가 그가 결국에는 죽었다는 사실을 알고 나면 상사가 그에게 한 말이 얼마나 소름 끼치는 것인지 보지 못할 거라고 생각하는 걸까?

결론적으로 나는 솔직해지고 싶다. 리치는 2012년에 암으로 사망했다. 쉰여섯이었다. 이것이 24년 전, 리치가 서른두 살이었을 때, 상사가 자기도 언젠가는 죽을 것이란 사실을 떠올리게 하는 몸이 주변에 있는 게 불편하다는 이유로 리치에게 상처 주는 말을 할 자격이 있었단 뜻은 아니다. 설령 리치가 서른두 살인 그해에 사망했대도 그런 상처 주는 말을 마음대로 했어도 된다는 뜻도 아니다.

내 상사가 나에게 "암은 문 앞에 놓고" 와야 한다고 말했을 때 그의 태도에는 죽음 또는 죽음을 연상시키는 것에 대한 그 자신의 지극히 인간적인 두려움이 얼마나 들어있었을까? 그리고 그가 인턴을 정직원으로 고용했는데 그 정직원이 수술을 받아야 하고 몇 주간 전력으로 일할 수 없게 되었으니 얼마나 화가 났을까?

나는 암과 관계없이 내가 다른 누구보다 더 뛰어난 작업을 할 수 있다는 것을 보여주기 위해 정말로 특별히 더 열심히 일했던 것을 기억한다. 상사 때문에 나는 해고당할지 모른다는 두려움에 떨었고 그래서 입원 기간을 생각하면 논리적으로는 도저히 해낼 수 없는 과제를 받아도 하겠다고 말했다. 암 치료에 대한 이야기가 회사에 조금이라도 흘러나온다면, 내가 수술 후 회복을 위해 며칠 쉬어야 한다는 이유로 어떤 기사를 맡는 것을 거절한다면, 그러면 나는 아마 가치 없는 투자로 여겨질 것이라고 생각했다.

갑상샘 수술을 받고 돌아왔을 때 상사는 나를 시험하기라도 하듯 내 업무에 완전히 새로운 일들을 추가했다. 나는 이 잡지의 에디터로 고용되었고, 이는 내가 맡을 업무가 종이 잡지에 실리는 글을 편집하고 작성하는 일이라는 의미였다. 그런데 상사가 말하기를 이제 나는 홈페이지에 올라갈 기사들을 정리하는 일도 해야 한다고 했다. 텍스트와 이미지, 헤드라인을 새롭게 조합하고 하루에 다섯 내지 열 개의 기사를 올려 온라인 잡지의 전면에 배치하는 업무였다. 온라인 콘텐츠 운영 시스템은 충돌이 잦기로 악명 높아서 뭐 하나라도 만들어 올리기가 보통 골치 아픈 일이 아니었다. 나는 이 업무를 맡으면 늦게까지 일해야 된다는 걸 알고 있었다. 이전에는 인턴들이 나눠서 하던 일이었고 여러 사람에게 분배된 짐이었던 이 업무가 갑자기 내 몫이 되었기에 이제 나는 사무실의 다른 어느 누구도 하지 않을 야근을 하며 두통에 시달려야 했다.

'음, 이런 새로운 일들은 당신이 나를 고용할 때 제시한 업무 내용에 하나도 들어있지 않았어요'라고 말하고 싶었다. 암에 걸린 것을 만회해야 하는 처지만 아니었다면 아마 얘기했을 것이다. 하지만 이렇게 말했다.

"아, 네. 알겠습니다."

내가 맡은 책임이 엄청나게 늘어난 데 대해 별문제 없다는 듯이 보이려고 애쓰면서. 에디터 일만 해도 이미 부담이 큰데 완전히 새로운 일을 더 떠맡고 싶지 않은 이유가 건강 문제라는 기색만 살짝 보여도 해고될지 모른다는 걸 의식하면서. 미리 이야기한 적 없는 새로운 일들을 나에게 떠넘긴 것, 더군다나 내 몸이 암에서 회복 중이었던 하필 그때 그런 책임을 지운 것은 뭔가 잔인할 뿐 아니라 그리 떳떳하지 못한 처사로 느껴졌다.

그렇지만 나는 뒤늦게야 그런 잔인함과 이상함을 깨달았다. 당시에는 그저 두려움밖에 없었다. 나는 상사 앞에서 내가 행여 아프다는 티를 내게 될까 두려웠고―나는 수술 후 검진을 받기 위해 점심때 시간이 더 필요해서 상사에게 말해야 할 때면 움츠러들었는데 외과 의사의 진료 시간이 주중에만 있을 때는 다른 방도가 없었다―상사가 어느 날 나를 보며 '하! 거봐! 암 때문에 당신은 형편없는 직원이 되고 말았군요!'라고 말할까 두려웠다. 그래서 나는 다른 누구 못지않게 나도 가치 있다는 것을 보여주기 위해 내가 받는 보수에 비해 더 열심히, 내 몸 상태에 비해 더 열심히, 건강에 아무런 문제가 없었다고 해도 그렇게 하지 못했을 만큼 열심히 일했다.

그러나 일에 실제로 지장을 주는 건강 문제로 인해 큰 타격을 입는 경우도 없지 않다. 몸이, 인간이, 동물이 감당할 수 있는 것에는 한계가 있는 법이다. 상사는 내게 이것이 사실이 아님을 보여주기를 요구했지만 사실일 수밖에 없다.

작가 에스메 웨이준 왕에게 그건 숨기기 어려운 사실이다. 『엘르』 온라인판에 실린 에세이 「나는 만성질환을 앓고 있고 게을러지는 것이 두렵다」에서 왕은 그가 카페인을 달고 살던 일 중독자에서 몸 상태로 인해 원하는 만큼 일을 할 수 없는 사람이 된 과정을 묘사한다. 글 중간중간에 그는 사진을 넣고 이렇게 쓴다.

"내가 얼마나 많은 일을 해냈는지 온라인상에나 사람을 만났을 때 떠벌리는 대신 이제 나는 침대에서 찍은 셀피를 올린다. 내가 정말로 아프다는 것을 증명해 보이려는 듯이."[6]

일 중독자이던 시절에 왕은 새벽 4시에 일어나서 출근하기 전까지 네 시간 동안 글을 썼고 이를 뿌듯하게 여겼다. 업무 중에 팔다리가 저리고 구토를 하는 일이 생겼지만 처음에는 커피를 많이 마시고 인체공학 키보드 같은 걸 안 써서 그런 것이겠거니 생각했다. 주변 사람들도 어쨌든 다 비슷했으니까. 그는 "전날 밤에 잠을 별로 못 잔 것을 은근히 자랑하고, 우리 회사의 문화뿐 아니라 스스로에 대해서도 '낭비를 싫어하고 호전적'이라는 표현을 쓰는 사람들"에 둘러싸여 일하고 있었다. 그러다 걱정되는 증상들—통증이 심해지고 기절을 하고 똑바로 걷지 못하는 등—이 나타나면서 결국 검진을 받아보았다. 의사는 라임병 말기라는 진단을 내렸고 왕은 여러 종류의 치료를 받기 시작했다.

"지금 내 상태는 이렇다." 그는 쓴다. "너무 아파서 다시 회사는 다닐 수 없고, 그나마 있는 에너지로 프리랜서로 일을 하며 조그만 온라인 비즈니스를 구축하는 중이다. 그리고 내가 얼마나 하는 게 없는지 잘 알 만큼 아직은 살아있다."

왕은 그가 하고 싶은 것과 현실적으로 그의 몸이 해낼 수 있는 것의 간극을 뼈저리게 느끼고 있는 것처럼 보인다.

대부분의 날은 시시때때로 쉬어가면서 두세 시간 정도 일할 수 있다. 대부분의 날은 오후 2시쯤부터 열이 나기 시작하며, 구역질이 심하게 나고 체력이 떨어지고 피로감을 느끼고 아무리 자주 찾아와도 절대 익숙해지지 않는 갖가지 증상들이 나타나서 이를 가라앉히느라 제대로 기능할 수가 없다.

왕은 극심한 의학적 증상들을 주기적으로 겪으면서도 더 많은 일을 하고 싶어 한다. 그는 "나의 직업관과 야망은 결국 어디로도 가지 않았다"라고 쓴다. 예전보다 적게, 아마 다른 사람들보다 적게 일한다는 사실이 그에게는 게으름처럼—또는 "도덕적 낙오처럼"—느껴진다.

　　나는 왕의 마음을 이해할 수 있다. 나 역시 앓고 있는 라임병이 악화되어 갑자기 관절이 아픈 날, 1년에 두 번 암 검진을 받으러 병원까지 한 시간을 느릿느릿 걸어야 하는 날, 일을 끝내야 하는데 왠지 모르게 힘이 하나도 없는 날, 나도 내가 뭔가 잘못한 것 같은 기분이 든다. 그리고 나보다 나은 사람이라면 그냥 이겨낼 수 있지 않을까 생각한다. 실은 내가 그저 게으른 것이 아닐까?

　　왕이 스스로에게 던지는 질문도 결국 다르지 않다. 그는 이렇게 쓴다.

　　"정말로 두려운 것은 내가 알고 보면 나태한 사람이고 만성질환은 내 안의 게으름이라는 썩고 병든 상태를 위장하기 위한 핑계인지도 모른다는 것이다. 이 침대에서 일어나 책상 앞으로 몸을 끌고 가는 건 분명 가능하지 않은가?"

정답은 결코 그렇지 않다는 것이다. 불가능하다. 그러나 에너지 넘치는 야심가의 기운을 되찾고 싶고 동료들이 하는 것을 자기도 하고 싶은 다른 젊은이들과 마찬가지로 왕은 스스로에게 더 열심히 노력하라고, 건강 때문에 경력이 제한될 가능성을 없애려 노력하라고 계속 다그친다. 저 위의 유리천장을 바라보고 희뿌옇게 낀 안개를 닦아내려 노력하라고.

내가 만난 몇몇 젊은 여성의 경우, 지금 하는 일은 건강을 돌보면서 해도 문제가 없지만 직업을 바꾸고 새로운 일을 하는 것은 아마 불가능할 것이라 말한다. 수술 흉터가 많은 스물여덟의 에이프릴은 뉴욕시에서 세입자 조합과 노점상 조합 일을 해왔다. 심박동기 삽입술을 받고 곧바로 그는 건물에 전단을 붙이고 세입자들과 회의를 하는 등 무리를 했다.

"그렇게까지 해서는 안 됐던 것 같아요."

지나고 나서야 깨달았다고 그는 말한다. 스스로에게 압박을 가하기는 했지만 그와 별개로 지금 하는 일은 업무 시간이 유연해서 병원에 가야 하면 늦게 출근해도 된다.

"두 일 모두 일정은 제가 조정할 수 있는 부분이 많았죠." 그가 말한다. 하지만 이렇게 덧붙인다. "제 안에는 이루어질 수 없는 소망이 있어요. 교사가 되고 싶다는 생각을 한편에 품고 있거든요. 저로서는 이룰 수 없는 꿈이죠. 교사는 정해진 시간에 꼭 나가야 되니까요." 그리고 지금 하는 일만큼 유연하지 않다. "다른 종류의 일을 하기에는 그 부분이 신경이 많이 쓰이죠." 그래서 가르치는 일을 해보고 싶기는 해도 "업무 시간이 엄격하게 정해져 있다고 생각하면 겁이 나요"라고 그는 말한다.

티나는 전에 가르치는 일을 했었다. 미국 중부의 작은

도시에 사는 티나는 자궁내막증과 다낭성 난소 증후군을 앓고 있다. 원래는 명랑한 성격에 자주 돌아다니고 일도 열심히 하고 뭐든 잘해내는 타입이지만 통증과 피로로 인해 요즘은 심신이 쇠약해졌다. 그는 5년간 특수교육 교사로 일하다가 번아웃이 찾아와서―학생들 때문이 아니라 그의 말에 따르면 행정적 지원을 받을 수 없어서―그만두었다. 요즘은 남자친구의 친구가 운영하는 작은 회사에서 일한다. 그는 만성적인 건강 문제에 시달리고 있는 데다가 곧 아기도 낳을 예정이다.

"일은 정체성의 한 부분이죠." 그가 말한다. "그런데 만성질환이 있는 엄마가 되는 것의 피로감을 생각하면 앞으로 어찌 될지 저도 잘 모르겠습니다."

한 가지 티나가 확실히 아는 것은 일을 하고 싶다는 것이다. 그는 직업을 갖기를 원한다. 쉬고 싶지는 않다. 그렇지만 두 가지 질환에 새로 태어날 아기까지 겹치면 어떤 직업들은 그에게 물 건너간 것이 되리라는 점을 잘 알고 있다.

과거에 교사로 일할 때는 이랬다고 한다.

"너무 피곤했어요. 퇴근하고 집에 와서 땅콩버터를 냉동실에 넣을 정도였으니까요. 뇌세포가 다섯 개 남은 느낌이었습니다. 문장 하나 제대로 말할 수도 없었어요. 그런 상태를 다시는 겪고 싶지 않아요."

건강을 돌보는 것과 일을 계속하거나 시작하는 것 사이의 선은 어디에 있을까? 나는 늘 궁금했다. 티나는 일을 정체성과 결부된 것으로 여긴다. 에스메 웨이준 왕도 그렇게 생각하며, 나도 마찬가지다. 이상은 있으나 현실적으로 우리가 건강을 완전히 망가뜨리지 않으면서 할 수 있는 일은 따로 있다.

나는 심리학 교수이자 헌터칼리지와 뉴욕시립대학교 대학원의 건강 심리학 및 임상학 분야 수장인 트레이시 레번슨의 연구실을 찾아간다. 그는 박사과정 학생 중에 심각한 건강 문제가 있는 청년의 재정적 스트레스를 조사하는 학생이 있다고 내게 말해준다. 그리고 이 스트레스는 돈 문제뿐만 아니라 정체성 및 성장과도 연관이 있다고 강조한다. 사회에 나가 일을 시작하기도 전 젊은 나이에 암과 같은 문제를 맞닥뜨리게 되면 '나는 만족할 만한 직업을 가질 수 있을까? 내가 나를 먹여 살릴 수 있을까?' 하는 생각이 들게 마련이다.

리스크를 따져보고 일이 정말로 먼저가 될 수 있다고 결론 내리는 젊은 여성들의 사례도 있다. 내가 미국에서 만난 어느 여성은 중국의 프로젝트와 관련된 일로 놀라운 제안을 받았다. 그런데 그는 궤양성 대장염을 앓고 있었다. 의사는 제안 수락을 반대하면서 세 달에 한 번 검진을 해야 하고 처방도 받아야 하는데 그렇게 먼 데서 사는 건 안 된다고 말했다.

그는 고민해보았다. 대장염이 그의 일상생활에 지장을 준다는 건 잘 알고 있었지만, 이 엄청난 기회를 포기하고 싶지 않았다. 의사의 경고에도 불구하고 결국 그는 경력을 쌓는 것이 자신에게 더 중요하다고 판단했다. 처방전은 남자친구에게 우편으로 중국에 보내달라고 하고 가능한 한 자주 미국에 들어오자고 생각했다. 그리고 중국에 갔고, 계획대로 했다. 만일 그가 의사 말을 들었다면 건강 탓에 경력의 완전히 새로운 국면에 진입하지 못했을 것이다.

‡‡‡

경력 초기의 과학자 소피는 '쾌활하다'라는
단어가 그를 위해 만들어진 게 아닐까 싶을 만큼 대화에 능한
사람이다. 그는 태어나면서부터 HIV 보균자였다.

"두 살까지밖에 못 산다고 생각했대요." 그가 말한다. "그런데
이제 곧 스물일곱이니, 그동안 의사들이 틀렸다는 걸 증명하는
재미를 누렸죠."

소피는 두 돌이 되기 직전에 미국 국립보건원(NIH)의
임상시험 대상자가 되었다. 매해 생일마다 그는 임상시험에
신청해준 어머니에게 감사한다면서, 그러지 않았다면 "제게
어떤 일이 일어났을지는 신만이 알 것"이라고 말한다. 그는 아기
때 어른들이 자신을 위해 내린 결정에 약간의 경외감을 느끼는
듯하다. 마약 중독자였던 생물학적 어머니는 소피를 입양 보냈고,
양부모는 여러 위탁 아동을 양육했지만 어떤 이유에서인지 그를
완전히 입양하기로 했다. 지금도 연락하고 지내는 생모가 처음에
소피를 떠나보내는 것에 동의하지 않았으나 결국은 그렇게 한 것,
그리고 우여곡절을 거쳐 그가 NIH 임상시험을 받게 되었으며
아마도 그 덕에 생명을 구할 수 있었던 것에 대해서도 감사하게
여긴다.

그의 진로 선택에 영향을 미친 것은 어릴 때의 경험이다.
수년간 그는 NIH에 드나들었다. 처음에는 두 달, 그다음에는
세 달, 이후에는 반년에 한 번씩. 2~3학년이 되자 상태가
양호해져서 마침내 그만 갈 수 있었다. 그러다 2년 후에
췌장염에 두 번째로 걸렸다. 이때쯤 다시 NIH에 다녀야 했다.

초등학생이었던 이 시점에 그는 CD4 세포며 T 세포가 뭔지 이미 알고 있었다. 또한 인체와 면역계, 바이러스 등—또래 아이들이 잘 모르는 것들—에 관한 많은 사실을 알고 있었다. 어린 시절에 HIV 관련 질병과 치료를 겪으면서 그는 의사가 되고 싶다고 생각했다.

대학에 다니던 중 소피는 내과 의사가 되는 데 도움이 될 마땅한 인턴십 자리를 구하는 데 애를 먹고 있었다. 그러자 NIH의 담당 의사가 그를 그곳 인턴으로 불러주었다. 단, 한 가지 중요한 조건이 있었다. 모든 업무를 작업대에서, 즉 실험실에서 해야 한다는 것이었다. 그가 맡을 업무는 환자를 대면하는 쪽이 아닌 의학 연구 쪽이었다. 사람 만나는 것을 좋아하는 소피는 실험실 환경에서 일하는 것이 즐거울 리 없다고 생각했다. 하지만 막상 해보니 생체의학 연구가 정말 좋았다. 그는 실험실에서 결과를—나중에 의사들과 환자들에게 도움이 될 결과를— 얻어내는 일에 만족을 느꼈다.

내과 의사가 되어 환자를 대하면서 발휘하고 싶었던 외향성에 대해서는 "씩씩한 성격이 어디 가진 않죠"라고 말한다. 그리하여 그는 그 실험실에서 인턴십을 두 번 했다. 동료들과 수다도 떨고 그의 표현에 의하면 "HIV 원숭이 버전"을 연구하며 연구원들이 'HIV 사람 버전'을 이해하는 일을 도왔다. 그곳에서 그는 각종 유리관과 기구에 둘러싸여 일하면서 자신의 몸에서 일어나는 일을 진정으로 이해하기 시작했다. 처음에는 소아과를 전공할 계획이었으나, 의사가 되든 학자가 되든 감염병에 초점을 맞추고 싶다는 걸 깨달았다.

한동안은 의사가 되겠다는 생각을 놓지 않았다. 그러다 자신이 과학 쪽에 재능이 있으며 그쪽에 뭔가 특별한 기여를 할 수 있겠다는 걸 알게 되었다. 의사와 사회와 연구자 사이에는 단절이 있다고 그는 내게 말한다. HIV 보균자로서 그는 감염병을 환자 입장에서, 즉 동료들 대부분과는 다른 방식으로 이해한다.

소피는 석사 학위를 받기 위해 임질을 연구했다. 우리가 만났을 때 그는 이제 막 박사과정을 시작한 시점이었고 HIV를, 그러니까 면역 결핍 바이러스 감염병의 사람 버전을 연구 중이었다. 자기 자신의 바이러스를 연구하는 것은 모험이라고 그는 이야기한다.

자신의 몸 안에 있는 것을 연구한다는 것이 매우 흥미로우면서 이상하게 느껴지기도 하지만, 그런 그가 생체의학 연구 환경 안에 있는 것은 여러 복잡한 층위를 지닌다.

"저는 백인과 아시아인과 인도인이 대부분인 분야에서 연구를 하는 젊은 흑인 여성이에요." 그가 말한다.

"그리고 대부분이 남성이겠죠?" 내가 묻는다.

"아, 그렇죠. 남성이 많죠. 어떻게 봐도 저는 소수자인 거예요."

"저는 매우… 말하자면… 친흑인 성향이 강하거든요." 그가 내게 말한다. "거기서는 그런 걸 너무 내보이지 않으려고 노력해요."

하지만 경찰의 흑인 총격이 연이어 발생하고 블랙 라이브스 매터(Black Lives Matter) 운동이 일어난 이후에 특히 그는 직장에서 흑인 여성이라는 자신의 정체성이 어떻게 모습을 드러내는지 확인할 수 있었다. 인종차별 사건이 벌어지는 가운데 비흑인 공간에서 일하는 상황을 헤쳐가는 것에 더해("생모는 저를 '나의 작은 블랙 팬서'라고 불러요"라고 그는 말한다), 그는 자신의 병을 제대로 이해하지 못하는 동료들과 대응해야 했다. 그는 HIV 연구자들이 환자에 대해 이야기하는 것을 들으며 HIV가 어떤 병인지 전혀 알지 못하는 게 빤히 보여 괴로웠던 적이 있다.

"그러니까 상상해보세요. 특히 올해는 저와 제 안의 블랙 파워 의식이 깨어났어요." 블랙 라이브스 매터 운동과 관련해서 하는 말이다. "그런데 사람들의 HIV에 대한 무지까지 대처해야 하는 상황인 거죠."

그러면 그는 직장이나 대학원 사람들에게 그의 건강 상태를 밝혔을까?

"누가 아는지 사실 모르겠습니다." 그가 말한다. "에세이에 쓰기는 했어요." 대학원 지원서에 그는 감염병을 연구하게 된 계기를 썼다. 그리고 나중에 석사과정 교수에게 자신이 HIV 양성이라고 말했을 때 교수는 이미 알고 있다고 했다.

지금 박사과정을 함께하고 있는 사람들 중에는 또 누가 아는지 그도 궁금하다고 한다. 사람들이 짐작하고 있을지, 아니면 그가 태어날 때부터 HIV 보균자라는 걸 믿지 않을지 역시 궁금하다. 소피는 사람들이 그가 HIV를 가지고 태어났고 나중에 감염된 것은 아니라는 사실을 알게 되면 반응이 달라지는 것을 수년 동안 목격했다. 그들의 반응은 마치 나이가 더 들어서 감염된 환자라면 마구 비난하겠지만 소피는 어쩐지 비난을 면할 수 있다는 듯했다. 그리고 병을 연구하는 동료들이라고 해서 그런 식의 생각을 하지 않으리라는 법은 없다는 것을 그는 알게 되었다.

소피는 몰랐으면 하는 사람들이 자신의 건강에 대해 알게 되는 것을 두려워한다. 그래서 진료를 받으러 캠퍼스 내 감염병

클리닉에 갈 때면 동료들의 눈에 띄지 않기를 바란다. 하지만 어느 날 누군가를 마주치고 말았다. 마주친 학생이 "여기 무슨 일로 왔어요?"라며 소피에게 물었다. 1년쯤 알고 지낸 사람이지만 그는 굳이 설명하고 싶지 않았다. 실험실에서 일할 때도 온갖 두려움이 들기는 마찬가지다.

"저는 자주 아파요. 두통이 자주 찾아옵니다." 그는 말한다. 그래서 '실험실에서 아프면 어떡하지?' 하고 생각한다. 한번은 약을 꼬박꼬박 챙겨 먹지 못해 목구멍에 진균 감염증인 아구창이 생겼다. 소피는 겁이 났다. 목구멍 안을 남들이 볼 수는 없겠지만 만약 악화된다면 직장에서 동료들이 아마 어디 이상이 있는지 묻기 시작하리라는 걸 알았기 때문이다.

"그냥 사람들이 다르게 대하는 게 싫어요." 그가 말한다. 특히 그의 건강에 대해 알고 있는 사람이 지나치게 조심스럽게 대할 때 불편하다.

그의 말에 따르면 지도 교수들은 더 좋은 멘토가 되고자 노력한다. 또한 그에게 지금은 건강이 어떤지 항상 물어본다. 신경 써주는 것은 좋지만 시야가 좁은 점은 실망스러운 듯하다. 잘 지내는지 어떤지 확인하려고 묻는 질문들이 늘 HIV에 관련된 것이라고 한다.

소피의 건강 상태를 아는 지도 교수들에 대해 그는 이렇게 말한다.

"이해를 해주는 건 정말 좋지만 내가 아플 수도 있다는 생각을 얼마나 많이들 할까 궁금하기도 해요. 늘 아프다는 핑계를 대는 사람이 되고 싶지 않거든요."

╫

"제 이야기는 진부하게 들릴 거예요."

희귀 신경 질환을 앓기 시작하기 전부터 경력을 쌓아 워싱턴에서 영향력이 큰 일을 하고 있는 젊은 여성 브렌다에게 그의 이야기를 들려달라고 부탁하자 그가 경고하며 하는 말이다.

"저는 장벽을 뚫고 싶었어요." 그는 말한다. "다음 세대의 라틴계 여성을 위한 길을 개척하는 데 헌신하고 싶었습니다. 저는 다른 라틴계 여성들이 저를 위해 놓아준 길을 따라 걸었어요. 그리고 잘 걸어왔죠. 같은 목표를 위해 다른 사람이 싸워야 하는 것보다 더 열심히 싸웠고, 그걸 잘 알고 있었어요. 그렇지만 저는—지금도 마찬가지이지만—목표를 이루기 위해 늘 어제보다 더 치열하게 밀고 나가겠다는 의지가 충만해 있었습니다."

그리고 지금은 이렇다고 말한다. 아니 정확히는 타이핑한다.

"병이 있는 것을 만회하려고 저도 모르게 무리를 합니다. 동료들보다 더 오래 일을 하죠." 그의 질환은 말하는 데 영향을 끼칠 수 있어서 우리는 그 점을 고려해 말 대신 지챗(G-chat)으로 대화를 나누고 있다. "일반적으로는 주니어급 직원에게 할당되는 업무를 저는 기꺼이 해요. 제 가치를 증명하고 싶어서요. 제 일만 하는 것이 아니라 그 이상을 해서 제가 특수한 상황에 있음에도 불구하고 가치 있는 사람임을 보여주려 하는 거죠."

브렌다의 증상은 그가 미국 의회 합동경제위원회의 언론 담당 비서라는 중요한 역할을 맡고 있을 때 나타나기 시작했다. 우리가 만난 시점에는 진보적 공공 정책 수립을 위한 연합 구축과 로비 활동, 전략적 소통 등을 담당하는 워싱턴의 회사에 재직 중이다. 서른셋의 나이에 브렌다는 책임자 자리에 있다. 나는 그에게 실례가 되는 표현이 아니기를 바란다면서 '굉장히 유능하다'고 말한다. 젊은 나이에 공격적으로 많은 일을 해낸 건 분명하니까.

"일반적인 유리천장이 있죠." 내가 말한다. "그런데 아프면 하나가 더 생기는 것 같아요. 그리고 유색인 여성에게는 또 하나가 더 생기고요. 다른 예도 얼마든지 있을 겁니다."

그도 나처럼 언어를 다루는 사람으로 상원의원들의 소통을 정교화하는 일을 해왔다. 그래서 혹시 좀 더 정확한 은유가 떠오르는 게 있는지 묻는다.

"유리천장이 완전히 정확한 은유라고 생각하진 않습니다." 그가 말한다. "적어도 유리천장은 그 너머가 보이기는 하잖아요." 그런데 그의 경우는 거기서 그치지 않는다. "저는 여성이에요. 뚫고 나아가야 할 유리천장을 봅니다. 저는 라틴계 여성이에요. 어떻게 넘을지, 어딘가에 있을지도 모르는 작은 문 하나를 어떻게 찾을지 알아내야 하는 벽을 봅니다. 저는 장애인이에요. 이제 제 앞에는 헤쳐나가야 할 장애물 코스가 있습니다. 그리고 이제 저는 말을 하는 데 장애를 겪고 있어요. 어떻게 오페라를 부를지 알아내야 하는 처지입니다."

이 모든 것에도 불구하고 그는 운이 좋다고 느낀다.

"저는 여성이고 히스패닉이며 장애가 있는 유대인이에요" 그가 말한다. 하지만 "제 직장은 다양성을 찬미할 뿐 아니라 그 이상을 해왔습니다"라고 덧붙인다.

그렇다고 해서 그가 더 많은 시간을 투입하고, 더 많은 업무를 맡고, 자신의 위치에 걸맞은 인물이라는 걸 증명해 보이기 위해 분투하기를 멈출 수는 없다.

‡‡‡

아일린은 가슴에서 멍울이 발견되었을 때
병원에 재직 중이었다. 당시 그는 서른네 살이었고 어린 딸 셋을
키우고 있었다. 대학병원에서 순환기내과 인사 및 학사 업무를
감독하는 일을 했는데 멍울 검사를 받아보려고 유방 촬영실로
갔다.

"너무 젊으신데요." 안내 데스크 직원이 말했다. "6년 더
남았어요."

아직 마흔은 되지 않았지만 그래도 멍울이 있었다. 아일린은
검사를 해봐야겠다고 직원을 설득해 결국 유방 촬영을 받았다.
사진이 나오자 사람들의 표정에서 뭔가 심상치 않다는 것을
알 수 있었다. 그들은 곧바로 초음파 검사 기사를 불렀다. 그리고
아일린은 2기 삼중음성 유방암 판정을 받았다. 이 유방암은 특히
위험한 유형으로 완경 전의 젊은 여성과 아프리카계 및 라틴계
여성에게서 발병률이 유난히 높게 나타난다.

삼중음성유방암재단의 설명에 따르면 이 아형은 매우
공격적일 수 있다. 다른 아형의 경우 에스트로겐 수용체,
프로게스테론 수용체, 인간표피성장인자 수용체 2가 암의 성장을
촉진한다. 따라서 의사는 성공적인 치료를 위해 이 수용체들을
표적으로 삼을 수 있다. 그런데 아일린 같은 환자의 종양은
이 세 수용체에 대해 음성이기 때문에 그러한 표적 치료가
별 도움이 되지 않는다.

"저는 도미니카공화국 출신으로 아프리카인 혈통의 라틴계

여성이에요." 그가 말한다. "그리고 서른네 살이었죠." 혈통으로나 나이로나 이 암에 걸릴 확률이 높았다. 그는 종괴절제술로 종양 덩어리만 떼어냈다. 그런데 불과 몇 주 후, 유방암 인식 향상의 달에 우연히 뭔가를 봤는데 다른 쪽 유방에 암이 재발한 어떤 여성에 관한 내용이었다. 그 여성도 삼십 대였다. 그래서 아일린은 담당 외과 의사에게 다시 전화를 걸었다. (그 의사는 현재 아일린의 상사이기도 한데 이 사연은 조금 뒤에 나온다.)

아일린은 양측성 유방절제술을 받겠다고 말했다. 의사가 유방을 절제한 후 아일린은 5개월 반에 걸친 항암 치료에 들어갔다. 그리고 직장에 10개월의 노동 불능 휴가를 냈다. 하지만 휴가 중에도 병원에 다녔는데 이번에는 환자로 치료를 받기 위해서였다. 병원에 가면 복도에서 아는 사람을 마주치곤 했다.

"사람들이 시선을 아래에 두더라고요." 그가 말한다. "아니면 제 눈을 똑바로 쳐다보지 않으려고 했죠."

같이 일하던 동료들 아니냐고 내가 묻는다. 매일 병원에서 일하는 사람들이 그런 상황에 대처할 줄 모른다고? 아픈 사람의 기분을 나아지게 하는 일을 하는 사람들인데? 그렇지 않아도 치료를 받느라 허약해진 아일린은 이제 동료들에 대한 걱정까지 겹쳐 마음이 더 무거워졌다.

"아, 정말 아무도 안 만나면 좋겠다고 생각했어요." 그가 당시를 떠올리며 말한다. "그 사람들을 불편하게 하고 싶지 않았으니까요."

"여자들이 꼭 그런 생각을 하는 것 같아요." 내가 말한다.

"네, 맞아요! 남편과 함께 병원에 들어가면서 저는 '어떡하지.

사람들이 무슨 말을 해야 할지 몰라 할 텐데'라고 말하곤 했어요."
그러면 남편은 이렇게 대꾸했다고 한다. "그런 걸 왜 신경 써?"

실제로 한 동료는 복도에서 이 모든 걸 말로 확인시켜주었다.
"저를 보더니 '무슨 말을 해야 할지 모르겠네요'라고
하더라고요." 아일린이 그때 상황을 떠올린다. "그러고는 그냥 휙
가버렸어요."

"이 병은 신체에 많은 변화를 가져옵니다." 아일린은 말한다.
"그때 저는 머리카락도 없고 눈썹도 없었어요. 치료 과정에서
살이 18킬로그램 빠졌고요… 저는 심리치료사도 무엇도 아니지만,
삼십 대의 나이에 그런 것을 떠올리고 싶은 사람은 아무도 없는
게 당연하다는 생각을 해요."

그는 자신이 동료들에게―병든 사람들을 아무리 곁에서
익숙하게 보아온 동료들이라고 해도―죽음을 떠올리게 하는
존재였다고 생각한다.

나는 그에게 『워싱턴 포스트』에서 읽은 에세이 이야기를
한다. 캐서린 러셀 리치의 상사가 리치에게 당신은 사무실 직원
모두에게 인간의 필멸성을 떠올리게 하는 존재라고, 그러니
당신과 일하고 싶은 사람은 아무도 없다고 말했다는 내용이
그 에세이에 나온다고 일러준다. 아일린은 이해가 된다고 말한다.
동시에 그는 자신을 보고 황급히 피해버린 동료들에 대해서도
공감할 수 있다며 관대하게 생각한다.

"어린아이들이 있으니 저도 물론 죽음에 대해 생각하고
싶지는 않아요."

그는 인정한다. 그렇지만 내가 보기에 동료들이 그가 곁에
있을 때 보였던 행동은 코미디에 가까울 만큼 전문가답지 못한

처신이다. 치료와 임상시험 이후 아일린은 혈전이 생겼고 암보다
더 심각해졌다. 혈전은 순식간에 "폭발"할 수 있기에 치료를 위해
그는 매일 주사를 놓아야 했다. 그런데 이 또 다른 심각한 건강
문제를 겪는 동안에도 같은 상황이 되풀이됐다. 혈전 치료를
담당하던 의사는 "제가 [복도를] 걸어갈 때 그냥 쏜살같이 지나쳐
가곤" 했다고 그는 말한다. "저를 봐주는 의사였는데 말이에요."

　　그를 피했던 동료들에 대해 그는 이렇게 말한다.

　　"연민을 가져야 하는 건 맞죠. 다른 사람을 대하는 방법을
알아야 하고 그런 정도의 전문성을 갖춰야 하는 것도 맞고요.
그건 분명히 맞아요."

　　하지만 예전에 어느 소아과 의사를 보며 배운 것이 있다고
한다. 아픈 딸을 둔 의사였는데, 보통 의사들은 자신의 사랑하는
사람을 직접 진료하지 못한다. 감정이 너무 차오르기 때문이다.
"제가 할 수 있는 말은, 제 경우도 아마 그런 것이 아니었나
싶다는 것밖에 없네요"라고 그는 말한다. 가까운 사이의 사람에게
발생한 상황이라 동료들이 편하게 대처하지 못했을 거라는
얘기다.

　　내가 만나는 여성들마다 하는 말이지만, 이 모든 것에도
불구하고 그는 운이 좋다고 느꼈다. 아일린은 그 병원에서
일한 지 그때 이미 8~9년이 되었고, 직업적으로 자리를 확실히
잡았으며, 부하 직원들과 유대가 돈독했다. 그들 덕분에 그는 다시
딛고 일어설 수 있었다. 주사실에서 항암 치료를 받는 동안에도
직원들이 와서 업무 관련 조언을 구하곤 했다. 그들은 아일린에게
일이 얼마나 중요한지 알고 있었고, 그가 암을 제거하기 위해
자리를 비웠을 때도 지속적으로 업무 상황을 알려주었다. 한편

바로 이 시기에 그의 경력이 예상하지 못한 방식으로 변화하기 시작했다.

아일린은 주사실에서 치료를 받으면서 영양에 대해 공부했다. 채소의 이점, 지나친 당분 섭취가 건강에 가져오는 위험 등.

"거의 우연히 그렇게 된 거예요." 그는 자신의 병이 자신의 경력을 어떻게 바꾸어놓았는지 이야기한다. "항암 치료실에서 케이크를 먹는 여성을 더러 봤습니다. 거기서 사람들이 주는 음식도 먹고요." 건강에 좋지 않은 음식들이었다고 한다. 그는 환자들을 변호하고 싶었고 그들이 주체성을 가지고 자신의 몸을 대하도록 돕고 싶었다. 그러던 중에 또 눈에 보이기 시작한 것이 있었다.

"병원이 있는 워싱턴하이츠는 이민자가 많은 지역이에요." 하지만 의사들은 그들의 언어를 모른다고 그가 말한다. "자연스럽게 제가 대화에 끼어들게 됐죠." 그는 스페인어와 영어로 의사와 환자가 서로의 말을 이해할 수 있게 도왔다. "저도 그냥 환자였지만 동시에 대변인 역할을 했던 겁니다."

"의료는 가난한 사람을 위해 설계되지 않았습니다. 유색인 여성을 위해 설계되지 않았어요. 미등록 체류자를 위해 설계되지 않았어요." 또한 젊은 여성을 위해 설계되지도 않았다는 것을 그는 알 수 있었다고 한다.

"지지 모임에 가봤는데… 바로 나왔어요." 그가 그때의 기억을 떠올린다. "다들 저보다 나이가 많았죠. 끔찍한 경험이었습니다."

아일린과 같은 연배는 아무도 없었을 뿐 아니라 모임 장소가 지하였다. 항암 치료를 받는 중이던 그와 다른 환자들은 그렇지 않아도 계속 구토를 하는데 지지 모임이라는 것이 후끈거리는 지하 쓰레기장 옆에서 열리고 있었다. 모인 여성들은 전부 아일린보다 훨씬 나이가 많았으며 상당수가 울고 있었다. 말도 못 하게 침울했다. 그래서 그는 곧바로 자리를 떴다.

환자이자 관찰자로서 아일린은 의료 시스템 내의 "처참함"을 목격하기 시작했다. 삼중음성 유방암 환자를 포함해 젊은 여성을 지원하는 활동을 하는 사람은 아무도 없었다. 그리고 아일린이야말로 이 유형의 유방암 고위험군에 속했지만 관련 자료의 사진 속 여성들은 모두 백인이었으며 그와 닮은 점이 전혀 없었다.

또한 그는 유방암을 앓는 여성 중에 사회경제적 지위가 매우 낮은 이민자가 많다는 것을 알게 되었다. 보다 공식적인 자격으로 이들을 대변하고 싶다는 생각을 본격적으로 한 것은 바로 그 때문이었다. 아일린은 청소 일을 하는 여성을 다수 포함하는 이 환자들도 소득 수준에 관계없이 다른 이들과 똑같은 권리를 가진다는 사실을 동료들에게 상기시켜야겠다는 의무감을 느꼈다.

나아가 그는 환자들을 위해 자신이 더 많은 역할을 할 수 있겠다는 것을 깨달았다. 그리하여 자신의 이야기와 그가 해온 환자 옹호 활동을 좀 더 널리 알리고자 노력했다. 병원이 속한 대학에서는 유색인 여성 암 환자를 위한 콘퍼런스를 개최하면서 아일린을 연사로 초청하기도 했다. 담당 외과 의사는 누이가 서른일곱에 유방암으로 세상을 떠났는데 아일린이 얼마나 강력한 대변인이 되었는지 지켜보아 알고 있었다. 그래서 아일린에게 당신만큼 환자의 권리에 대해 대단한 열정을 가진 사람은 아무도 없다며 본인의 과에서 함께 일하면 좋겠다고 제안했다.

"저는 '그건 어려워요. 적절한 직무가 있어야 가능합니다'라고 대답했습니다." 아일린이 회상한다. "그러고는 '제가 인사 담당이니 적절한 역할을 함께 만들어보죠'라고 말했어요." 1년이 걸렸지만 그는 담당 외과 의사—지금은 그의 상사가 된 사람—와 머리를 맞대고 직무 기술서를 작성한 뒤 필요한 절차를 밟았고, 그렇게 해서 환자 내비게이터라는 공식 직함을 얻게 됐다.

　　나는 탄탄한 대학병원인 그곳에서 아일린이 그 직무를 맡은 첫 번째 사람인지 묻는다. 그의 말에 따르면 비록 이름뿐이었지만 이전에도 존재하기는 했다고 한다. 전임 내비게이터가 한 일은 현재 그가 하는 일과 달랐다. 아일린은 여러 인구 집단의 암 환자를 위한 포괄적인 워크숍을 기획한다. 또한 전문가를 초청해 환자들에게 건강하고 맛있는 식사 만드는 법을 알려주고, 젊은 여성들이 자신이 그랬던 것처럼 위화감을 느끼지 않도록 만전을 기한다. 그리고 자료가 스페인어로 제공되도록 하는 일도 한다. 이런 모든 업무를 소화하는 환자 내비게이터로는 그가 최초인 셈이다.

　　"환자 내비게이션은 의료 시스템에서 이제 막 조금씩 생겨나기 시작한 새로운 분야라 할 수 있어요." 그가 말한다. "자원이 아직 많이 부족하죠."

　　2008년 아일린이 암 진단을 받았을 때 병원에 있던 환자 내비게이터는 그 직함에 걸맞은 업무를 수행할 여건이 되지 못했다. 병원은 인력이 부족했고 그렇다 보니 그 내비게이터는 안내 데스크에서 환자의 접수를 돕거나 환자에게 옷을 언제 벗어야 하는지 따위를 알려주는 일을 했다.

　　"요컨대 사무직원이나 의료보조원 혹은 비서 정도의 역할을 한 거죠." 아일린이 말한다.

　　현재 아일린은 환자의 진료 예약을 잡아달라거나 기타 자신의 업무에서 벗어나는 요청을 받으면 선을 긋는다. 환자가 병을 헤쳐나가는 데 실제로 도움을 줄 틈도 얻지 못했던 전임 내비게이터처럼 되고 싶지 않기 때문이다.

　　다른 종류의 내비게이터도 있다. "우는 여성을 지켜봐 주고, 초콜릿이나 차나 커피 같은 것을 갖다 주는" 자원봉사자로 "보통 별달리 할 일이 없는 나이 든 백인 여성"이라고 아일린은 설명한다. "아마 남편이 돈이 많은 그런 분들이죠."

　　자원봉사자의 가족 관계에 대한 이런 추측은 정확하지 않을지 모르지만 시사하는 점이 있다. 자원봉사자가 아무리 선의를 갖고 있다고 해도 뉴욕시 워싱턴하이츠 지역에 사는 젊은 이민자 여성은, 혹은 젊은 유색인 여성은, 기분이 울적할 때 자기보다 나이가 훨씬 많은 그런 백인과 전혀 교감하지 못할 것이라고 그는 말한다. 아일린은 예전에 병원에 와서 진료를 받은 후 그런 여성을 만났던 일을 기억한다. 두 사람 사이의 간극이 너무 크게 느껴졌다. (하지만 병원 밖에서는 친구들보다 오히려 나이 든 여성들과 더 잘 통할 때가 있었다고 한다.)

　　다시 병원 직원이 된 아일린은 자신처럼 젊은 여성이 매력을 느낄 만한 워크숍과 환경을 만들고 있다. 악취 나는 지하에서 열리는 지지 모임, 젊은 여성은 하나도 없고 다들 눈물을 글썽이고 있는 그런 모임 대신 그가 운영하는 모임에는 '암'이라는 단어가 거의 등장하지도 않는다. 분위기는 침울하기는커녕 밝고 유익하다.

　　"가령 우리는 앨빈 에일리 무용단 단원을 초청합니다. 그러면

누가 울겠습니까?" 그가 말한다. "아니면 셰프가 와서 채식 위주의
요리를 가르쳐줍니다. 누가 울겠어요?"

재건 수술에 대해 궁금해하는 여성이 있으면 아일린은
자신의 보형물을 만져보라고, 어떤 느낌인지 확인해보라고 한다.

암 진단은 아일린과 그의 남편에게 삶이 영원하지 않다는
것을 일깨워주었다. 진단 이후 둘 다 삶의 우선순위를 조정하고
일의 초점도 바꾸게 되었다.

"그런 것도 다 아직 젊고 직업을 바꿀 수 있는 시간이 있었기
때문이라고 생각해요." 그가 말한다.

그는 같이 일하던 여성이 갑자기 환자가 되어 병원에
나타나는 것을 더러 본다. 예전에 그가 그랬듯이 말이다. 하지만
아일린은 이 여성들을 피하지 않고 달려가 손을 내민다.

‡‡‡

나는 전국LGBTQ태스크포스에서 트랜스젠더
및 성별비순응 정의 프로젝트를 지휘하는 스물여덟 살 여성
빅토리아 로드리게스-롤단을 만난다. 일식당에서 함께 이야기를
나누는 시점에 로드리게스-롤단은 노동 및 고용 차별을 포함해
트랜스젠더와 성별비순응 분야 내의 여러 사회정의 문제에 관한
일을 하고 있는데 특히 트랜스 권리와 장애 정의의 교차점에
중점을 둔다고 한다.

"저는 대학 시절에 아주 일찍 제가 트랜스젠더인 것을 밝혔고
그 점에 대해 전혀 거리낄 게 없었어요. 그런데 솔직히 말해 저의
정신건강에 관해서는 그러지 못했어요. 소수의 친한 사람 외에는
아무한테도 터놓지 못했죠." 그가 말한다. "저의 이 경험이 우리

사회가 정신건강 장애를 어떻게 취급하는가에 대해 많은 것을 말해주지 않나 싶어요."

로드리게스-롤단은 로스쿨을 마칠 때까지 양극성장애가 있다는 사실을 드러내지 않았다. 당시에 그는 "말하자면 '그걸' 커밍아웃해서 생길 여파가 더 두려웠"다고 한다. 법대생이었기 때문에 그는 변호사 시험을 통과하기 위해서는 자신의 정신건강 장애에 대해 아는 사람이 아무도 없는 편이 아무래도 더 유리할 것이라 생각했다. 변호사가 되려면 병원 진료 기록을 공개해야 할 수 있다고—그리고 법조계에는 정신건강을 둘러싼 차별과 낙인이 상당히 존재한다고—그는 말한다. 트랜스젠더도 흔히 낙인과 차별의 대상이 되지만 그는 양극성장애에 대한 사람들의 반응이 더 걱정되었다.

이후에 로드리게스-롤단은 신체적인 건강 문제도 생겼는데, 요즘은 일을 하면서 자신을 드러내는 데서 일종의 스릴을 느낀다. 워싱턴시에 위치한 전국적 조직에서 책임자를 맡고 있는 그는 의회 의원 및 기타 고위 공무원과 정기적으로 소통한다. 그럴 때 가령 의회의 어느 권력자가 로드리게스-롤단에게 양극성장애와 기타 정신건강 장애에 대해 언급하면서 '정신 질환이 있는 그런 사람들'이라는 식으로 말을 하면, 그는 정색하고 "저 같은 사람 말인가요?"라고 묻는다고 한다. 그리고 이어지는 잠깐 동안의 불편한 침묵이 너무나 재미있다고 그는 말한다. 힘 있는 의사 결정권자들이 정신건강에 대한 생각을 고쳐먹고 또 어쩌면 '우리'와 '그들'의 개념까지도 조금이나마 바꾸는 것을 지켜보게 되기 때문이다.

"때로 저는 어떤 것들을 할 수 없다고 느끼고, 안전하다는 느낌이 들지 않으면 피하게 됩니다."

샌프란시스코에 거주하는 중국계라고 밝힌 젊은 여성 에밀리가 쓴다. 그는 다발경화증을 앓고 있다.

"저는 영화 제작자입니다. 책상 앞에서 일하는 직업은 확실히 아니죠." 그가 말한다. "현장에 나가 있을 때면 항상 서있고, 다리에 갑자기 힘이 풀리지 않도록 조심해야 합니다. 특히 값비싼 장비 근처에서는 더 조심해야 하죠. 주변을 의식해야 한다는 생각을 놓지 않기 위해 쉬지 않고 싸워야 합니다."

그는 인턴십을 하면서 무대 기술을 배웠던 일을 떠올린다.

"저는 1미터 가까이 되는 높이의 난간 없는 덧마루에 올라가면 불안한 느낌이 든다는 것을 상사에게 알려야만 했어요." 그가 말한다. "다발경화증이 있다고 '커밍아웃'하자 상사는 왜 더 일찍 말해주지 않았느냐며 약간 화를 냈습니다. 이해해줘서 기쁘기는 했지만, 그렇게 된 이상 저는 카메라와 무대 장비 사용법을 배울 수가 없었죠."

백인 남성 클럽 같은 업계에서 일하는 것이 어떤지 내가 묻는다.

"유색인 여성인 것이 제게 문제가 된 적은 한 번도 없어요." 그가 말한다. "일을 하면서 아시아계 영화 제작자가 얼마나 적은지에 대해서 저 자신은 의식조차 하지 않습니다. 다만 세트장에서 제가 아시아인이라서가 아니라 여성이라서 외로움을 느낄 때가 있어요. 샌프란시스코의 영화 세트장은 상당히 다채롭지만 보통 여성은 별로 보이지 않습니다." 이어서 이렇게 말한다. "동료들은 대개 제가 다발경화증을 앓고 있다는 사실을 기억하지도 못하기 때문에 저를 다른 사람과 똑같이 대해요. 그러다가 이따금씩 저한테 뭔가를 해달라고 하면 제가 안 된다고 말하면서 상기시켜주죠. 다들 친하게 지내면서 일하는 편이에요. 그렇지만 간혹 제 병이 심각하게 받아들여지지 않는다거나, 제가 다발경화증을 어떤 핑계로 이용한다고 생각하는 것 같은 시선을 느낄 때가 있습니다."

그래서 그는 이렇게 한다.

"웬만하면 말을 안 하려고 하죠. 안전하지 않다고 느끼는 경우를 제외하고 대개는 '정상인'처럼 행동하려고 최선을 다해요. 하지만 때로는 쓸모없다고 여겨지고 싶지 않아서 조금 무리를 할 때가 있습니다."

내가 인터뷰한 또 한 명의 여성인 서른 살의 제이드 또한 쓸모없다고 여겨지고 싶지 않아 한다. 제이드는 가족샘종폴립증을 앓고 있는데, 신체 여러 부위에 암과 폴립을 발생시키는 이 질환으로 인해 그는 다수의 장기뿐 아니라 인생의 상당 부분이 뒤엎어졌다. 경제적으로도 빠듯하다. 그는 미국 각지의 전문의들을 찾아갈 비용에 보태고자 크라우드펀딩 사이트를 통해 모금을 시도했지만 많이 모이지 않았고, 필요한 만큼 여러 군데를 가볼 돈을 마련하지 못했다. 그는 결장을 절제했으며 그 밖에도 수많은 수술을 받았다. 그리고 우리가 만난 시점에는 뇌 수술을 미루고 있는 중이라고 터놓는다. 수술을 정말 지독히도 많이 받았다. 나는 그에게 건강이 일에 영향을 미쳤는지, 혹은 꿈의 직업을 앗아갔는지 묻는다.

"꿈을 이루려고 여러 번 노력했죠." 그가 말한다.

"어릴 적 가장 이루고 싶었던 목표는 할아버지[의 뒤]를 따르는 것이었습니다. 할아버지는 공군에 있었어요. 저는 비행기를 무서워합니다… 하지만 법무장교가 되고 법조계에 들어가고 백악관에 입성하는 꿈을 꾸었어요. 물론 대통령이 되고 싶었던 건 아니지만, 공군 같은 데서 [큰]일을 하는 저의 모습을 그려보곤 했어요. 공군 제복이 그렇게 입고 싶었습니다." 간절히 원했기에 그는 신체적 여건이 따라주지 않는 현실을 알면서도 도전했다.

"시도했어요. 실은 거짓말을 해서 돌파해보려고 시도했습니다." 그가 말한다. 그의 끈기는 스스로도 혀를 내두를 정도다. "사람들을 저희 집으로 오게까지 해서 면접을 보려고 했죠. 멍청하게도 저는 '내 병력을 그리 자세히 보지는 않을걸. '정부'일 뿐이잖아. 개인 정보를 가지고 있진 않겠지!'라고 생각했습니다." 그는 관계 당국이 그의 건강 문제를 알아내지 못하는 마법이 일어날 것이라고 어찌나 굳게 믿었는지 모른다며 소리 내어 웃는다.

공군이 병 때문에 그를 받아주지 않으려 하자 다시 한번 설득을 시도했다. "이해하지 못하시는 것 같은데 저는 아프기는 해도 의지가 강합니다." 이렇게 말했던 것으로 그는 기억한다. "생각하시는 것보다 저는 더 강한 사람이에요." 그러나 제이드는 건강 자격 요건을 통과하지 못했다.

법무장교가 되는 꿈이 좌절된 후 그는 지역 커뮤니티 칼리지에 등록했다. 첫 학기는 정말 좋았다. 역사와 예술에 눈을 떴으며 인간으로서 성장하는 자신을 느꼈다고 한다. 하지만 병은 그 자리에 그대로 있었다. 결장 수술 후 뭔가를 먹으면 하루를 망치기 쉬워서 그는 식사를 거르고 약을 먹어 그의 몸을 기만했다. 몸과 배움의 욕구 사이에서 균형을 찾으려 애썼던 두 번째 학기가 끝나고 나서 그는 결국 중퇴를 해야 했다.

"'그래. 그냥 나가서 일이나 구해보자' 하고 혼잣말을 했습니다."

그는 여러 군데 지원을 했고 옷 가게에서 일하기 시작했다. 동시에 애플비스(미국의 패밀리 레스토랑—옮긴이)에서 교대 근무도 했다. 옷 가게 일은 굉장히 좋았다고 한다. 사장이 정말 멋진 사람들이었고 직원에게 옷도 아낌없이 주었다. 그들은 업무상의 값비싼 저녁 식사 자리에 제이드를 보내기도 했다. 덕분에 일이 신났다. 또한 공교롭게도 상사 한 명이 궤양이 있어 제이드와 비슷하게 식단 제한을 하고 있었다. 제이드보다는 덜 심각한 문제 때문이기는 해도 음식 섭취를 비슷하게 제한해야 하는 슈퍼바이저가 있다 보니 일을 하면서 건강을 챙기기가 조금 더 수월했다. 그럼에도 그의 몸속은 지속 불가능한 리듬으로 치닫고 있었다. 훌륭한 직장이었지만 일정이 도무지 버티기 힘들었다.

"한 1년은 제 몸을 속일 수 있었죠." 그가 말한다. "그러다 결국 몸이 제 발목을 잡았어요."

그런데 제이드는 여전히 고등학교 이상의 교육을 받고 싶었고 그래서 다시 도전했다. 이번에는 집에서 수업을 받는 학교였다.

"드브라이대학교에 들어갔어요." 그는 이 대학의 온라인 과정에 등록했다고 말한다. "등록금은 일반 2년제 대학과 차이가 없어요. 대출을 받고 이래저래 돈을 마련해야 했죠. 지독히도 비싸요."

건강보험도 잃어서 제이드는 의료비를 자비로 부담해야
했다. 빌린 학자금을 갚을 여유가 없었다. 학교 측에서 대출금
일부를 상환하지 못하면 수업을 들을 수 없다고 통보했고, 그걸로
끝이었다. 병원 진료는 계속 받아야 하니 의료비 때문에 학교를
포기할 수밖에 없었다. 이후 장애 연금을 신청해야 했다. 다시
일을 하거나 수업을 듣고 싶은 마음은 간절해도 우선 "수입이
있어야" 한다고 그는 말한다. 그리고 이렇게 덧붙인다.

"사실 장애 연금을 받으면서 게으르게 살고 싶어 하는
사람들도 있지만 저는 그렇지 않아요."

게으름에 대한 두려움이 여기서 또 등장한다. 제이드는
의심할 여지 없이 다양한 분야의 일을 시도해보았고 스스로를
강하게 채찍질해왔음에도 그런 두려움을 가지고 있다. 그가
이야기를 하는 동안 나는 이런 생각을 한다. 젊은 흑인 여성인
제이드가 만일 백인이었다면 고정관념을 좀 더 적게 마주하지
않았을까. 그가 지금 그런 우려를 하는 것은 우리 사회가
제이드에 대해 어떤 추정들을 하기 때문이 아닐까.

제이드의 질환은 희귀하다. 그러나 아무리 애를 써도 돈이
부족한 것은 희귀한 일이 아니다. 그는 교육을 받고 경력을
쌓으려고 열심히 노력하지만 의료비를 포함한 문제로 좌절을
겪는 수많은 미국인 중 한 명일 뿐이다. 표면적으로는 제이드의
병 자체가 걸림돌이 된 듯이 보인다. 그러나 그가 겪은 경험에
대해 들을수록 인종적, 구조적 불평등과 돈이 너무 많이 드는
이 나라의 의료 및 교육 시스템이 큰 몫을 했다는 사실이 더욱
분명해졌다. 제이드가 만약 대출금을 갚고 학교를 계속 다닐 수
있었다면—좀 더 소득이 높은 계층 출신이었다면, 혹은 대학

학비가 저렴하거나 무료인 나라에 살았다면—상황은 많이 달랐을 것이다. 그랬다면 그는 그의 건강 상태를 충분히 고려해주고 필요할 때는 재택근무도 허용하는 직장을 얻었을지 모른다. 하지만 그렇지 못한 현실로 인해 그는 근근이 살아갈 수밖에 없다. 경력을 쌓고 싶어도 그럴 수가 없다.

╫

　　유사한 문제를 겪고 있는 상사가 있었을 때 제이드는 사람들 앞에서 자신의 건강 상태가 그리 남다를 것 없는 양 넘기는 것이 조금 더 편하게 느껴졌다. 적어도 어느 정도까지는 그랬다. 다른 젊은 여성들도 비슷한 계산을 한다. 직장에서 사람들을 불편하게 만들지 않으려면—더 나쁘게는 일자리를 잃지 않으려면—어디까지 드러내도 될까 계산한다.

　　친구가 나에게 서맨사 키틀의 블로그를 알려준다. 젊은 배우이자 작가인 키틀도 뇌종양이 있었고, 아직 끝나지 않은 자신의 경험담을 블로그에 게시하고 있었다.[7] 한 게시글에서 그는 자신의 일과 외모에 대해 이야기한다. 블로그의 사진을 보면 수술 후의 키틀은 건강해 보인다. 머리카락 사이로 보이는 흉터를 빼면 그런 일을 겪었다는 티가 전혀 나지 않을 정도다. 그는 수술 후 자신의 외모에 어떤 변화가 생겼는지 묘사한다.

> 앞으로 나는 항상 머리를 짧게 유지할 것이다. 머리를 기르는 것이 불가능하니 이제 '내 머리카락'으로 긴 머리를 하게 되는 일은 없을 것이다. (진짜 내 머리를 묶은) 포니테일도 끝이다. (내 머리로) 멋을 낸 헤어스타일은 더

145

이상 없다. 이제부터는 가발과 두건과 모자와 머리띠로
대신해야 한다.

　꾸밈의 문제가 아니라 실용적인 이유 때문이다. 짧게
친 지금의 내 머리는 관리는 가능하겠지만 그러려면
손이 많이 가고, 머리 상태가 좋지 않은 날 대충 묶거나
틀어 올리는 건 더 이상 가능하지가 않다. 덮어 가리는
수밖에 없다. 최소한의 손질만 할 경우 그나마 잘되었다
해도 단정하지 않아 보이고 머리가 빠진 부분과 흉터가
드러난다. 그게 부끄럽지는 않다. 하지만 직장에 항상
그렇게 하고 다닐 수는 없다. 간단히 빗고 말면 되는
머리가 아니다…

　다시 말하지만 이건 그저 꾸밈이나 여성의 외모에
얼마나 많은 압박이 가해지는가를 둘러싼 케케묵은 소리에
관한 문제가 아니다. 나는 현재 비영리 보건 기구에서
말단 의료보조원으로 일하고 있으며 직업 특성상 머리가
엉망인 상태로 근무할 수는 없다. 머리가 엉망이면
프로페셔널하고 단정한 인상을 줄 수 없다. 그러면
나 때문에 내 직장이 좋지 않게 비춰지게 된다.

그리고 키틀은 자신도 환자였을 때 현재 그의 머리와 비슷한
머리를 한 간호사나 의사 보조를 마주하면 불안한 마음이 들곤
했다고 인정한다. 그래서 자신은 그런 머리를 덮어 가리고 현실에
순응하기로 한 것이다.

‧¦¦¦

그렇지만 어떤 여성들은 자신의 경험을
직장에서 숨기지 말아야 한다고 생각한다. (일시적일지언정)
머리가 빠진 것까지도. 그리고 그중에는 동료들로부터 긍정적인
반응을 얻는 여성들이 있다.

나는 미리엄의 목소리를 듣자마자 따스하고도 박진감 있다는
인상을 받는다. 엘패소에 있는 고등학교의 새 교감이 된 그는
학교에서 아예 하루 휴가를 내주어 나를 만나러 나왔고, 전화를
걸었을 때도 최대한 신속히 응답했다. 일반 교사였다가 이번에
승진한 그에게 교감이라는 새로운 직책은 좀 겁이 나기도 하지만
의미가 크다. 학교 공동체 또한 큰 의미가 있는데 특히 그가 암에
걸린 사실을 학생들에게 말한 후 더욱 소중한 존재가 됐다.

미리엄은 15개월간 지속된 이상한 증상을 의사들에게
말하며 주의 깊게 봐달라고 했지만 그때마다 이상 없다는 얘기만
들었다. 그러다 서른 살 생일을 몇 주 앞두고 결국 3기 유방암
진단을 받았다. 그는 사형선고를 받게 될까 두려움에 떠는 와중에
반 학생들에게 사정을 설명해야 하는 짐도 떠안아야 했다. 소식을
들었을 때가 학년이 끝날 무렵이어서, 치료를 받은 후 돌아와
새로운 학급을 만났을 때는 머리가 다 빠진 상태였다. 첫날 그는
두건을 쓰고 학교에 가서 암에 걸렸다고 설명했고, 다음 날은
머리카락이 거의 없는 것이 훤히 보이는 상태로 출근했다.

그가 건강 상태에 대해 터놓는 것을 들은 많은 학생이 함께
울었다. 그중에는 부모나 조부모 또는 형제자매가 암을 앓았다고
하는 학생들도 있었다. 그러나 이 학생들은 가족에게 암에 대해

물어본 적이 없었다. 집에서는 꺼내면 안 되는 이야기였지만 선생님인 미리엄은 그 무서운 병에 대해 마음 놓고 질문할 수 있는 장소를 마련해주었다.

여러 동료 교사와 교직원도 그를 따뜻하게 대했다. 자기도 암을 앓았다고 털어놓은 이들도 있었는데 직장에서는 비밀로 하고 싶다고 했다. 미리엄은 얼마나 많은 동료가 같은 병을 앓고도 숨겼는지 알고는 매우 놀랐다. 학부모들도 학교에 와서 멍울이 있다는 이야기를 하기 시작했다. 미리엄은 그들이 다른 누구에게도 그 사실을 말하지 않았다는 걸 믿을 수가 없었고 자신이 도움을 줄 수 있어 기뻤다.

그는 그처럼 금기시되는 병에 대해 더 많은 사람들이 말을 하게 되면 치료책을 찾거나 적어도 주변의 지지를 얻는 데 더 큰 희망이 생기리라 생각했고, 그래서 학교의 모든 구성원에게 터놓기로 결심했다.

"공포는 대부분 무지에서 나와요."

그가 말한다. 그리고 『라티노 리더스』와 했던 인터뷰에 대해 이야기한다. 이 잡지는 그가 치료를 받은 암 센터와 파트너십을 맺었는데 이에 관한 기사를 쓰려고 미리엄을 취재했다. 기사에는 그가 종양외과 의사, 외과 의사와 나란히 앉아 라틴계 커뮤니티의 암 인식 제고를 위한 노력에 관해 토론하는 모습을 찍은 사진이 실렸다. 미리엄은 자신이 속한 커뮤니티가 생활 방식을 통해 암을 예방하는 방법을 배우도록 돕고 싶으며, 암과 그 치료 과정을 올바르게 알리는 데 보탬이 되고자 한다. 이야기를 듣다 보니 인식 제고와 관련한 그의 노력은 많은 부분 학교에서 일하는 동안 이루어졌다는 사실이 분명해졌다. 그는 학생과 학생 가족,

동료 들이 자신의 가장 안 좋은 모습을 보는 것을 괘념치
않았다고 한다. 직장에서 숨김 없이 있는 그대로를 보여준 것이
암이라는 병에 대한 지식을 알리는 데 일조했으리라 그는 믿는다.

직장에서 건강 문제를 드러내는 것에 대한 생각이 확고한
여성은 미리엄만이 아니다. 다발경화증이 있어서 데이트 상대가
밀쳐냈던 젊은 여성 비타의 말에 의하면 다발경화증협회에서는
직장에 관한 한 본인의 건강 상태를 비밀로 하라고 권고한다.
차별에 대한 법적 보호 장치가 있기는 해도 차별을 받았다는
사실을 입증하기가 매우 힘들다는 것이 그의 설명이다. 그럼에도
비타는 직장에서 자신의 병에 대해 말한다. 숨기고 싶지도 않지만
어차피 병원을 자주 가야 하니 사람들이 눈치챌 것이라고 그는
말한다. 비타는 비영리 분야에서 일한다. 장애를 이유로 사람을
차별하는 직장이라면 다닐 마음이 없다고 한다. 진료를 받고
오면 작은 목소리로 괜찮은지 묻는 동료들도 있다. 다발경화증과
관련한 일일 때도 있지만 오래전부터 정기적으로 받아온 치아
스케일링 때문에 병원에 다녀올 때도 있다. 다발경화증 때문에
더 많은 의사를 만나야 한다고 해서 치과에는 안 가도 되는 것이
아닌데 사람들은 그런 생각을 하지 못한다고 그는 이야기한다.

그런데 젊은 여성이 직장에서 자신의 건강 문제를 숨기고
싶든 쉬쉬하고 싶든 본인의 의사는 중요하지 않은 경우도 있다.
눈에 보이는 문제가 있으면 아예 힘을 빼앗긴 것처럼 느껴질 수
있다.

÷÷÷

"그렇지 않아요, 절뚝이?"

149

감독관이 내게 말했다. 잘못 들은 줄 알았다. 아니었다.

미국 인구조사국의 임시 직원이 되면 알게 될 것들─나의 이웃, 나의 나라, 그리고 '인류'─에 대해 환상을 품은 지 수년이 지난 어느 날, 나는 한 공공 도서관 지하에 다른 교육생들과 함께 서있었다. 바로 몇 주 전에 관절 수술을 받아서 아직 통증이 있었지만 면접장에는 목발을 집에 두고 가기로 했다. 의사가 목발 없이 조금 걷는 정도는 괜찮다고 했고, 방문 조사 일에 지원하려고 했기 때문에 '그런 꼴로 가면 누가 나를 고용하겠어?'라는 생각으로 내린 결정이다.

그래서 돈을 들여 택시를 탔다. 스물여섯 살이었던 당시 나는 평소 돈이 훨씬 적게 드는 지하철을 이용했으나 지하철을 타려면 목발이 필요했고, 목발 때문에 점수를 깎이고 싶지 않았다. 연방정부의 일자리였지만─즉, 고용 차별로부터 사람들을 보호하는 법이 있기는 했지만─나는 내가 받은 수술과 일시적인 목발 사용도 미국 장애인법 혹은 여타 보호 정책의 적용 대상이 되는지 확실히 알지 못했다. 문제는 면접 장소가 로어맨해튼 금융가에 있었다는 것인데 그 지역은 길이 좁은 데다 숫자 대신 이름이 붙어 있다 보니 택시 기사가 길을 헤맸다. 기사는 이리저리 조금 돌다가 안 되겠다는 듯 이렇게 말했다.

"그 길이 어딘지 모르겠네요, 아가씨. 도저히 못 찾겠어요. 그냥 여기서 내리셔야겠어요."

목발이 없는 상태의 나는 아주 멀쩡하고 움직임이 자유로운 젊은 여성처럼 보였을 것이다. 그런데 내가 알기로 기사가 나를 내려주려 한 곳은 목적지에서 열 블록쯤 떨어져 있었다. 앞으로도 몇 주간은 목발 없이 걸어서는 안 되는 거리였다.

"어, 그런데 실은 제가 얼마 전에 수술을 받았어요." 내가
말했다. "그래서… 잘 걷지를 못해요. 그래서 택시를 탄 거예요."
젊어 보이는데 어쩌고 하는 흔한 반응이 나올 것에 대비해
나는 마음의 준비를 했다. 이 아저씨는 어리둥절해하는 듯했다.
"목발을 안 가지고 왔어요." 내가 말했다. "그 길에서 최대한
가까운 곳까지 가야 해요. 갈 수 있는 데까지 가주세요. 안 그러면
저는 정말 안 돼요."

기분이 좋지 않았다. 그때는 둘 다 지도를 찾아볼 방법이
없었다. 내 전화기는 폴더폰이었고 종이에 휘갈긴 약도와
주소밖에 없었다. 나는 좀 더 돌아도 미터기가 올라갈 테니 가줄
줄 알았다. 그런데 택시 기사는 짜증이 난 듯했다.

"골드스트리트가 어딘지, 여기서 어떻게 가는지 난
모른다고요!" 그가 버럭 소리를 질렀다. 왜 소리를 질렀는지
나로서는 알 수 없다. 도시의 격자 구조가 약간 헝클어지고
예측하기 어려워지는 지역이기는 해도 나는 택시 기사가 그 길을
알 거라 기대했다. 눈이 뜨거워졌다. 다시 한번 부탁했고, 나는
누가 방향을 정확히 알려준다고 해도 거기까지 걸어갈 수가
없다고 다시 설명했다. 하지만 그는 더 갈 마음이 없었다. 요금이
더 나와서 이익이 된다 한들 가지 않겠다고 했다. 나는 어떻게
해야 할지 몰랐다. 하는 수 없이 돈을 지불하고 내렸다. 길에서
사람을 붙잡고 길을 물었다. 그리고 걸었다. 처음에는 괜찮은 것
같았다.

두 블록쯤 걷자 엉덩이가 아파오기 시작했다. 세 블록을
더 걷자 극심한 통증이 느껴졌다. 인구조사국 건물에 도착할
때쯤에는 절개 부위에 손상이 생겼으리라는 걸 알 수 있었다.

피부의 맨 위층부터 볼기뼈 안쪽까지 죽 절개하고 수술을 했기 때문에 아직 아물지 않은 상태였다. 괜찮은 척하는 수밖에 다른 도리가 없었다. 아니면 정말로 괜찮다고 생각했는지도 모른다. 수술 후 회복을 하는 동안 나의 목표는 이런 것이었으니까. 활기 넘치는 젊은이처럼 행동하기. 아무도 내게 건강 문제가 있다고 생각하지 못하게 하기.

나를 고용했던 사람은 결국 내가 가가호호 방문하는 업무, 내가 실로 원했던 그 일을 수행하기에 부적격하다고 말했다. 그 대신 나는 방문 조사 담당자 열다섯 내지 스무 명을 관리하는 업무와 관련해서 높은 점수를 받았다. 이 업무를 맡기로 하고 출근한 첫날, 나는 또다시 목발 없이 나타났다. 수술을 받은 티가 전혀 나지 않는 상태로 새로운 상사와 동료들을 만나 연수를 받았다. 그러다가 엄청난 통증을 겪은 후 물리치료사에게 아니나 다를까 다시 목발을 사용해야만 한다는 말을 들었다. 너무 일찍 목발을 치워버렸던 것이다. 다음 날 목발을 짚고 사람들의 시선을 의식하며 연수가 진행되고 있는 방에 들어갔을 때, 쿵. 바로 그 모욕적인 말을 들었다.

"그렇지 않아요, 절뚝이?" 상사는 이 말을 하고는 웃겼는지 확인하듯 동료들을 둘러보았다.

그리고 잠시 후, 한 명씩 돌아가면서 자료를 읽게 하다가 또 그랬다. "두 번째 단락은 절뚝이가 읽어보세요." 나는 분통이 치밀었지만 아무 말도 하지 못했다.

나는 상사에게, 자기가 굉장히 지적이고 세상에 대해 잘 알지도 못하면서 아주 잘 안다고 생각하는 이 잘난 남자에게 그가 한 발언이 위법이라고 말할 수 있었다. 나는 "잠시만요, 뭐라고 하셨죠?"라며 다소 완곡하게 이의를 제기할 수 있었다. 그러나 그냥 앉아있었다. 목발을 옆에 두고, 당연히 유치하고 고약할 뿐만 아니라 사실상 몹시 불쾌한 말을 들었지만 그저 살짝 약이 오른 정도인 듯한 표정을 짓고서. 아니 그보다는 어쩌면 겁에 질린 것처럼 보였을지도 모른다.

다른 연수생 몇 명도 그 발언이 약간 거슬렸던 모양이다. 그중 듣다 못한 한 명이 나를 대신해 뭐라고 말했다. 그러자 상사는 "에이, 그건 아니에요"라고 말하더니 나를 향해 "영원히 그렇게 다녀야 하는 상태라면 제가 그런 말을 안 했겠죠"라고 했다. 열 낼 것 없다는 소리였다.

그는 그 말을 자꾸 하다가 아무도 웃지 않는다는 걸 아마 자기도 알았는지 그제야 그만두었다.

나는 그에게 내 상태가 영구적이든 일시적이든, 업무로 모인 자리에서 그런 말을 해서는 안 된다고 말하고 싶었다. 아니 어디서도 하면 안 된다고, 절대로 하면 안 된다고 말할 수도 있었다. 더군다나 전 국민을 대상으로 조사를 수행하는 연방정부의 일을 하는 사람이 그런 말을 했다는 건 정말 이상하게 느껴졌다. '모든 사람이 포함된다!'(Everybody Counts!, '모든 사람이 중요하다!'라는 뜻도 된다—옮긴이)라는 인구조사 슬로건도 있는데 말이다. 하지만 나는 아무 말도 하지 못했다. 아무리 동료들이 내 편일지 모른다고 해도, 모두가 보는 앞에서 상사가 내 마음을 찌르는 말을 했을 때 속에 있는 말을 입 밖으로 꺼내기란 힘든 법이다. 이 남자는 상사로서 내게 그런 말을 해도 된다고 느낀 모양이다. 그리고 그 이유는 아마 내가 젊고 건강해 보이는 이십 대 여성이라는 점, 즉 당시의 내 상태가 영구적인

것이 아니며 그렇기 때문에 그런 모욕적인 말을 해도 괜찮다는
생각에서 나왔을 것이다.

　　나는 부끄러워하고 싶지 않았다. 나는 부끄러운 짓을 하지
않았으니까. 그러나 일을 하러 가면 '절뚝이'라는 단어가 마치
떨쳐낼 수 없는 벌 떼처럼 내 주위를 맴돌며 그 뒤로도 며칠을
계속 따라다녔다.

가시적인 장애를 가진 이들은 일자리를 구하거나 잃지 않으려고
애쓰는 가운데 그들을 위해 만들어진 것이 아닌 시스템 속을
항해해야 한다. 동료나 상사는 그들의 상황을 이해하지 못하거나
이해하려고 하지 않을 수 있다. 게다가 장애가 있는 이들은
직장이 적절한 시설을 갖춰놓고 있지 않아도 — 또한 사람들이
그들을 적대적으로 대하더라도 — '다른 사람과 똑같이' 일해야
한다는 압박을 느낀다. 비가시적인 건강 문제나 장애를 가진
경우에는 또 그 나름의 공포들이 뒤따른다. 당신은 남들과 다른
점을 상사에게 드러낼 것인가, 아니면 그냥 아무도 눈치채지
못하기를 바랄 것인가? 후자라면 일을 남들보다 더 열심히 하고
당신의 큰 부분을 숨기고 지내야 한다. 나는 마지막 수술을
받은 지 몇 년이 지났지만 아직도 매일 통증을 느낀다. 책상
앞에 앉아서 일할 때 도움이 되는 것 하나는 생체역학 전문가가
추천한 작은 쐐기형 폼 쿠션인데 일반 의자에 놓고 쓰면 등받이가
높아지는 효과가 있다. 내가 업무 관련 콘퍼런스에 이 쿠션을
들고 갔을 때 두 가지 일이 일어났다. 우선 엉덩이가 더 편했고
전반적으로 통증이 덜 느껴졌다. 하지만 세션이 바뀌어 새로운
장소로 옮길 때마다 나는 이 눈에 확 띄는 괴상한 물건을

가져가서 의자에 놓아야 했다. 나는 그곳에 전문가로서 갔고 교류에 목마른 사람들 틈에 있었다. 그러니 사람들이 이상하게 생긴 장치를 가지고 다니는 나를 본 것이 그들과 나의 교류 기회에 영향을 주지는 않았을까 의심이 들었다.

일반적으로 여성은 남성이 1달러를 벌 때 80센트를 번다.[8] (바꿔 말하면, 전국여성법센터가 서술하듯 "오늘날의 임금 격차를 기준으로 여성은 40년간 일을 하면" 남성에 비해 "41만 8800달러의 손실을 본다.")[9] 더욱이 주변화된 공동체에 속한 여성이라면 보수 차이는 더 충격적이다. 남성이 1달러를 벌 때 흑인 여성은 63센트를 벌고, 히스패닉과 라틴계 여성은 54센트를 번다. 하와이 원주민과 기타 태평양 섬 출신 여성은 60센트를, 아메리카 원주민과 알래스카 원주민 여성은 58센트를 번다.[10] 이 차이는 이미 심각한 수준이다. 여기에 암 진단, 기력을 소진시키거나 먹고 움직이는 방식을 변화시키는 자가면역질환, 대수술, 양극성장애 따위가 더해지면 상황은 더욱 불리해진다.

사람들이 기대하는 일들을 할 수 없는 몸을 가진 젊은 여성은 차별과 구조적 불평등을 상대적으로 덜 겪는 입장이라 할지라도 직업과 경력, 예금 계좌에 돈이 모일 가능성이 위태로워질 수 있다. 그냥 여성인 것만으로도 충분히 그럴 수 있다. 그런데 출신 배경이나 피부색을 이유로 또 차별을 받는다면 경제적으로나 다른 부분에서나 평등한 기회를 얻기가 한층 더 어려워진다.

세금 정산을 항상 직접 하다가 몇 년 전, 내가 하는 일과 지출하는 비용이 점점 더 복잡해지면서 돈을 더 쓰지 않으려면 전문가의 도움이 필요하다는 것을 깨달았다. 나는 9시에 출근해 5시에 퇴근하는 일반적인 직장인이 아닌 작가나 예술가, 기타 프리랜서의 세금 신고를 전문으로 하는 사람을 만났다. 바람이 솔솔 부는 그의 사무실에 같이 앉아 내가 적어 낸 숫자들을 훑어보다가 이 세무 대리인이 손을 멈추었다. 내 나이쯤 되는 남자였다.

"의료비 항목에 '만 달러'라고 적으셨네요." 그가 말했다. "영을 하나 더 잘못 입력하신 거 아니에요? 천 달러가 맞죠?"

그렇지 않았다. 나는 의료비로 정말 만 달러를 썼다. 관절 문제와 운동 부상의 완화를 위해 물리치료사에게 낸 기본 치료비, 라임병 전문의에게 지불한 본인 부담금, 걸을 때 통증이 덜하게끔 도와준 다른 의사들에게 지불한 금액 등. 그해는 유독 돈이 많이 들어서 예년에 비해 건강 관련 지출이 소득의 많은 부분을 잡아먹었다. 파티나 공연장 같은 데서 쉽게 마주쳤을 법한 사람처럼 생긴 이 세무 대리인은 그 사실이 놀라웠겠지만, 건강 문제에 그만한 돈을 쏟아부어야 하는 또래 여성은 나 혼자만이 결코 아니었다.

괜찮아 얘들아 난 진짜 아무렇지도 않아

3

2013년, 나의 정든 관절 문제 때문에 운동 후에 발목이 아파 물리치료실에서 냉찜질을 받고 있을 때였다. 침대마다 쳐진 얇은 커튼 사이로 한 여성이 주말에 친구들과 소풍을 갔던 이야기를 하는 소리가 들렸다. 다들 양반다리를 하고 몇 시간을 앉아있어도 아무 문제가 없었는데 이 여성은 그럴 수가 없었다고 했다. 엉덩이와 무릎이 너무 아팠기 때문이다.

"속상해요." 그가 물리치료사에게 말했다. "칠십 대나 돼야 이런 일이 생길 줄 알았는데 말이에요."

나는 귀를 바짝 기울였다. 완전히 공감이 갔다. 그런데 그쪽 침대에 쳐진 커튼 뒤에서 나오는 여성을 보니 나보다 열다섯 내지 스무 살쯤 많아 보였다.

나는 당신보다 십수 년 전부터 좌절감을 느끼고 있다는 말이 나오려 했다. 나는 언제나 그랬듯이 친구들과 재미있게 잘 노는 사람이고 싶다. 같이 소풍을 가서 몇 시간씩 놀고, 너무 심하게 웃어서 마시던 음료수를 콧구멍으로 뿜는 그런 사람. 그런데 때로는 그럴 수가 없다.

젊은 나이에는 흥을 깨는 사람이 되고 싶지 않은 법이다. 당신이 나라면 맨해튼의 지하 터널에 몰래 들어간다거나, 당신이 있는 줄 모르고 당신을 향해 돌진하는 기차를 재빠르게 피한다거나 하는 멍청하고 위험한 짓을 마음껏 해보고 싶을 것이다. 당신은 뉴욕주 서부의 다리―철길 하나가 놓여 있고 딱 그만큼의 폭밖에 되지 않는 다리―위를 걸어보고 싶다. 대학 시절의 열렬한 사랑과 함께 그렇게 장난처럼 목숨을 거는 행위, 당신은 절대로 죽지 않는다고 생각하며 보란 듯이 해보는 모험이 두 사람을 더욱 단단하게 묶어주리라 확신하면서. 당신은 페미니스트로서 기본적으로 동의하지는 않지만 그래도 사용하는 표현인 '그냥 남자애 중 하나'(just one of the guys, 남자들과 친한 여자를 가리킬 때 쓰는 말—옮긴이) 같은 여자가 되는 데 마음이 끌린다(그래서 어쩐지 실제 사용 중인 철로에서 위험한 장난을 해보고 싶은 마음도 든다).

그런데 당신은 그런 위험이, 세상 밖에 나가 일부러 무릅쓰는 그런 모험이 어떤 특권이 되기를 바란다. 당신의 본심에서 우러나 하는 행동은 아닌 셈이다.

어느 날 밤에 나는 사이먼과 함께 길을 걷다가 지하철 터널 위에 설치된 철망을 피해 옆의 단단한 시멘트 바닥에 조심조심 발을 내딛고 있는 것을 문득 알아차렸다.

"철망을 안 딛으려고 일부러 그러는 거야?" 그가 물었다. 그도 알아챘던 것이다. 능청스럽게 넘어가 보려 했지만 너무 빤히 보였다.

"응." 내가 답했다. "딛고 걸어도 괜찮다는 건 알아. 근데 시에서 어쩌면 한 40년 동안 관리를 안 했을 수도 있잖아. 아니 정말로 그럴지 누가 알겠어." 하지만 이건 진짜 이유가 아니라는 느낌이 들어 다시 말을 이었다. "너도 알지만 난 어릴 때 맨해튼에서 자랐어. 이런 철망을 쿵쿵 밟고 위에 올라가 방방 뛰고 그랬지. 내가 얼마나 천하무적인지 맛 좀 보라는 듯 쾅쾅 밟고 다녔어. 그런데 말도 안 되는 의학적 문제를 겪고 거의 죽을 뻔하고… 그런 경험들을 하고 난 지금은 피하고 몸을 사리게 돼."

나는 매 순간 내가 계속 살아있을지 스스로 통제할 수 없다는 걸 아는 사람이 되었다. 어릴 때는 위험한 시험과 장난을 즐겼지만 이제 내 몸은 본능적으로 그런 것을 피하고 있었다.

위험이 나를 덮쳤고 나는 아무런 손을 쓸 수 없었던 그 시간들을 마치 보상이라도 하겠다는 듯이.

　요컨대 이제 나는 늙은 기분이었다.

"나는 21살이지만 50살인 기분이다. 나는 50살이지만 90살인 기분이다. 나는 22살밖에 안 됐지만 60이나 70살쯤 된 기분이다."
　에이미 버코위츠가『압통점』에 모아 수록한 게시판 코멘트들 중 일부다.『압통점』은 버코위츠 자신의 섬유근육통, 통증의 소외성, 자가면역질환과 성폭력 사이에 있을 수 있는 연관성 등을 탐구하는 작은 책이다.[1] 위 인용문은 내가 만난 많은 여성의 감정을 되울린다. 그들은 자신이 건강한 친구들에 비해 늙었다고 느끼며 서른인데도 여든인 기분을 느낀다. 그들은 시간이 어긋난 느낌, 즉 실제 자기 나이와 동떨어져 있는 느낌을 받는다. 자주 인용되는 1980년대 논문「생애를 교란하는 만성질환」에서 연구자는 이렇게 서술한다. 아픈 것은 "통증과 고통의 세계를, 어쩌면 죽음의 세계까지도 인정하는 일을 수반한다. 아프지 않을 때는 먼 가능성이나 다른 사람의 곤경으로만 보이는 세계다."[2] 인생을 아직 많이 살아보지 않은 사람이 아프게 되면, 병에 걸린 것만으로도 이상해지는 기분이 더욱 이상해진다. 그는 "젊은 여성의 경우 그 나이에 관절염이 시작될 수 있다는 걸 알고 심한 충격을 받았다"라고 쓴다. 그들에게 그것은 "이른 노화"처럼ㅡ 이십 대의 "비정상적인" 궤적처럼ㅡ느껴졌다.
　『심리학 편람』의 발달심리학 편에 따르면, 많은 연구자가 서술한바 "또래와 비교해 사춘기 발달 시기가 (늦건 빠르건) 어긋난 청소년은 발달이 제때 이루어지는 청소년보다 더 많은 스트레스를 경험한다."[3] 시기를 놓친 청소년은 그렇지 않은 청소년이 받는 일반적인 사회적 지지나 대처 자원을 얻지 못할 수 있다. 버니스 뉴가튼과 러베나 헬슨의 이론에 의하면 성인도 비슷하게, 인생의 어떤 시기에 일어나리라고 문화적으로 기대되는 어떤 사건을 다른 시기에 맞닥뜨리면 그 사건은 사회적 기대와 맞지 않기에 스트레스를 주는 것으로 받아들인다.[4]

헌터칼리지와 뉴욕시립대학교 대학원 심리학 교수 트레이시 레번슨을 찾아갔을 때 우리는 이 개념이 질병을 맞닥뜨린 청년들 사이에서 얼마나 중요한지 이야기했다. 레번슨이 내게 말하기를 그는 술레이카 자우아드가 이십 대에 암에 걸린 것에 관해『뉴욕 타임스』에 연재한 글을 읽고 나서 이런 의문이 생겼다고 한다. 젊은 사람이 암 같은 병과 싸울 때 직면하는 특유의 스트레스 요인에는 어떤 것들이 있을까? 그리고 그 요인들은 젊은 여성 또는 다른 청년이 속한 사회경제적 집단마다 어떤 차이가 있을까?

레번슨은 백혈병과 직면한 청년들을 연구하다가 이삼십 대 환자는 자신의 시간이 어긋나 있다는 생각을 계속 언급한다는 것을 알게 되었다. 경제적인 스트레스, 임신, 가족과의 관계, 연애, 섹스 등 무엇에 대해 말하든 나이와 정체성 이야기가 계속 나왔다. 이십 대나 삼십 대 혹은 사십 대에, 즉 대개의 경우 친구들보다 이르게 심각한 병을 겪는 것에 대해 레번슨은 이렇게 말한다.

"그들에게는 또래 중에 그런 경험을 이해하고 그런 이야기를 나눌 수 있는 사람이 없어요. 지지를 얻기가 힘들 수 있죠. 그런 나이에 병에 걸리는 것은 때가 맞지 않는 사건인 겁니다."

스트레스 요인이 무엇이든, 그러니까 이 청년들이 삶의 어떤 부분에 대해 이야기를 꺼내든 또래들은 그저 이해하지 못했다고 그는 설명한다.

레번슨이 연구한 청년 중 다수는 그렇다고 병원에 있을 때 주변 환자들에게 공감할 수도 없었다고 언급했다. 소아과 병동은 아동과 청소년으로 가득 차 있었고, 나머지 사람들은 모두 그들보다 훨씬 나이가 많았다.

암에 관한 학술 문헌을 보면 연구들은 환자를 넓은 범위의 연령대로 묶지만, 실제로는 그 안에서도 연령 집단에 따라 상당한 차이가 있다고 레번슨은 말한다. 특히 유방암 관련 문헌에서 연구자들은 50세를 기준으로 선을 긋는 경향이 있는데 그즈음이 완경기여서 그렇다는 것이 그의 설명이다. 따라서 많은 연구가 50세 이하를 모두 젊은 환자로 지칭한다. 그러나 사실 대 후반은 이삼십 대와 다른 위치에 있다. 레번슨은 자신의 연구를 통해 연구자들에게 연령 집단을 세분화할 것을 권고해왔다. 그래야 발달 과정에 따른 구체적인 문제들이 무엇인지, 질병이 개인의 정체성과 직업과 사회생활에 어떻게 영향을 미치는지 이해할 수 있기 때문이다. 성인기 초반에 해당하는 이십 대는 특유의 상황에 직면한다. 이 나이대의 사람은 더 이상 청소년이 아니지만 완전한 성인도 아니다. 두 단계 사이에 있다는 개념은 심리학자 제프리 아넷의 성인 진입기 이론에 꼭 들어맞는다. 혹자들은 이십 대가 청소년기의 연장선에 있다고 말하지만, 아넷은 오늘날의 세상에서 이 연령대는 다른 시기이며 이 시기의 청년이 성취해야 할 것으로 기대되는 별도의 과제가 한가득하다고 주장했다. 거기에 더해 청년 환자는 직업이나 생식력 같은 것들—이 연령 집단에 특유한 문제들—에 관한 일종의 불확실성을 마주하게 된다.

레벤슨이 말하기를 청년은 특유의 여러 도전에 직면함에도 불구하고 이 연령 집단, 특히 젊은 여성에 대한 연구는 유감스럽게도 거의 없다고 한다. 블로그 '계집애들은 먹어야 한다'에 크론병과 관련한 모험담을 처음 기록했던 작가 서맨사 어비는 너무나 괴로웠던 병원에서의 닷새 중 몇 가지 하이라이트를 다음과 같이 꼽는다.

"섹시한 의사가 나날이 더 역겨워지는 내 상태를 지켜봄. '분변을 녹여주는 거품'으로 '목욕'을 함. 내게 필요한 각종 예쁜 것들이 없음. 잠에서 깨어나 무슨 일이 일어나고 있는지 알아차릴 겨를도 없이 5분마다 바늘에 찔림. 엑스레이 기사 앞에서 몸을 내보임, 그것도 두 번이나. 세상과 단절됨. 유나이티드헬스케어에서 현재 나 대신 처리 중인 976,458,987,329달러의 청구서. 나한테서 이상한 냄새가 남." 그리고 그 밖에 "영양사와 30분 동안 옥수수 파스타랑 기저귀 이야기를 나눔"과 같은 아름다운 에피소드들.[5]

그는 자신이 겪은 터무니없이 불편한 여러 절차―"변기 물 위에 걸쳐진 대야 같은 기구에 똥을 눈 다음 딸려 온 삽과 통을 이용해 '샘플을 채취'해서 갖다 줘야" 하는 일과 같이 금기시되는 것들―를 나열한다. 그중 하나는 시티 촬영이다. 그는 이렇게 쓴다.

"나는 이 망할 것을 일곱 번이나 해야 했다. 일곱 번. 이 말은 나의 방사선 피폭량이 평생의 한계치에 이미 거의 도달했다는 뜻이다. 난 이제 겨우 서른인데."[6]

어비처럼 나도 또래 친구들이 내가 서른 살도 되기 전에 얼마나 많은 일을 겪었는지 이해해주길 바랄 때가 있다.
내 나이대의 누군가가 내게 건강에 어떤 문제가 있는지 물으면
나는 이런 식으로 대답한다.

"음… 간단하게 말하면 갑상샘암에 걸렸고, 고관절 수술을
받았고, 무섭고 희귀한 아나필락시스 증상이란 게 있어서 이유
없이 아나필락시스 쇼크가 올 수 있어. 그래서 죽을 뻔한 적이
세 번 있지. 아, 그리고 그 와중에 아빠도 돌아가셨어."

이 말을 들은 상대방의 눈에서 공포나 충격의 기색이 보인다
싶으면 나는 서둘러 목소리에 과하게 흥을 싣고는 주책없거나
웃긴 소리를 한다.

"그 몇 년은 정말 재밌는 시기였지! 그런데 참, 네 영화
시나리오 얘기 좀 더 해줘."

나는 비록 많은 일을 겪었고 그 때문에 나이 든 기분이
들기는 하지만 그래도 같은 또래라는 걸, 난 진짜 아무렇지도
않다는 걸 알아주기를 바라는 쪽으로 갑자기 마음이 바뀌는
것이다.

내가 인터뷰한 젊은 여성들의 경우에도 이 두 가지 마음이
상호 배타적이지 않았다. 보통 그들은 실제 나이보다 몇십 년은
늙은 기분이 든다는 사실을 거리낌 없이 받아들이려 하지만,
동시에 친구나 새로 알게 된 사람과 잘 어울리고 싶기도 하다.
그러려면 때로는 아프거나 장애가 있는 사람이라는 자신의
정체성을 억눌러야 할지라도 말이다. 젊다는 것은 흔히
여성들에게 아무리 힘든 일을 겪고 있어도 쿨하게 행동해야
한다는 압박감을 준다.

젠더도 한몫을 한다. 암을 유발하는 증후군을 아버지에게서

165

물려받은 한 여성은 내게 이렇게 말한다.

"여성은 아주 어릴 때부터 감정을 억제하도록 강요하는 메시지를 직접적으로든 간접적으로든 받게 돼요… '쿨함'에 대한 기대를 여기저기서 받는 거죠. 가령 남자와 자도 '쿨하게' 아무것도 기대하지 않아야 합니다. 너무 감정적으로 굴면 안 되고 '쿨해야' 합니다."

"미친 여자"나 "화난 여자"가 되지 않기 위해 수년간 쿨하게 구는 연습을 하면서 아버지의 병에, 또 이제는 그 자신이 받은 진단에 대처해온 그는 건강 문제에 대해 친구들과 소통할 수 없는 사람이 되었다고 한다.

"확실히 저는 불행을 억누르는 연습을 했던 겁니다." 그는 말한다.

‡‡‡

서맨사 키틀은 뇌종양 이후의 삶을 기록한 자신의 블로그에 가까운 친구들에 대해 이렇게 적는다.

"나는 이번 주말에 있었던 결혼식에서 신랑 들러리를 섰다. 학교 때 친구들을 만났다. 내가 아프기 전에 나를 알던 사람들. 이곳 시카고에서 그런 사람들을 만나는 것은 거의 있을 수 없는 일이다. 나는 다시 정상이 된 기분이 들었다. 그리고 이 사람들이 내게 너무나 중요하다는 것을, 이 사람들과 더 가까이 지내야 한다는 것을 깨달았다… 아픈 것과 관련한 온갖 어려움 속에서 분투하는 와중에도."[7]

나 역시 그런 생각을 많이 한다. 말하자면 내가 아프기 전에 나를 알던 사람들과 '아프고 나서'의 나를 이제부터 만나게

166

될 다른 모든 사람들을 나눠서 생각한다. 오랜 친구들에게 예전의 나는 더 재미있는 사람, 혹은 죽음의 그림자가 덜 드리운 사람이지 않았을까. 때로 나는 요즘 파티에서 만나 사귀는 친구들이 시간을 거슬러 가서 병이 나를 짓누르기 전에 내가 어떤 사람이었는지 잠깐 엿볼 수 있으면 좋겠다는 생각도 한다. 오드리 로드는 "죽음을 외면하거나 죽음에 굴복하지 않고, 죽음을 삶에 통합할 방법이 있어야 한다"라고 쓴다.[8] 나는 몸은 믿을 만하지 못하다는 것을 아주 잘 알면서 살고 있지만 친구들에게 너무 많은 것을 말하지는 않는다. 어떻게 그럴 수 있을까?

사실 오랜 친구 하나는 내가 예전과 별로 다르지 않아 보이는 것 같다고 말한다. 나는 무거운 짐이 나를 따라다닌다고 생각하지만 그는 그 짐을 인식하지 못한다. 그래서 이런 궁금증이 든다. 나의 내면은 예전보다 덜 경쾌하고 덜 반짝이는 느낌인데 친구들 앞에서는 경쾌하고 반짝이는 모습을 보여주고 있는 걸까?

키틀은 친구 결혼식을 앞둔 주말에 마음이 얼마나 편하고 즐거웠는지 묘사한다. 친구 둘과 함께 돼지 레슬링과 시청자 참여 프로그램을 보며 오전 내내 깔깔거렸다. 웃음이 끊이지 않는 가운데 멘스 웨어하우스(Men's Warehouse)의 광고를 흉내 내면서 멘스 웨어하우스 매장에서 쫓겨나는 연기를 하고, 또 한바탕 웃고, 예식 리허설 만찬 후 파티에서 춤을 췄다.

"다음 날 예식은 모두를 눈물짓게 했다." 그가 쓴다. "나는 에리카 아래를 긁고 싶어서 가발 지압을 했다." 에리카는 뇌 수술 흉터를 가려주는 가발에 그가 붙인 이름이고, 지압을 했다는 것은 이 가발을 톡톡 두드렸다는 뜻이다. 에리카가 망가지지 않게 하면서 가려움을 더는 방법이다. "사람들의 신경을 거슬리게 하고 싶지 않았다." 이어서 그가 쓴다. "울음을 참으려다 보니 턱이 덜덜 떨렸다. 걱정이 됐다. 아침에 발작 약을 먹었는지 확실히 기억나지 않았고 나는 그곳, 프랭크 로이드 라이트가 설계한 교회 안에서 발작을 일으켜 결혼식을 망치게 될까 두려워졌다."

결혼식 주말을 짧게 요약한 이 글에서 나는 익숙한 패턴을 볼 수 있었다. 건전하게 그러나 마음껏 신나게 떠들고 놀고, 친구들과 숨넘어갈 듯 웃고, 보통의 걱정 없는 또래들과 다르지 않은 기분이 되어 함께 어울리고, 유쾌하거나 감동적이거나 둘 다인 어떤 멋진 장면의 일부가 되고, 그러다가 어느 순간 나의 몸을, 내 몸의 반발을 떠올리고는 내가 통제할 수 없는 나의 어떤 부분이 지금 이 순간을 갑자기 망쳐버릴까 걱정하는 그 패턴 말이다.

장애 여성에 관한 1983년의 책 『그늘에서 나오는 목소리』에도 우정이라는 소재가 많이 나온다. 저자 귀네스 퍼거슨 매슈스의 이야기는 1963년 12월로 거슬러 올라간다. 당시 그는 열여섯 살이었고 캐나다의 주니어 칼리지에 다니고 있었다. 매슈스는 몸에 열이 났고 의사가 독감으로 진단했지만 학기가 곧 끝날 예정이어서 그냥 넘어가려고 했다고 한다. 그는 의학 쪽으로 진로를 계획 중이었다. 공부를 계속했고 시험을 보기 시작했다. 프랑스어 시험 때문에 머리를 싸매고 있을 때 일어난 일을 그는 이렇게 쓴다.

"미간에 무자비한 두통이 찾아왔다. 몇 분 후 통증은 이마로 올라갔다가 두개골을 지나 목뒤로 내려왔다. 극심한 고통이 좁은 띠를 이루었다."[9]

그러나 매슈스는 시험 공부에 집중하면서 통증을 계속

무시했고 결국 며칠 뒤 쓰러지고 말았다.

병원에서 고통스러운 시간을 보낸 후, 다리와 상체 일부분에 마비가 온 것이 확실해졌다.

"친구들이 이따끔씩 불쑥 고개를 디밀었다." 그가 쓴다. "그리고 자기들이 해줄 수 있는 게 있을지 물었다." 한번은 침대에서 내려오는 것을 도와주면 좋겠다고 했다. "친구들은 반응이 없는 내 발에 슬리퍼를 신기고, 발을 밀어서 담요 밖으로 나오게 한 다음 바닥에 내려놓았다. 나는 이 여자애들의 팔을 움켜잡고 죽을힘을 다해 일어서 보려고 했다. 소용없었다."

열여섯 살에 예전처럼 두 다리로 서는 것이 불가능할지 모른다는 것을 알게 되었으니만큼 매슈스는 복잡한 심정이었지만 친구들 앞에서는 연기를 했다.

"나는 뒤로 자빠지며 발작적으로 웃었다." 그가 쓴다. "제삼자가 보기엔 정말 웃긴 장면일 거라고 확신하면서."

후에 그는 자신의 몸이 작동하는 새로운 방식과 마음에 이는 "요동치는 감정"을 받아들이려 애쓴 과정을 풀어놓는다. 그는 자전거를 타던 것이나 고등학교 댄스파티에서 춤을 추던 것을 생각할 때면 고문을 당하는 느낌이었다.

"그리고 감당해야 할 또 하나의 커다란 문제가 있었다." 그는 쓴다. "바로 친구들이 떠나는 것이었다."

매슈스의 서술에 따르면 그가 자신의 장애가 영구적이라는 것을 자각하고 나니 친구들도 상황을 이해했다는 것을—그래서 더 이상 그를 보러 오지 않는다는 것을—알게 되었다. 그는 이렇게 적는다.

"그 전에는 굉장히 규칙적으로 찾아오던 그들의 발길이 점차

뜸해졌다. 7월이 되니 오래된 충실한 친구 한 명만 나를 계속 보러 왔다. 나는 버림받은 기분이었고, 마치 친구들이 '너는 더 이상 우리와 어울릴 만한 사람이 못 돼'라고 말한 것만 같았다."

매슈스가 자신의 책에서 인터뷰한 어느 젊은 여성도 비슷한 경험을 했다.

"옛날 친구들 상당수가 이제 나를 보러 오지 않아요." 그 여성이 매슈스에게 말한다. "누구누구는 왜 안 왔느냐고 물으면 '걔는 네가 휠체어에 앉아있는 모습을 보고 싶지 않대'라는 얘기를 들어요. 저를 보러 온 친구들도 불편해한다는 걸 느꼈습니다. 그들은 항상 도움을 주고 싶어 했지만 뭘 어떻게 해야 할지 잘 몰랐어요. 친구들에게는 자기들 삶이 있고 저는 이제 그 삶의 일부가 아닌 거예요. 마음이 아프죠."

이해하지 못하거나 이해하려고 노력하지 않는 친구에 관해서라면 다양한 이야기가 있다. 내가 저널리즘을 가르친 학생 중 하나인 파올라는 그 학기 수업에 대해 내게 고마움을 전한다. 수업 마지막 날이고 다른 학생들은 가방을 챙기고 있다. 파올라는 건강 문제로 한 학기 휴학을 했었기 때문에 한 해의 중간이지만 이제 졸업을 한다고 한다. 뇌하수체 종양이 있었다고 그가 말한다. 증상이 나타나기 시작했는데 손이 부었고 "살이 정말 많이 찌는" 것 같았다. 월경도 멈추었다. 뭔가 이상이 생긴 느낌이 들었다. 종양이라는 걸 알고 나자 모든 것이 달라졌다. 암은 아니었지만 내장까지 부어오를 정도로 위험한 종양이었다. 그는 코를 통해 종양을 제거하는 수술을 받고 3주 동안 입원을 해야 했다.

"제 통증을 이해하지 못했어요." 친구들은 (그리고

가족들마저도) 그랬다고 그가 말한다. 그는 4학년 때부터 친했던 절친한 친구를 잃었다. 왜?

파올라는 그 친구에게 종양이 생겨서 입원하게 됐다고 이야기했다. 파올라가 중환자실에 들어간 날 친구가 이렇게 문자를 보냈다.

"오늘 밤에 놀러 갈 거야?"

그는 가장 친하다는 친구가 보인 무심한 태도에 충격을 받았다. 친구는 일부러 수술 이야기를 꺼내지 않고 가벼운 질문을 했을 수도 있고, 아니면 제일 친한 친구가 큰 의학적 수술에 들어간다는 것을 완전히 잊었을 수도 있다.

더 이상했던 건 이 친구의 언니가 귀, 코, 목구멍 문제를 다루는 이비인후과 간호사였고 실제로 그 전에 파올라가 수술을 받을 때 도운 적도 있었다는 점이다. 친구의 언니는 이번 일을 앞두고 파올라에게 도움과 힘이 되는 사려 깊은 문자를 보냈다. 하지만 정작 파올라의 가장 친한 친구는 그러지 않았던 것이다.

아무래도 언니라 좀 더 성숙해서 그랬을까? 내가 묻는다. 파올라는 친구가 간호사 언니보다 정말 철이 덜 들어서 그랬을 수도 있지만 그래도 너무했다고 말한다. 제일 친한 친구라면 — 파티나 바에 가는 이야기가 아니라 — "사랑해 친구야 항상 생각하고 있어" 같은 문자를 보냈어야 하지 않느냐며.

아프면 진짜 친구가 누군지 알게 된다고 그는 말한다.

내가 만난 여성 중 다수가 들려준 친구들에 관한 이야기는 훨씬 더 긍정적이었다. 그러니까, 친구들 대부분의 이야기는 그랬다. 내가 만난 한 젊은 여성은 박사과정생으로 친구 두 명이 — 두 번이나—사라졌다고 했다. 첫 번째는 그가 조증 에피소드를 겪고 있을 때였는데 그 시기에 두 친구가 갑자기 없어졌다. 그러다 정신건강이 이전 상태로 돌아오고 나자 둘이 다시 나타나 친구로 지냈지만, 결국 같은 일이 또 벌어졌다. 그가 갑상샘 증후군과 뇌졸중과 뇌 염증으로 생사를 오가던 중에 또 사라져버린 것이다. 이 둘을 제외하고 대다수 친구들은 그의 곁에 머물렀다. 그가 어떤 일을 겪고 살아났는지 지켜본 친구들은 그를 두고 기적이라 말한다.

이런 패턴은 내가 인터뷰한 여러 여성의 이야기에서 나타났다. 즉, 힘이 되거나 적어도 되려고 노력하는 친구가 여럿 있었던 한편 몇몇 친구는 이 여성들의 삶에서 불쑥 떠나가 버리거나 아니면 서서히 실망을 안겨주었다. 내내 곁에 있어준 친구들과는 정반대로 말이다.

그런데 건강 문제를 겪는 친구의 '곁에 있어준다'는 건 과연 무슨 뜻일까? 내가 만난 어떤 여성들에게 그건 아프다는 말을 했을 때 그저 자기를 믿어준다는 의미일 수 있었다. 그것은 스물두 살 동갑인 친구가 수술을 앞두고 있고 그래서 당신이 자정에 가려고 하는 술 파티에 당연히 같이 못 간다는 사실을 잊어버리지 않는 것을 의미할 수 있다. 아니면 그저 둘의 상황이 서로 다르다는 걸 알고 있음을 알려주기만 하면 되는 것일 수도 있다. 예를 들면 이렇게.

"친구야, 너 지금 병원에 있는 거 알아. 다 잘되길 빌어. 나는 맷의 파티에 가서 사나랑 벨린다를 만날 예정이야. 너도 있으면 좋을 텐데."

친구들이 엄청난 노력을 해줬을 때 놀랍고 기뻤다는 경우는

더러 있었어도 어떤 대단한 응원을 먼저 바라는 젊은 여성은
좀처럼 찾아볼 수 없었다.

　친구가 곁에 있어주는 방법 중 더 흔한 것은 그저 내 말에
귀를 기울여주는 것이다. 아프지 않은 사람보다 몇 분만 더
오래 이야기를 하게 해주면 된다. 일을 끝내고 싶은데 세 건의
진료 예약 때문에 일주일 일정을 다시 짜야 하는 상황이 얼마나
짜증 나는지, 친구라면 들어줄 수 있을 것이다. 또는 보험회사와
한 시간 동안 통화를 한 끝에 겨우 볼 수 있었던 전문의가 나의
부어오른 관절이나 욱신거리는 위장에 관해 도움이 되는 말을
한마디도 해주지 않는 상황이 얼마나 진 빠지는지 들어주면 된다.
친구라면 이런 이야기를 할 때 그냥 들어줄 수 있다.

　"병원 들락거리느라 일주일을 다 썼어. 가는 데마다 빌어먹을
내 이야기랑 지금 몇 달째 겪고 있는 이런저런 증상을 처음부터
다시 다 말하고. 근데 의사들이 하는 말이라고는 검사를 더
해봐야 하고 확실하게는 알 수 없다는 것밖에 없었어."

　이 말을 들은 친구는 아마 어떻게든 차분하게 반응하려고,
혹은 곧바로 화제를 돌려 내가 태아처럼 몸을 웅크리고 있는 동안
자기가 갔던 멋진 영화 상영회에 대해 이야기하지는 않으려고
노력할 수 있을 것이다. 때로는 "와. 너무했다!" 같은 반응만
해주면 그만이다.

　서맨사 어비의 말대로 그는 자신의 몸에 대해 농담을 많이
하며 말도 안 되는 순간순간마다 그 안에서 살벌한 유머를
찾아내는지 모르지만, 이것이 그가 젊은 나이에 찾아온 심각한
질환에 유쾌하게 대처하고 있다는—또는 친구들 곁에서 항상
웃는 얼굴을 하거나 웃을 수 있다는—뜻은 아니다.

내가 실없는 소리를 그렇게 해대긴 해도 실은 정말로
슬퍼질 때가 있다. 알약을 하나씩 다 세어볼 때나 성인용
기저귀가 담긴 커다란 싸구려 가방을 질질 끌며 지하철을
타고 집에 올 때. 만면에 미소를 머금은 "활기찬 노년"의
모델이 편안하게 잡아주는 강력한 흡수력의 신제품
응가 바지를 입고 나를 향해 손을 흔드는 사진과, 침대에
사고를 쳐도 그냥 닦아내기만 하면 되는 주름 가공 소재의
요실금 노인용 침대보 사진이 있는 인터넷 쇼핑몰에서
고무 팬티를 주문할 때. 월요일마다 의료 폐기물 서비스
직원이 똥 묻은 내 옷을 깨끗한 옷으로 바꿔주러 집에
찾아올 때. 얼마 전 한 친구가 나를 두고 '쓸쓸해한다'고
말하는 걸 들었다. 혹시라도 그래 보인다면 글쎄, 잘못
봤다. 쓸쓸해한다는 건 지독히도 끔찍한 의미를 담고 있는
단어 중 하나인데 확실히 말하지만 실제의 나와는 전혀
무관하다. 나는 재미있고 기타 등등인 사람이다. 다만
실제의 나는 많은 시간 아프고 약에 취해 있으며 기저귀를
차고 지내는 서른한 살 성인이다. 그러니 내가 젠장 항상
백 퍼센트 햇살처럼 밝지 않아도 부디 용서하기를.[10]

어비는 젊은데 아프다는 것의 여러 역설 가운데 하나를 말하고
있다. 한편으로 당신은 친구들이 곁에 있을 때 그냥 멋져 보이려
노력하고, 젊은이들이 당신에게 기대할 법한 재미있고 낙천적인
면을 보여주려 애쓴다. 다른 한편으로 아프다는 것은 마냥 밝고
산뜻한 것이 아니기에 ─ 친구와 있든 낯선 이와 있든 ─ 때로는
당신의 건강 문제가 사실 좀 더 눈에 잘 보이거나 심각하게

174

받아들여졌으면 좋겠다고 생각한다. 당신이 지닌 밝은 기운의 일부는 진짜일 수 있지만 병이나 통증 때문에 지쳤을 때 그런 면은 사그라들 수 있음을 다른 사람들이 알아주기를 바라는 것이다.

몇 년 전 여름에 나는 전국 횡단 여행 중 미시시피주 잭슨에 갔다. 주 의사당 건물 투어 중에 자원봉사자가 '스칼리올라'(scagliola)라는 용어에 대해 설명했다. 스칼리올라는 석고와 접착제와 염료를 이용해 뭔가를 만들고 가짜 대리석 결이 나도록 공들여 장식해 단단한 돌처럼 보이게 만드는 기법이다.

　함께 투어 중이던 다른 사람들이 건물 기둥이 정말 대리석 같아 보인다며 이 믿기 힘든 모조품에 대해 낮은 목소리로 경탄을 뱉었다. 투어 가이드는 이렇게 보이기 위해서는 재료 특성상 유지에 손이 많이 간다고 했다. 나 역시 감명을 받았지만 동시에 뭔가 엉성해 보인다는 걸 감지한 것에 묘한 자부심을 느꼈다.

　그리고 깨달았다. 아, 내가 바로 스칼리올라구나.

　나는 젊기에, 또한 가능하면 쾌활해 보이고 싶기에 끊임없이 가면을 쓴다. 때로는 선택적으로, 때로는 내 몸이 어떻게 보일지 의식해서 자동적으로, 나는 좀 더 단단한 무엇처럼 보이기 위해 나를 덧칠한다. 그래서 사람들은 그 안의 내가 퍼석퍼석 바스러지는 석고라는 사실을 믿기 힘들어한다.

　두 번째 고관절 수술을 받고 조금만 움직여도 타는 듯한 통증을 느끼던 시기를 거친 후 나는 목발을 떼려고 노력했고, 그렇게 6주 정도를 보내는 동안 끊어진 힘줄을 사용하지 않아도 된다는 안도감과 동시에 밖에 나갈 때마다 '목발 짚고 다니는 그 여자애'가 되는 것에 대한 두려움을 느꼈다.

인구조사국에서 겪었던 일을 포함해 너무 일찍 목발 없이 걷기를 시도한 몇 번의 경험 끝에 마침내 나는 목발을 버릴 수 있게 됐다. 물리치료사가 조심하라고 당부했지만 어쨌든 밖에 나가서 혼자 조금씩 걷는 것이 가능해졌다. 그런데 친구 세라가 그 주에 싱가포르에서 먼 길을 오는 바람에 자연스럽게 나는 '조심하라'는 말을 나 좋을 대로 해석해버렸다. 열 블록쯤 걷고 나면 아직 낫는 중인 고관절을 쉬게 해야 하는데 그러지 않고 세라와 함께 그가 보고 싶어 하는 전시를 보러 박물관과 미술관을 돌고, 싱가포르에는 없는 의류 매장을 여기저기 둘러보고, 점심 먹을 괜찮은 식당을 발견할 때까지 걸어 다니기로 한 것이다.

'돌고', '둘러보고', '걸어 다니기'는 아직 내 몸의 어휘가 되어서는 안 되었다. 세라와 함께 휘트니미술관을 돌아다니고 나서 목에 열이 오르는 익숙한 느낌을 받았다. 몸을 혹사했다는 걸 알았을 때, 그러고도 겉으로는 멀쩡해 보이니까 실제로 그렇지 않은데도 괜찮은 척했다는 것을 깨달았을 때 찾아오던 그 열감이었다. 파티에서 창피한 짓을 하고 나서, 혹은 어릴 적 수학 시험지를 제출한 후 한 시간이 지나서야 한 페이지를 몽땅 빠뜨리고 답을 적지 않은 것을 알았을 때 목이 뜨겁게 달아오르던 느낌과도 비슷했다. 내가 뭔가 잘못했다는 걸 알았고, 그 사실을 너무 늦게 깨달은 것이다.

아무튼 그래서 나는 세라에게 엉덩이가 좀 많이 아파서 버스를 타야 할 것 같다고 말했다. 머뭇거리면서 그렇게 말했다. 그러는 동안에도 '미술관 전체를 구석구석 걸어 다니는 짓을 하지 말았어야 한다'는 후회와 함께 엉덩이에 극심한 통증을

느꼈지만, 친구에게는 그저 "좀" 아픈 정도인 것처럼 보였으면
했다. 그리고 즐거움을 망치는 사람, 지구 반대편에서 찾아온
손님에게 돌아다니기 힘들다고 말하는 사람이 되고 싶지 않았다.
세라는 돌아다니면서 보이는 가게에 즉흥적으로 들어가 보는 걸
무척이나 좋아하는데, 나 때문에 지루한 버스를 타게 하고 싶지
않았다.

그래서 아마 조금은 더, 몇 블록 정도는 더 걸을 수 있을
것 같다고 말했다. 나는 항상 나의 다른 점을 최대한 축소하려
했고 여느 이십 대처럼 보이려 애썼다. 항상 처음 느낀 통증이
지나가고 두 번째로 더 넘기 힘든 벽처럼 다가오는 통증을 넘길
때까지 무리하게 나의 아픈 몸을 끌고 나갔다. 걸어 다니고 노는
데 무리가 없는 '평범한' 젊은이가 되기 위해서.

결국 버스에 오른 세라와 나는 교통카드를 찍은 뒤 잠시
서있었고 버스는 급발진하며 출발했다. 나는 이 상태로 계속
가면 안 된다는 걸 알았다. 버스가 좌회전 또는 우회전을 하거나
갑자기 속도를 낼 때마다 중심을 잡지 못하고 넘어질 뻔했다.
사람들은 고관절이라고 하면 노인이 겪는 문제를 떠올리는
경향이 있으나 내가 알기로 고관절은 여러 복잡한 부분들이 함께
제대로 작동하지 못하거나 약해지면 쉽게 불안정해질 수 있다.
버스가 휘청거리고 멈추고 움푹 패인 곳을 덜컹거리며 지나가고
택시들 주변을 쌩쌩 달릴 때마다 찌르는 듯한 통증이 반복되었고
서있는 것이 불가능해졌다. 어릴 때 버스 맨 앞 좌석은 노인과
장애인과 임신부를 위한 자리라고 배웠고, 당시 내 관절 문제는
일시적인 것으로 보였기에 나는 스스로를 장애가 있는 사람으로
분류함으로써 죄책감이 차오르는 상황을 거부했었지만, 그럼에도

불구하고 앉았다.

그러자 어느 백발의 여성이 나를 향해 소리를 질렀다.

"거기 앉으면 안 되죠!" 여성이 호통쳤다. "거기는 내 나이 사람들이 앉는 자리요!"

"아." 내가 말했다. "제가 젊어 보이는 건 아는데 실은 얼마 전에 고관절 수술을 받았거든요."

"그런 건 댁 나이의 사람이 받는 수술이 아니오!" 또 소리 질렀다. "댁은 건강한데!"

"하지만… 바로 얼마 전에 고관절 수술을 받았어요." 나는 다시 말했다. "앉아야 돼요. 버스가 갑자기 움직일 때 서있을 수가 없어요."

여성은 악의에 찬 눈빛으로 나를 노려보았다. 계속해서 나를 꾸짖었고 결국 근처에 있던 다른 나이 든 여성이 "수술받았다잖아요. 앉아있게 해요"라고 한마디 했다.

'그렇지만 당신은 너무 젊은데요'라는 말을 우리 대부분은 지겹도록 듣는다. 그렇지만 암에 걸리기에 당신은 너무 젊은데요. 그렇지만 관절염이 생기기에 당신은 너무 젊은데요. 우리 할머니가 고관절 수술을 받았는데 여든이에요. 당신은 건강한데요! 당신을 보세요! 당신은 너무 젊지 않나요?

이번 주만 해도 저 말을 두 번이나 들었다. 나는 제일 좋아하는 의사 중 한 명에게 몇 년 전 (걸어 다니기를 좋아하는 세라의 결혼식 참석차) 싱가포르에 갔을 때 있었던 일을 이야기했다. 그때 나는 발목에 심한 통증이 와서 시내 여기저기 놀러 다니는 것을 중단하고 그곳 의사를 찾아갔다. 의사는 다른 모든 약을 배제하고 패치를 처방해주었다. 각종 알레르기와 소염제 이상 반응이 염려되어서 그렇다며 그 패치는 일반적으로 관절 문제에 사용되지는 않으나 효과가 있을 것 같다고 말했다. 나는 백 달러가 넘는 금액을 지불하고 진통제가 발린 직사각형 패치들이 든 작은 상자를 받아 왔다. 그리고 발목에 하나를 붙이자마자 감격했다.

뉴욕으로 돌아온 지금, 이곳 의사에게 그 패치 이야기를 한 것이다. 패치를 붙이고 나서 관절 통증이 완화되었으며 심지어는 발목 문제가 일시적으로나마 다 나은 느낌이었는데 내 몸에 아무런 다른 이상한 반응은 일어나지 않았다고 말했다.

"리도카인 패치였나요?" 의사가 물었다. "보통 노인 환자에게 리도카인 패치를 처방하는데요. 허, 당신에게 효과가 있을 수 있겠군요. 다른 젊은 환자에게도 맞을 수 있으니 기억해둬야겠습니다. 생각도 못 했네요! 허. 리도카인이라니!"

이 사람은 내가 정말 좋아하고 10년 가까이 봐온 의사다. 리도카인 패치가 노인용이라는 점을 강조할 때 분명 내 볼이 약간 씰룩였을 것이다. 하지만 앞으로 나이에 상관없이 그 패치를 써서 효과를 볼 수 있는 사람에게 처방을 고려하겠다고 한 점은 고마웠다. 나는 처방전을 약국에 가져가는 것을 잊지 않으려고 지갑 안에 넣었다.

"재고가 있네요." 그날 늦게 찾아간 약국에서 약사가 말했다. 그러고는 나를 바라보았다. "리도카인 패치를 사용하기엔 너무 젊으신데요."

처음에는 좋게 받아들이려고 했다. 이 사람은 전문 지식이 많고 유능한 약사이며 실제로 의사의 착오를 간파한 것일 수도 있다. 아마 나는 너무 젊은 것이 사실이고 그 패치를 사용해서

179

어떤 문제가 생길지도 모르니 그렇게 말했을 수도 있다. 하지만 아니었다. 그런 게 아니라는 것을 곧 깨달았다. 그저 늘 겪는 것과 똑같은 일을 겪은 것이었다. 건강에 문제가 생기기에는 너무 젊다는 말을 듣는 일. 여러 건강 문제가 이십 대의 나를 찾아왔고 아주 바싹 파고들었다는 분명한 증거가 넘쳐 나는데도 사람들은 그런 말을 한다.

그런 말을 들어본 적이 없는 사람에게는 별말 아닌 것처럼 느껴질 수 있다. 오히려 칭찬으로 들릴지도 모른다. '당신은 너무 젊은데요'는 당신이 젊음과 활기 따위가 넘쳐 보인다는 뜻에서 하는 말일 수도 있으니까. 아니면 그냥 상투적으로 하는 말이니 내가 흘려듣고 넘기는 법을 익혀야 하는지도 모른다. 그렇지만 그 말을 반복적으로 듣는 다른 젊은 여성과 이야기를 해보면 다들 눈알을 굴리고 못마땅하다는 표정을 짓는다. 우리도 우리가 너무 일찍, 우리 몸이 고장 난 느낌이 오리라 예상할 나이가 되려면 아직 몇십 년이 남은 나이에 병이 났다는 생각을 한다. 그렇지만 아프기엔 너무 젊은 나이 같은 것이 정말로 존재한다면 우리는 아프지 않았을 것이다. 그런데 우리는 아프다.

길거리에서 자신과 자신의 건강 문제에 대해 남자들이 욕을 했고 남성 파트너들은 그런 반응이 나올 만했다고 말했다는 이야기를 해준 젠은 그렇게 길에서 희롱하는 사건에는 특히 나이 든 남성이 등장한다고 지적했다. 젠이 말하기를 대개는 연장자가 "아프기엔 너무 젊은데"라거나 "아프다니 너무 멀쩡해 보이는데" 같은 말을 많이 했다고 한다. 사람들이 내게 한 말과 정확히 똑같은 말을 젠이 하는 것을 들으니 소름이 돋는다.

젠보다 몇십 살씩 많은 사람들은 대개 젠이 자기 몸에

대해 하는 말을 믿지 않는다고 한다. 그는 언젠가 발이 부어서 지팡이에 몸을 많이 기대고 서있었던 때를 기억한다. 자리 양보를 부탁하려던 참이었는데 근처에 있던 한 여성이 젠의 얼굴을 보고 그걸 알아챈 것 같았다. 여성은 젠을 아래위로 훑어본 뒤 비웃는 투로 투덜대고는 고개를 돌려버렸다.

우리는 그 상황이 얼마나 이상한지 맞장구치며 이야기한다. 그런 일들을 당한 순간에 젠의 장애는 눈에 보이지 않는 것도 아니었다. 그는 이동 보조 기구를 사용 중이었다. 어릴 때 살던 시애틀의 버스에서도 비슷한 대화가 오간 적이 있었다는데 기사들이 노인에게는 계단을 내려주면서 젠에게는 내려주지 않으려 했다.

"보면 알아야죠." 그가 말한다. "목발을 짚고 있고 한쪽 발만 신발을 신고 있으면 알아야 하는 거 아닌가요."

나는 뉴욕에서 같은 일을 겪은 적이 있다고 그에게 말한다. (나이 든 남성) 버스 기사였는데 내가 목발을 짚고 있는 걸 보고도 계단을 내려주지 않았다. 그냥 나를 멀뚱히 쳐다봤고 내가 어떻게 해보려고 애쓰는 걸 바라보고만 있었다. 버스 계단 좀 내려달라고 얘기했지만 기사는 계속 거부했다. 목발을 짚고 있는 게 빤히 보이는데도 말이다. 기사는 내 눈을 똑바로 보면서 목발 없어도 되지 않느냐고 말했다.

젠과 나 같은 사람에게 "당신은 너무 젊은데요"라고 말하는 것은 곧 우리가 아프다거나 수술을 받았다는 사실을 꾸며낸 게 틀림없다고 말하는 것이나 다름없다. 또한 그것은 많고 많은 젊은이가 관절 문제, 암, 자가면역질환 등을 앓는다는 통계를 무시하는 발언이기도 하다. 그렇다면 '너무 젊다'는 말이 전달하는

것은 문자 그대로의 사실이 아니라 문화적인 기대, 즉 건강
문제는 특정한 인구 집단만 겪는 일이며 젊은이는 걱정 없을
것이라는 사람들의 기대인 셈이다.

술레이카 자우아드는 『뉴욕 타임스』 칼럼에 백혈병을 앓는
이십 대 여성으로 살아가는 것에 관해 이렇게 서술한다. 그처럼
이른 청년기에 생명을 위협하는 병에 걸리면 "특수한 심리적,
사회적 난관들이 뒤따른다. 청년은 어때야 한다는 우리 자신의
정의에 반하는 상황이기 때문이다. 젊음과 건강은 동의어처럼
여겨진다. 내 몸을 세상의 자연적 질서와의 계약 위반으로 고소할
수만 있다면."[11]

이어서 그는 "암은 청년기의 중간적인 상태를
확대시킨다"라고 쓴다. "청년은 더 이상 아이는 아니지만 어른의
세계에서 살 준비가 충분히 된 상태도 아니다."

자우아드는 다른 여성들이나 나와 마찬가지로 치료를 받는
동안 어린 시절의 침실로 돌아간 것 같은 경험을 했다. 그는
침대에 누워 부모님의 도움에 의존해야 했지만 동시에 건강에
아무런 문제가 없는 같은 나이의 친구들보다 더 빨리 성장하고
있기도 했다.

그리고 이렇게 쓴다. 특히 암의 경우 "청년 환자는
종양학과의 '낀 세대'라 할 수 있다. 소아암 병동에 가기에는
나이가 너무 많지만 성인 종양학과에도 마땅한 자리가 없기는
마찬가지다. 내가 하려는 말은 젊은 나이에 아픈 게 더 안 좋다는
것이 아니라, 암에 걸린 청년은 성인 암 환자 통계 속에 섞여
휩쓸려 버리기 때문에 눈에 잘 보이지 않는 인구 집단이라는
점이다."

┼┼┼

의사들이 아나필락시스 쇼크가 온 나를
되살려내 보통의 대학 졸업 후 삶—혹은 대학 졸업 후에는 으레
그렇게들 산다고 우리가 생각하는 삶—의 세계로 돌아갈 수
있게 해주고 한 달쯤 지났을 때, 내 친구들의 기대에 걸맞은
사람이 되기는 불가능했다. 어느 날 밤 나는 이제 다시 '정상적인'
사람이 되어야겠다고 결심한다. 나는 파티에 가겠다고 한다.
요컨대 외출을 하고, 친구들과 어울리고 음악을 듣고 새로운
사람들을 만나고 어디에 빠지지 않는 그런 본래의 모습으로
되돌아가기로 한다. 그러나 친구의 남자친구가 운전하는
차를 타고 브루클린으로 가는 동안 나는 가방에 에피네프린
주사기가 있는지 재차 확인하거나 가장 가까운 응급실이
어디인지 생각하는 걸 멈출 수 없다. 자동차를 타는 건 흔하지
않은 일인데—우리는 어디를 가든 거의 항상 지하철을 탄다—
지하가 아닌 지상에서 움직이니 어쩐지 안심이 된다. 지하철이
터널 안에서 정지할 때마다 내 머릿속에는 그때의 응급실이
떠오르면서 이런 생각이 든다. 에피펜이 내 청바지를 뚫고
허벅지에 완벽하게 꽂힌다고 해도, 어느 낯선 사람이 에피펜
사용법을 정확히 알고 있고 약이 다 들어갈 때까지 10분간 주사
바늘을 잘 고정하고 있다고 해도, 혹은 내 호흡이 완전히 멎기
전에 주변 사람들이 주사 놓는 법을 알아낸다고 해도, 내가 늦지
않게 지하 터널에서 땅 위로 올라가게 될 가능성은 얼마나 될까?
주사기가 제대로 작동하기는 해서 내가 이 R선 지하철 안에서
3주 전처럼 쓰러진 채 그대로 죽지 않을 확률은 얼마나 될까?

183

그러니 나는 보통 지하철을 선호하기는 해도 이번에는 자동차로 이동하게 되어 감사하다. 자동차로는 병원에 더 빨리 갈 수 있다는 이유만으로도 나의 야간 활동 복귀가 덜 무섭게 느껴진다.

그런데 차 안에서 친구가 내가 지금 하는 이상한 알레르기 테스트용 식단 조절이 정확히 어찌 된 건지 묻기 시작한다. 왜 매일 똑같은 몇 가지 음식밖에 못 먹느냐, 의사들은 정말로 내게 치명적인 알레르기가 새로 생겼고 그것 때문에 아나필락시스가 일어난다고 생각하는 거냐 같은 질문을 던진다.

아니 어쩌면 내 기억이 잘못됐을 수 있다. 어쩌면 친구는 묻지 않았고, 아마 내가 먼저 말하기 시작했는지도 모른다. 그때 병원에서 쓰러진 이후로 내가 어떤 일을 겪고 있으며 새로운 음식을 한 입만 먹어도 왜 생명이 위험해질 수 있는지 등을.

만약 몸속에서부터 올라와 나를 목 졸라 죽이려 한 범인이 새로운 음식 알레르기가 맞는다면 그 음식은 정말 뭐든 될 수 있고, 그래서 아직은 원인을 모른다고 나는 말한다. 범인은 내가 먹은 빵에 박힌 참깨일 수도 있고 밥에 뿌려진 타임일 수도 있다. 아니면 후추일 수도 있다. 오늘 밤 파티에 나오는 음식일 수도 있다.

친구는 그럼 이제 내가 시도해볼 다음 음식이 뭐냐고 묻는다. 내가 먹을 수 있는 음식은 이틀마다 하나씩 추가되며 양념이나 소스는 허용되지 않는다. 늘 잘 먹었지만 지금은 마치 비소나 폭탄 같은 것이라 생각하고 테스트를 해봐야 하는 음식 하나를 그냥 먹는 것이다. 나는 친구에게 치즈를 다시 먹어볼까 하는데 아마 염소젖 치즈나 체더치즈일 것 같다고 말한다. 목소리에서 긴장한 티가 역력하게 느껴진다. 친구도 내가 이야기하는 동안 필시 나의 공포감을 감지할 수 있을 것이다. 친구로서든 아니면 그냥 사람으로서든 그럴 수 있을 것이다. 먹으면 죽을지도 모르는 새로운 치즈를 먹어본다는 건 사소한 일이 아니니까. 그러나 이 사람은—내 친구는—그걸로 농담을 한다. 어쩌면 남자친구를 의식해서일 수도 있고, 어쩌면 그냥 이해를 못 해서 그러는 것일 수도 있다. 이유는 모르겠지만 어쨌든 농담을 한다.

"어머, 만약 우리가 오늘 밤에 너한테 블루치즈를 몰래 먹였는데 네가 아직 준비가 안 된 상태면 어떡해?" 친구가 코웃음을 치며 말한다. "아직 먹으면 안 되는 스위스치즈를 먹어버리면 어쩐대?" 그러면서 웃음을 터뜨린다. 못된 웃음이다. 못된 마음이 있었던 건 아니며 아마 친구가 죽을 뻔했던 경험을 둘러싼 무거운 대화를 가볍게 만들어보려 그랬으리라는 걸 수년이 지난 이제는 안다. 그러나 그때 그 차 안에서 나는 목이 아려오고 목소리가 잠기는 것을 느낀다. 나는 항상 울음이 나오기 전에 목이 잠겨서 티가 나버린다. 친구의 귀에는 들리지 않는 모양이다. 곧이어 남자친구가 끼어들어 맞장구친다.

"하! 염소젖 치즈가 엄청 무섭겠네요. 말도 안 돼."

이 순간 나는 울음이 나오려는 근육을 있는 힘을 다해 제어한다. 파티에 가는 길인데 이미 나는 내가 죽을 뻔한 이야기를 하면서 흥을 깼으니까. 여기서 이상한 사람은 나니까. 나는 스물두 살 나이에 가고 싶어 할 리 없는 곳으로 친구들을 데려가고 있었으니까. 웃어보려 하지만 억지웃음만 나온다. 그래서 억지로 웃으니 그만하라고 말해보려 한다. 그런데 친한 친구에게 내 목구멍이 막혔던 이야기에 생각 없이 장난스럽게 반응하지 말아달라고, 그러면 안 되는 걸 알아야 한다고 어떻게 말을 하나? '음, 이브. 염소젖 치즈 이야기도 남자친구랑 같이 나를 공격하는 것도 재미없어. 둘 다 거의 죽었다 살아난 게 어떤 경험인지 알지도 못하잖아. 의사가 지난 주에 내가 어떻게 살아났는지 모르겠다고 말했는데, 그런 것에 공포를 느끼는 내가 바보 같다고 생각하게 만드는 건 괜찮지가 않다고.' 이런 말을 어떻게 한단 말인가?

나는 화가 나고 상처받았으며 무엇보다 무서웠다. 친구들이 나를 보호해주지 않을뿐더러 상처를 주고 있는 줄도 모른다면, 그렇다면 누가 내 친구일까?

다시 말하지만 시간이 지나서 생각해보건대 이들은 무섭고 알 수 없는 것을 농담으로 덮어주려 했는지 모른다. 보통은 나도 내 건강을 가지고 농담하는 걸 좋아한다. 사실 블랙 유머는 많은 경우 나의 유일한 대처 기제이며, 내가 나서서 그런 농담을 한다. 이번 일의 차이점은 내가 죽음을 가까스로 모면한 지 얼마 되지 않았고 그 알 수 없는 병이 언제 또 나를 덮칠지 모르는 상태라는 점이다. 대개 나는 결함에 대해 자기 비하를 하고, 나 자신과 내가 처한 상황을 자주 웃음거리로 만든다. 그러니 아마 내 친구도 나의 그런 모습에 익숙할 것이다. 나도 내가 지금도 그런 모습이면 좋겠다. '우리는 재밌게 떠들고 있고 파티에 가는 중'인 기분에 젖고 싶다. 하지만 이 순간에는 도저히 그럴 수가 없다. 가볍게 이야기하기에는 아직 너무 쓰라리고 여전히 진행 중인 상황이다. 농담 삼기엔 '너무 이르다'는 말이 있지만, 농담이 아니라 정말로 너무 이르다. 나는 차창 밖을 쳐다보며 울지 않으려 애쓴다.

"사람들이 두려움에 대해 이야기할 땐 자신이 느끼는 두려움에 대해 말하고 싶은 것이지 그 두려움이 상상일 뿐이라며 주제넘게 하는 말을 듣고 싶은 것이 아니다."

데버라 오어가 『가디언』에 쓴 "아픈 사람에게 해서는 안 되는 열 가지 말"이라는 기사에 나오는 구절이다.[12] 오어는 암 진단을 받았을 때 치료 때문에 머리가 다 빠지는 것이 얼마나 두려운지 이야기할 상대가 필요했다. 걱정할 것 없다는 말은 듣고 싶지 않았다. 그가 말을 꺼낸 것은 다른 게 아니라 속을 터놓고 싶어서였다. 힘든 일을 겪고 있는 우리 같은 사람은 또래들이 공감하지 못할지라도 그저 말을 해야만 할 때가 있다. 그런데 친구들을 소중히 여기고 함께 어울리는 걸 정말 좋아하는 사람일수록 입을 열기가 힘들 수 있고, 나 역시 그랬다.

"실은 말인데 잠시 넋두리 좀 해도 될까? 이번 주에 이런저런 의사를 만나러 다니면서 느낀 똥 같은 기분이 말을 하면 좀 풀릴 것 같아서 그래."

친구들이 평상시 당신을 명랑한 사람으로 생각하고 있다면 이런 토로를 하는 게 재미없고 부자연스럽게 느껴질 수밖에 없다. 젊은 나이에는 평소처럼 농담을 주고받는 분위기에 무거운 이야기를 꺼내서 찬물을 끼얹기가 쉽지 않은 법이다.

그리고 또 허무감도 있다. 친구나 지인은 상당히 부적절한 발언을 할 수 있는데 나도 나중에는 그들이 정말로 좋은 뜻으로 한 말이라는 걸 깨닫기는 했다. 대개들 좋은 의도로 그런다는 것을 더 나이가 들면서 이해하게 되었다. 하지만 사람들은 마음을 쓰는 누군가가 건강 문제를 겪고 있을 때, 혹은 누군가의 건강 문제가 자기도 언젠가 죽는다는 것을 떠올리게 할 때 당사자

앞에서 무슨 말을 해야 할지 모른다. 몇 년 전 아픈 사람에게
보내는 안부 카드 시리즈가 인터넷에서 널리 퍼졌던 건 아마
그런 이유 때문일 것이다. 스물넷의 나이에 호지킨병 3기 진단을
받았던 에밀리 맥다월이라는 여성은 사람들이 종종 하는 도움이
되지 않는 종류의 말들에 대한 대응으로 이 카드들을 만들었다.[13]

"삶이 당신에게 레몬을 준다면, 나는 레몬 때문에 죽은
내 사촌의 친구 이야기를 당신에게 하지 않을게요." 한 카드에
적힌 문구다. 또 다른 카드의 문구는 이렇다. "모든 일에는 다
이유가 있다는 말을 당신에게 또 하는 사람이 나타나면 내가
제일 먼저 주먹을 날리게 해줘요." 그리고 그 아래에 작은 글씨로
"당신이 이런 일을 겪고 있어서 내 마음이 아파요"라고 적혀
있다. 카드를 주는 사람을 포함해 아마도 많은 사람이 공감할,
좀 더 차분한 문구가 적힌 카드들도 있다. "당신은 짐이 아니에요.
당신은 사람이에요"라거나, "연락하지 못해서 정말 미안해요.
무슨 말을 해야 할지 몰랐어요" 등.[14]

맥다월은 그가 운영하는 카드 회사 블로그에 이렇게 쓴다.

"병을 앓으면서 가장 힘들었던 부분은 머리가 빠지는 것도,
스타벅스 바리스타가 나를 남자로 잘못 보고 'sir'라고 부르는
것도, 항암 치료로 인한 구토도 아니었습니다. 가까운 친구와
가족 중 많은 이들이 무슨 말을 해야 할지 몰라 사라져버리거나,
너무나 잘못된 말을 하고는 잘못됐는지 알지도 못할 때 느끼는
고독감과 고립감이 가장 힘들었습니다."[15]

그는 이 카드들이 병을 앓는다는 것이 정말로 어떤 것인지에
대해 소통하는 수단, 좋은 뜻을 가진 이들이 아픈 친구에게
실제로 도움이 되는 말을 하도록 도와주는 수단이 되기를 바란다.

비타는 다발경화증 진단을 받았을 때 오클랜드에 살고 있었다. 뇌척수액 검사를 위해 허리천자 시술이 필요하다는 사실을 알기 전에 이미 친한 친구 몇 명과 로스앤젤레스 여행을 가기로 계획을 세워놓은 상태였다. 검사를 받으러 갔을 때 레지던트가 그의 척추에 바늘을 열 번이나 찔러 넣었지만 결국 잘 안되고 있는 것이 확실해졌다. 의사가 와서 넘겨받은 후 시술이 제대로 이루어질 때까지 비타는 바늘 삽입을 두 번 더 참아야 했다. 이후 친구들과의 여행을 감행한 그는 허리천자 부작용으로 눕지 않고는 몇 걸음 이상 걷지 못했다. 걷다가 눕고 또 몇 걸음 걷다가 드러눕는가 하면 친구들이 해변에서 노는 동안 이따금씩 풀숲에 가서 토했다.

대학에서 만난 이 친구들과 해외 여행을 갔을 때였다. 둘째 날 다 함께 화산 등반을 떠날 준비를 하고 있을 때 비타의 왼쪽 다리에 마비가 왔다. 신경이 마비되어 발밑에 무엇이 있는지 감각할 수 없었음에도 어쨌든 그는 화산 등반을 가기로 했다. 그리고 다른 다리에 의존하면서 몸을 끌고 화산을 올랐다. 그다음 날 비타는 만신창이가 되었고 친구들의 도움으로 수레에 실려 다녀야 했다.

떨어져 나간 친구들도 있었다.

"병을 앓는 많은 사람이 그런 이탈을 겪는 것 같아요."

그가 말한다. 이유가 어떻든 아픈 당신을 감당할 수 없어서 당신의 삶에서 빠져나가는 이들이 있다는 뜻이다. 어떤 친구들은 비타에게 그와 그의 다발경화증 곁에 있을 수가 없다고 말했다. 다른 친구들은 비타를 보면 어떤 일이나 아팠던 어떤 사람이 생각난다고 말했고, 그냥 아픈 사람을 가까이 두고 싶지 않아

했다. 아니면 상황이 힘들어졌을 때 견뎌낼 마음이 없었다.

비타는 친구들이 정서적인 도움이 필요할 때 찾는
사람이었고 그런 역할을 하는 데 익숙했다고 한다. 그러다 갑자기
도움을 필요로 하는 입장이 되었는데 정작 그는 도움을 요청하는
것이 껄끄러웠다.

해변과 화산 여행을 함께 갔던 친구들과는 여전히 친하게
지낸다고 비타는 말한다. 친구를 잃기는 했지만 가까운 친구들은
잃지 않았다. 그래도 분명 상처를 받기는 했으나, 제일 친한
친구들 중에 자신을 버린 친구가 있었다면 훨씬 큰 충격이었을
거라고 그는 내게 말한다.

상황을 감당할 수 없었던 한 친구는 비타의 룸메이트였다.
비타가 진단 과정에 대해 언급할 때마다 그는 냉랭한 태도를
보였다. 그러나 룸메이트의 어머니가 오랫동안 아팠기 때문에
비타는 이 친구가 이제 또 다른 사람이 어떤 병을 진단받는
모습을 지켜볼 정서적 여유가 없는 것을 이해했다.

비타는 사람들이 대부분 그가 어떤 일을 겪고 있는지 전혀
알지 못할뿐더러 그게 어떤 경험인지 이해하려는 노력도 거의
하지 않는 점이 실망스럽다고 말한다. 사람들은 대개 뒷걸음질을
치거나, 지나치게 위해주며 이상하게 굴거나, 아니면 마치
네 살짜리 아이를 대하는 식으로 반응한다는 것이 그의 말이다.
그럼에도 그는 사람들이 건강 문제를 다루는 데 어려움을
겪는 것을 이해한다. 몇 년이 지난 지금은 마음의 상처가 많이
가라앉았기에 비타와 전 룸메이트는 우정을 다시 살려내는
중이다.

커뮤니티로 말하자면 비타는 급진파, 퀴어, 유색인이 모이는

공간을 주로 찾는다. 이런 커뮤니티에서 그는 다른 부분에 대해서는 연대감을 느끼지만, 한편으로 이들 공간에도 아픈 사람들이 있으면 좋겠다는 아쉬움이 든다고 한다. 이쪽 사람들은 급진적인 생각을 공유하거나 유색인 여성인 그의 입장에 공감할 수는 있어도 그가 앓는 병에 대해서는 공감하지 못한다. 그래서 그런 종류의 커뮤니티와 이해가 필요할 땐 백인 위주의 급진적이지 않은 공간에 가야 하는 것이 보통인데 그곳에서도 마음이 편하지 않기는 마찬가지라고 그는 말한다. 원래 속한 무리에서는 유색인들이 삶에서 겪는 인종 문제와 고통, 억압 등에 관해 농담을 주고받는다. 블랙 유머는 일종의 대처 기제인 셈이며 비타 역시 그런 농담에 익숙하다. 그렇지만 그가 병에 대해 비슷한 농담을 하면 사람들은 이해하지 못하고 입을 다물어 버린다.

환자 내비게이터 아일린은 서른네 살에 유방암에 걸렸을 때 상황이 어땠는지―우정과 병과 젊음이 어떻게 교차했는지―내게 들려준다.

　"제 주변 사람들은 전부 아주 건강했어요." 그가 말한다. "'어머니'가 유방암에 걸린 친구들은 있었지만 그분들도 제 나이에 걸린 것은 아니었죠. 친구 중에 제 처지를 정말로 이해할 수 있는 사람은 아무도 없었습니다. 다들 대략 어린아이를 키우던 시기여서 그런 경험은 함께 겪었죠. 하지만 암과 관련해서는 완전히 저 혼자였습니다. 친구들은 암 투병이 얼마나 엄청난 일인지 공감하지는 못했어도 사실 굉장히 큰 힘이 되어주었다고 말해야겠습니다."

친한 친구 둘은 아일린의 집 앞에 예고 없이 찾아왔다. 멀리 떨어진 주에 살던 그들은 나쁜 소식을 듣자마자 아일린에게 알리지 않고 비행기표를 사서 날아온 것이다. 물리적으로 곁에 있어주는 것이 바로 이런 것이리라.

그럼에도 아일린은 열 달에 걸쳐 진단과 수술, 항암 치료를 잇따라 겪으며 친구들보다 훨씬 늙어버린 기분이 들었다. 다들 인터넷에 자기 사진을 올렸다.

"나들이나 여행 가서 찍은 사진들을 보게 되죠." 그가 말한다. 친구들이 그렇게 지낼 때 그는 그저 치료를 견뎌내려 애쓰고 있었다. 그리고 영성 지향적 교회에 다니면서 새 친구들을 사귀었다고 한다. "친구들의 나이가 올라가기 시작했습니다. 그때 만나던 사람들이 오십 대, 육십 대였으니까요." 엄마뻘 사람들이었다. 그는 병원의 나이 든 자원봉사자나 암 지지 모임의 나이 든 여성과 교감할 수는 없었지만 그래도 연장자들 쪽으로 마음이 끌리는 건 어쩔 수 없었다.

다른 여성들도 이와 같은 감정을 묘사한다. 만성적인 건강 문제가 있는 어느 스물다섯 살 여성은 이렇게 쓴다.

"또래들에게는 전혀 공감이 되지 않는다. 공감을 느낀 적이 없다. 나는 항상 나보다 나이 많은 사람들과 함께 있을 때 마음이 훨씬 편했다." 그 주된 이유는 "나이 든 이들은 몸이 자기를 배신하는 것이 어떤 것인지 알기" 때문이라고 그는 쓴다. "그들이 평생을 살며 많은 일을 겪었다면 만성질환에 시달리는 우리는 몇 년 사이에 많은 일을 겪었다."[16]

내가 인터뷰한 또 다른 젊은 여성인 루시는 건강 문제가 어떻게 우정에 몇 가지 방식으로 타격을 입히는지 이야기한다.

그에게는 정체성과 관련해 특별한 관계를 맺고 있는 친구들이 있다. 이메일로 "우울과 불안 장애가 있는 라틴계 트랜스 여성"이며 또한 퀴어라고 자신을 소개한 그는 다음과 같이 쓴다.

"저의 정신건강은 슬프고 좌절스럽게도 친구들과의 관계에 종종 실제로 영향을 끼칩니다. 저는 그걸 변명 삼고 싶지 않아요. 변명이 되지도 않고, 제 행동에는 제가 책임을 져야 하죠. 그렇지만 때로 저는 우울의 구렁텅이에 빠집니다. 친구들과 연락하는 걸 잘 못하기도 하고요. 제 친구들은 전국 각지에 흩어져 있기 때문에 연락을 유지하려고 노력하지 않으면 관계에 금이 가고 말아요."

루시는 사실 자신의 잘못이 아닌 것을 두고 자책하고 있는 듯하다. 그러나 또 생각해보면 그는 건강에 문제가 생겼을 때 정말로 친구들의 관심에서 멀어지는지도 모르며, 스스로에게 그 책임을 돌리는 편이 건강에 나은지도 모른다. 어쨌거나 그는 자신을 가혹하게 판단하는 듯싶다.

"자살 생각에도 자주 시달립니다." 그가 적는다. "자해도 마찬가지인데 이런 얘기를 할 수 있는 친구가 정말로 거의 없어요. 그러니까 딱 한 명 있어요. 어떤 친구들에게는 말하기가 두렵고, 어떤 친구들은 비슷한 문제로 힘들어하고 있어서 그런 말이 트리거가 될 수 있고, 또 어떤 친구들은 그런 이야기를 들어주는 역할을 하는 게 스트레스라고 하더군요."

아, 나는 생각한다. 친구들에게—적어도 말하기가 두려운 친구들에게—'진짜 아무렇지도 않은' 것처럼 보이려고 애쓰는 또 한 명의 젊은 여성이 여기 있구나 하고. 게다가 그의 건강 문제를 알게 된 친구들은 이야기를 들어주는 게 너무 벅차다는 반응을 돌려주었다.

"하지만 이해합니다." 그런 친구들을 그는 이해한다고 한다. "제가 심각한 우울기를 겪고 있을 때 곁에 있어주는 건 상당한 힘과 노력이 필요한 일이니까요. 저는 할 수 있는 한 가장 좋은 친구가 되고 싶은데 우울증 때문에 마음대로 안 되는 것 같아요."

나는 루시에게 건강 이야기를 터놓고 할 수 있는 친구에 대해 묻는다. 그 친구는 그냥 성격이 이른바 '곁을 내줄' 여유가 있는―누가 다루기 난감한 어떤 문제를 이야기해도 잘 들어주고 함께 있어줄 수 있는―그런 사람인지, 아니면 그 친구도 비슷한 정신건강 문제를 겪어서 직접적으로 공감할 수 있는 것인지 물어본다.

그리 놀랍지 않게도 그 친구 역시 살면서 비슷하게 힘든 일들을 겪었다고 한다. 친구도 "저처럼 퀴어 라틴계 여성"이며 우울증과 자해 같은 정신건강 문제와 싸우고 있다고 루시는 쓴다. 친구는 트랜스는 아니고 시스젠더라고 한다.

"하지만 서로 통하는 부분이 굉장히 많아요. 제 말에 공감할 수 있는 사람, 무엇이 도움이 되고 되지 않는지 정말로 이해할 수 있는 사람이 곁에 있다는 건 아주 좋은 일이죠."

그럼에도 여전히 분명한 것은 이 친구를 제외한 다른 모든 친구에게 그는 짐이 되는 것 같은 기분을 자주 느낀다는 점이다.

"세상이 트랜스젠더에게 적대적이다 보니 트랜스라는 정체성 자체가 이미 친구들에게 '짐'이 되는 듯이 느껴지는 것일까요?" 내가 묻는다. "바꿔 말하면 다른 사람들에게 '친한' 혹은 '편한' 친구가 되지 못하는 것 같고―그러니까 그놈의 트랜스포비아 문화가 내면화되어서―거기에다 정신건강 문제까지 있으니 본인이 대하기 '힘든' 친구가 아닐까 더 걱정이 되는 것인지요?"
이어서 이메일에 나는 이렇게 적는다. "그런 부분에 대해
자책하는 것이 분명해 보여요. 그래서 말인데 트랜스포비아
사회가 '힘든' 사람이라는 딱지를 붙인 정체성을 당신이 이미 갖고
있다는 사실도 관련이 있을지 궁금합니다."

다시 말해 우리 문화가 루시에게 당신은 트랜스 여성이므로
그 점에 대해 먼저 용서를 구해야 하고 건강 문제는 그다음에
해명할 일이라고 가르친 것일까? 아니면 "건강 문제가 있을 때
친구들에게 좀 짐이 되는 기분을 느끼는 건 당신이 트랜스든
아니든 마찬가지일 거라고 생각하는지" 나는 물어본다.

돌아온 답은 다소 의외다.

"트랜스포비아나 그런 걸 저는 정말 많이 내면화해요." 그가
쓴다. "그리고 시스 친구들에게 어떤 이야기를 하면 친구들이
저를 남자로 볼까 걱정될 때가 종종 있습니다."

그렇다면 문제는 루시는 우울할 때 자신의 행동에서 일종의
'남성성'을 무심코 드러낼까 우려한다는 것이다. 그는 친구들이
자신을 그렇게 보는 것에 대한 두려움을 조금 더 설명한다.

"예컨대 연애나 섹스 같은 것에 대해 이야기한다고 합시다."
그가 쓴다. "그럴 때 저는 친구들이 [저를 남자로 생각할까]
정말로 두려워요. 우울증 때문에 나쁜 친구처럼 행동할 때
친구들이 제가 남자처럼 군다고 생각하는 것이 너무 두렵습니다.
저는 자라면서 남자들의 행동 방식을 낱낱이 보았고 그게 싫고
이해가 안 갔어요. 그래서 남자애들이 어떻게 행동하는가에
관련한 아주 엄격한 규칙을 만들었고, 제가 그와 비슷한 짓을
하면 몹시 자책합니다. 그리고 친구들도 당연히 저를 나무랄

것이라 생각하죠." 정신건강 문제가 발생할 때면 "화를 내거나
남의 이야기를 잘 안 듣거나 이기적으로 굴곤 하는데, 이런
것들이 남자들의 특성이라 생각"한다고 그는 말한다.

　루시가 자신의 젠더 표현을 감시한다는 사실은 놀랍지
않다. 그런 감시는 여성 또는 남성으로 진지하게 받아들여지기를
원하는 트랜스 여성과 트랜스 남성이 흔히 이야기하는 주제이며,
시스젠더도 의식적으로나 무의식적으로 늘 하는 행동이다.
젠더퀴어에 약간 가까운 여성인 나는 '아주 엄격한 규칙'과
성별에 따라 기대되는 행동 방식에 관한 루시의 이야기를 보면서
내 경험들이 떠오르기도 한다. 그러나 루시의 경우가 위험 부담이
훨씬 크다. 그의 건강 문제는 그 자체로도 대처하기 힘들지만
친구들이 그가 남자인 것을 '잡아낼까' 우려하게 만든다. 그는
트랜스라는 이유만으로 차별과 폭력에 직면하는 여성임에도
말이다.

　　　　　┼┼┼

　나는 HIV를 가지고 태어난 과학자 소피에게
그도 나처럼 어떤 사람과 친구가 되었는데 나중에 알고 보니
그 사람도 젊은 나이에 죽음에 가까워지는 경험을 해봤다는
경우가 종종 있는지 묻는다. 소피도 비슷한 패턴을 보아왔다고
한다. 그는 자칭 애칭이 입 싼 수다쟁이다. 어릴 때 어머니는
소피에게 이것 한 가지―소피의 건강―만은 모두가 이해하지는
않을 것이라는 점을 명심하도록 일렀다. 성인이 된 지금 그에게는
심각한 건강 문제를 가진 친구들 그룹이 있다.

　"그래서 우리는 서로를 부적격자라고 불러요." 그가 말한다.

전혀 눈치채지 못하는 동료들, 즉 소피가 HIV 보균자인 사실을 모르는 이들이 소피가 있는 자리에서 이 바이러스를 지닌 사람에 관한 생각 없고 무례한 농담을 하면 그 사실을 아는 다른 친구들이 화제를 바꾼다. 그들은 소피의 보균 사실을 아우팅하지 않으면서 그런 경솔한 발언을 중단시키고자 대화를 다른 방향으로 이끄는 것이다.

"저는 평생 그런 농담을 들었어요." 소피가 말한다. "평생 앉아서 듣고 있었죠. 웃는 얼굴을 하고 교육받은 사람처럼 행동해야 했습니다. 그래서 그냥 사람들의 그런 농담을 듣고 있었던 겁니다."

동료들은 그가 HIV 양성이라고 말하면 보통 깜짝 놀랐다. 의학 수업을 같이 듣던 한 학생은 언젠가 "거짓말 그만해요"라고 말하기도 했다. 이 학생은 HIV 보균자는 어떤 모습일 것이라는 선입관을 가지고 있었고 소피가 그런 사람일 리 없다고 생각했다. 소피가 또 지겹게 들은 말 하나는 "제가 생각하는 당신은 그렇지 않은데"이다.

이런 반응은 사람에 따라, 병에 따라 조금씩 다르기는 해도 눈에 잘 보이지 않는 건강 문제나 장애를 가진 많은 젊은 여성이 거의 똑같은 말을 들은 적이 있다. 가장 흔히들 하는 말이 바로 "그렇지만 당신은 너무 젊은데요"이다. 그리고 이 판에 박힌 말의 좀 더 허울 좋고 좀 더 성차별적인 사촌뻘이자 내가 정말 많이 들은 말로는 "음, 적어도 당신은 말랐잖아요!"가 있다.

이 말을 들을 때마다 나는 '맞아요. 제 목에 칼이 들어왔다 나가서 낫는 중인데 말라 보인다니 참 기쁘네요'라고 말하고 싶다.

내가 인터뷰한 젊은 여성 중 다수가 본인이 아프다는 사실을 믿지 않으려고 하는 어른, 특히 연장자를 만난 적이 있다고 했다. 나 역시 같은 경험이 있다. 우리는 또래들과 있을 때 대개 진짜 아무렇지도 않아 보이려고 애쓰기는 하지만, 사람들이 우리 말을 정말 안 믿을 때는 마음이 달라진다. 우리는 사람들이 젊디젊은 겉모습 안에서 우리 몸이 어떤 힘겨운 일을 감당하고 있음을 알아주기를 바라며, 그러한 인정을 필요로 한다. 우리가 거짓으로 목발을 짚고 있는 것이 아님을 사람들은 알아야 한다. 버스는 계단을 내려줘야 한다. 그러지 않으면 우리는 승차가 불가능하다.

바로 얼마 전에 큰 수술이나 치료를 받았다고 하는 젊은 여성의 말을 믿는 사람들은 그 여성을 특이한 경우로 여기는 것이 보통이다. 하지만 사실 젊은 여성은 여러 주요 질병 통계에서 주된 인구 집단에 해당한다.

NIH의 보고에 따르면 자가면역질환—"면역계의 근본적인 결함으로 인해 신체가 자신의 장기나 조직 또는 세포를 공격하는, 만성적이며 많은 경우 장애를 일으키는 80여 가지 질환의 총칭"—은 약 80퍼센트가 여성에게서 나타난다.[17] 그중 어떤 질환은 남성보다 여성의 발병률이 훨씬 높다. 예를 들어 루푸스 환자는 무려 90퍼센트가 여성이다. 그리고 연령으로 보면, 이 질환들 중 다수—일례로 다발경화증—가 남성보다 여성 환자의 비율이 높은 데다 여성이 이삼십 대 젊은 나이일 때 발생하는 경향이 있다. 한편 유방암은 나이 든 여성보다 젊은 여성에게서 더 공격적으로 진행하는 경향이 있으며, 매년 수십만의 젊은 여성을 신체상의 그리고 가임력의 예상치 못한 위기로 몰아넣는다.

우리 문화는 일반적으로 청년 암 환자를 간과하기에

이 인구 집단을 지지하는 몇몇 조직이 생겨났다. 예컨대 스투피드캔서(Stupid Cancer)는 청년 암에 초점을 맞추는 비영리 조직으로 청년의 연령은 15세에서 39세로 정의한다. 웹사이트에 따르면 이 연령 집단은 "매년 7만 2000건의 신규 암 진단이 발생"함에도 간과되어 왔다. "8분마다 한 건의 진단이 나오는 셈입니다. 이건 괜찮지가 않습니다! 등한시되는 이 연령층의－현재 수백만에 달하는－환자는 치료를 위한 자원이 부족하고, 충분한 지지를 받지 못하며, 더 중요하게는 주변 공동체의 인식과 이해 부족에 직면합니다."[18] 또, 내가 행사에 한 번 참석한 적 있는 퍼스트디센츠(First Descents)라는 단체는 "암에 걸린 청년(18~39세)에게 인생을 바꾸는 야외 모험을 제공"한다. 샘펀드(Samfund)는 암을 겪은 젊은이를 위한 지원금을 조성하는 비영리 조직으로, 젊은 나이에 암을 앓으면서 심적으로나 경제적으로나 얼마나 많은 대가가 따르는지를 알게 된 여성이 이제 막 성인의 삶을 시작한 암 생존자를 위해 설립했다. 유방암에 걸린 젊은 여성을 위한 청년생존연합(Young Survival Coalition)도 있다. 그리고 또 세계 각지의 청년 암 생존자들을 연결해 주는 비영리 조직 라쿠나로프트(Lacuna Loft)가 있다.[19]

암은 그나마 대중의 인식이 조금 있는 편이지만 그 밖에도 젊은 여성, 특히 유색인 젊은 여성이 유독 많이 걸리는 심각한 질병이 여럿 있다. 예컨대 루푸스는 아프리카계, 아시아계, 라틴계, 원주민 미국 여성에게서 유난히 발병률이 높다.[20] 그리고 에머리대학교에서 나온 연구에 따르면 루푸스 진단을 받은 환자 가운데 아프리카계 미국인 여성들은 더 젊은 나이에 이 병에 걸리며 더 많은 합병증을 얻었다.[21] 연구 책임자인 류머티즘내과 부교수 S. 샘 림은 이렇게 말한다.

"흑인 여성은 루푸스 발병률이 매우 높았다. 조지아주에서 흑인 여성의 루푸스 발병률은 백인 여성의 약 세 배에 달했으며 30~39세 연령 집단에서 특히 높게 나타났다. […] 이들은 한창 일을 하고 가정을 꾸리고 출산을 하는 나이의 젊은 여성들이다. 이는 곧 이 여성들의 미래가 심각하게 위태로워짐을 의미하는데 이 병은 호전과 악화를 반복하면서 남은 생애 동안 일상생활의 면면에 영향을 미칠 것이기 때문이다."[22]

루푸스, 암, 다발경화증은 젊은 여성들이 충분한 지지를 얻지 못한 채 조용히 직면하는 여러 건강 문제의 극히 일부에 지나지 않는다. 그들이 속한 공동체의 나머지 구성원들은 그들에게 아프기에는 너무 젊어 보인다고 말할 뿐이다.

모든 연령의 여성이 어떠어떠하게 보이고 행동해야 한다는 압박을 느끼지만 아직 인생의 초반에 있는 여성은 가장 활기찬 모습을 보여줄 것으로 기대된다. 역사학자 조앤 제이컵스 브룸버그가 『몸 프로젝트: 미국 소녀들의 내밀한 역사』에서 표현한 대로 그들의 몸은 일종의 "공공 프로젝트"라는 것을 그들도 안다.[23] 또 다른 여성은 온라인 문예지 '럼퍼스'(Rumpus)에 게재된 에세이에 이렇게 쓴다.

"여성으로서, 나는 내가 어떻게 보이는가가 나의 가장 큰 자산 아니면 가장 슬픈 실패로 여겨진다는 사실에 익숙하다. 그리고 신체장애가 있는 여성으로서, 나는 여성의 몸이 여성이 가진 가치의 커다란 부분을 차지하는 사회 속의 슬픈 부가물 같은 존재다."[24]

건강한 여성에게도 신체적 외모를 관찰당하는 것은 힘든

일이다. 그런데 때 이른 쇠락으로 여겨지는 것을 겪기 시작하면 여성의 몸은 갑자기 사람들의 시선에 훨씬 더 노출된 느낌을 받는다. 우리는 젊음을 건강함과, 늙음을 쇠약함과 동일시하는 경향이 있다. 우리는 관절염이 있거나 지팡이 또는 목발을 짚은 스무 살 젊은이를 보면 경계하지만, 관절염에 걸리지 않는 데 '성공한' 일흔 노인을 보면 찬탄한다. 암이나 기타 건강 문제를 겪고 있는 여성은 자신의 말을 믿지 않거나 뭘 잘못해서 그렇게 됐는지 궁금해하며 호기심을 내비치는 제삼자로부터 스스로를 방어해야 한다고 느낀다. "운동도 하고 브로콜리도 먹었는데 그런 진단을 받았습니다"라는 말을 나는 두 번 이상 들어봤다.

『정동장애 저널』에 실린 2012년의 한 연구에 의하면 여성은 암 진단을 받은 후 불안과 우울에 시달릴 확률이 남성보다 훨씬 높으며, 몇몇 유형의 암은 특히 젊은 여성에게 정신적 고통을 안겨주는 것으로 나타났다. 또한 이 연구는 일반적으로 나이와 정신적 고통이 반비례 관계에 있다는 것을 밝혀냈다. 참여자들은 나이가 많을수록 불안과 스트레스를 덜 느꼈다. 그리고 나이가 적을수록 불안을 느낀다고 보고한 경우가 많았다.[25]

그런데 증상이 나타나도 걱정하지 않는 젊은 여성들도 있다. 진단을 받기 전까지 그들은 젊은이의 몸은 어떨 것이라는 사람들의 기대에 어긋나지 않게 작동하는 몸에 너무나 익숙해져 있었고, 그래서 분명히 괜찮아지리라고 생각하는 것이다.

나는 사십 대 중반의 백인 시스젠더 여성 에린을 만나 그의 이야기를 듣는다. 그는 고등학교 2학년 때 해외에 나갔다가 돌아와서 플로리다주에 살던 언니와 함께 지냈다고 한다.

"여느 열여섯, 열일곱 여자애들처럼 저도 예뻤죠." 그가 말한다. "그을린 피부에 멋진 엉덩이, 긴 머리의 여자애였어요."
그는 당시 스물두 살이었던 언니와 함께 해변에서 많은 시간을
보냈다.

그러던 중에 이상한 멍이 눈에 보이기 시작했다. 그는 언니가
운전을 가르쳐주던 날에 차가 덜컹거리면서 생긴 멍이라고
생각했다. 어느 날 아침에는 일어나 보니 입이 피범벅이 되어
있었다. 이상했지만 살짝 걱정되는 정도일 뿐 역시 대수롭게
여기지 않았다. 어쨌든 그는 어렸고, 때는 여름이었으니까.
언니와 그는 해변에 나가려고 비키니를 입고, 선크림을 바르고,
선글라스를 챙겼다. 바다에 갈 준비가 다 됐지만 가는 길에 동네
병원에 들러보기로 했다. 의사에게 증상을 봐달라고 한 다음
백사장으로 향할 생각이었다.

그런데 의사는 에린에게 큰 병원에 가봐야 한다고 말했다.
이유는 설명하지 않았다. 에린과 언니는 비키니 차림이었고 무슨
영문인지 알 수 없었지만, 의사가 하라는 대로 했다.

병원에 가니 에린에게 혈소판을 수혈해주었고 의사들이
골수가 어떻고 하는 말을 했다. 에린은 골수에 대해 들어본
적이 있었는데 어떤 어린 여자아이가 골수를 필요로 한다는
얘기를 들었기 때문이다. 그 여자아이는 백혈병을 앓고 있었다.
에린은 어떤 상황이 벌어질지 알아차렸지만 병원 의사들은
뭐가 어떻게 된 건지 설명해주지 않았다. 그들은 에린에게 당장
매사추세츠주의 집으로 가서 곧바로 부모님에게 알리라고
말했다. 에린은 무슨 일이 일어나고 있는지 파악해보려 애쓰면서
비행기를 타고 집으로 향했다. 따사롭고 평온한 하루를 예상하며
비키니를 입고 비치백과 선글라스를 들고나온 그대로였다.

부모님은 바로 그를 병원에 데려갔다. 그리고 그곳에서 에린은 소식을 들었다. 백혈병에 걸렸고 생존 가능성이 극히 낮다고 했다. 결과적으로 그는 이겨내고 살아남았다. 하지만 그날은 바다와 태양과 젊음으로 가득할 예정이었다는 걸 그는 강조한다.

　이건 1980년대 중반의 일이었다. 당시 에린은 백혈병으로 죽은 사람들에 대해 들어봤지만 살아난 사람 이야기는 들은 적이 없었다. 그는 화학요법 치료를 두 차례 받은 후 상태가 너무 나빠져서 중환자실로 옮겨졌다. 49일간 중환자실에 있었다는 걸 지금은 알지만 그때는 네댓새밖에 안 지난 것처럼 느껴졌다. 의식이 흐릿했던 탓이다. 너무 많이 악화되어서 의사들은 결국 가족에게 그가 죽음이 얼마 남지 않았으며 병원에서 할 수 있는 건 실험적인 시도밖에 없다고 말했다. 앞으로 하루 이틀이 고비인데 그 고비를 넘기기 위해 최후의 노력을 해볼 수 있다고 했다. 그래서 의사들의 요청에 따라 가족은 혈소판 기증자를 찾아냈다. 기증받은 혈소판은 그를 살릴 수도 죽일 수도 있었다.

　에린이 안정을 찾자 친구들이 면회를 왔다고 한다. 기억하기로 그는 온갖 종류의 모니터에 연결되어 있었는데, 친하게 지내던 남자들—에린보다 몇 살 많은 대학생들이었다—이 찾아와서는 한 명씩 차례로 병실에 들어가서 누가 들어갔을 때 에린의 심장박동이 더 빨라지는지 보았다. 지금 생각해보면 기분 좋은 일이었다. 그때 그는 마음도 몰골도 엉망이었던 것을 기억한다. 몸은 수척하고 얼굴은 핼쑥하고 머리는 다 빠졌고 배는 부풀어 올라 있었다. 머리를 탐스럽게 기른 아름다운 십 대 후반의 모습은 더 이상 없었다. 처음 집에 돌아왔을 때 에린은 거울을 보며 흐느껴 울었다.

병원에 또 한 번 입원한 후에야 에린은 학교로 돌아가 수업을 들을 수 있었다. 기숙학교였고 그는 "장학생"이었다고 한다. 다른 학생들은 에린이 왜 이상해 보이는지 알고 있었지만 그래도 그는 숨기고 싶었다. 그래서 가발을 썼다. 한번은 기숙사에서 역할극을 했는데 후배 여학생들이 선배 역을 했다. 한 후배가 그의 머리에서 가발을 낚아채 자기가 쓰고는 에린 흉내를 냈다.

에린은 그 상황이 웃기고 귀여웠다고 말한다. 좋은 기억으로 남아있다. 그렇지만 이 소수의 여학생들 외에 다른 누군가에게 머리가 빠진 모습을 보여줄 준비는 아직 되어 있지 않았다.

하지만 가발을 써도 그는 눈에 띄었다. 61킬로그램이던 체중이 38킬로그램으로 줄어 있었다. 이것만으로도 충분히 튀었다. 그런 데다가 포트까지 달고 있었다. 포트는 환자의 피부 바로 밑에 이식해서 항암제와 기타 액체가 혈류 속으로 쉽게 주입되도록 하는 장치다. 의사들은 에린에게 포트의 위치를 가슴 사이와 겨드랑이 옆 중에 선택하라고 했다. 후자가 조금 더 힘들다고 했다. 그는 가슴 사이에 뭔가 튀어나와 있는 게 싫어서 더 힘든 쪽을 택했다. 그런데 워낙 마른 상태였기 때문에 그나마 안 보이는 위치에 심은 그 포트조차도 해골처럼 앙상한 그의 몸에서 비어져 나와 보였다고 그는 말한다.

중환자실에 있는 동안 수업을 놓쳤지만 에린은 이미 대학에 지원하고 합격한 상태였다. 그리고 부모님이 고등학교와 싸워준 덕에 무사히 졸업을 했다. 이듬해 대학 1학년생이 되고 백혈병이 차도를 보이고 있었던 그는 학교의 여느 다른 젊은 여성과 달라 보이지 않으려고 애썼다. 원래는 아주 어두운 갈색이었던 모발이 다시 자라기 시작하면서 밝은 금발로 바뀌었다. 사람들은 젖빛

머리라고 불렀는데, 일부러 탈색한 거라고 생각했다. 당시 인기 있었던 가수이자 양성적인 스타일로 유명했던 애니 레녹스처럼 머리를 짧게 자르고 색을 뺀 줄 알았던 것이다. 에린은 어떻게 그런 새로운 외모를 갖게 되었는지 다른 학생들에게 말하지 않았다.

　얼마 전에 겪은 엄청난 경험을 숨기면 건강에 아무런 문제가 없는 사람으로 '패싱'될 수 있지만, 동시에 큰 압박이 따를 수 있다는 것을 이제 나는 안다. 당신의 건강에 대해, 또는 당신이 이 세상에 더 이상 존재하지 못하게 될 뻔했던 경험에 대해 아무한테도 이야기하지 않으면 아무도 당신을 지지해야 한다는 생각을 하지 못한다. 게다가 에린처럼 건강상의 시련을 자신만 알고 열심히 숨기는 젊은 여성에게는 가벼운 잡담도 자신의 정체를 드러내지 않으면서 조심조심 통과해야 하는 부담스러운 일이 된다. 수업을 같이 듣는 친구의 악의 없는 질문—"머리 정말 예뻐요! 어디서 했어요?"—에 갑자기 말문이 막히는 상황이 생기는 것이다. 털어놓지 않으면 물어본 사람은 당신이 "어, 고마워요!"라고 한 다음 뭐라고 해야 할지 생각하는 동안 당신의 머릿속이 항암 치료실로 되돌아가 있다는 사실을 전혀 생각지도 못한다.

4

브렌다가 신경 증상을 1년간 겪은 후 일차의료 주치의는 그에게 신경과에 가보는 것이 좋겠다고 했다.

"그래서 처음 찾아간 신경과 의사가 제게 꾀병 아니냐고 묻더군요." 그가 말한다.

당시 스물여덟 살로 정치 관련 일을 하던 브렌다는 왼쪽 팔다리가 둔해지더니 나중에는 오른쪽도 둔해지는 증상을 겪었다. 마라톤을 했는데 함께 뛴 트레이너가 그의 다리 움직임이 바뀌는 걸 보았다고 했다. 그러나 의사는 그게 정말이라고 믿지 않았다.

"의사가 정확히 뭐라고 했는지 아직도 기억해요." 그가 말한다. "'그런 증상이 실제로는 없을 수도 있지 않을까요? 심리적인 문제일 수도 있겠죠?'"

이 말에 "저는 충격을 받았고 어안이 벙벙했어요. 그래서 '아뇨, 지어내는 게 아니에요' 같은 말을 했습니다"라고 브렌다는 말한다. 그는 병원에서 나와 차로 가서 울었다.

나는 그에게 그 병원에 다시 갔는지 아니면 바로 두 번째 의사를 찾아갔는지 묻는다. 왜냐하면 아무리 의사가 환자에게 끔찍한 기분을 느끼게 하거나, 전문가답지 못한 언행을 하거나, 편견이 심하거나 해도 어쨌든 의사이고 '전문가'이니 건강 문제는 이 사람에게 맡겨야 한다고 생각하는 경우도 있기 때문에 물어보는 거라고 나는 설명한다.

"오 아뇨, 절대 안 갔죠!" 그가 말한다. "아직도 그 의사의 얼굴이 떠오르고 이름도 잊을 수 없어요. 성이―철자는 다르지만―스페인어로 멍청하다는 뜻이었거든요. 그래서 지금 웃는 거예요." 이어서 "다행히도 저는 고용주를 통해 훌륭한

건강보험에 가입되어 있고, 그 의사는 두 번 다시 찾아가지
않았습니다"라고 말한다.

"휴. 듣기만 해도 제가 다 피가 끓네요." 내가 말한다. 그리고
첫 신경과 의사와 나눈 대화 때문에 다음 의사를 만나는 것도
걱정되었는지 묻는다.

그다음에 찾아간 곳은 일류 대학병원이었다며 그는 이렇게
말한다.

"거기서도 제가 지어낸 거라고 본다면 그때는 다시
살펴봐야겠다고 생각했습니다. 하지만 마음속에서는 그렇지
않다는 걸 알고 있었죠."

잠깐만. 나는 브렌다의 대답을 들으면서 생각한다. 그런
증상을 다 지어낸 것으로 치부했던 의사가 아니었다면 애초에
그는 자신이 꾀병을 부린다는 의심이 들 일도 없었을 것이다.
그는 그런 증상들이 실제로 있다는 걸 알았고, 트레이너도 알았다.
일차의료 주치의도 알았던 것으로 보인다. 그런데 그 전문의라는
사람의 반응 때문에 브렌다는 1년 동안 진행되어온 신경 증상이
분명히 있는데도 스스로를 의심하게 되었다.

"맞아요." 그가 말한다. "꾀병이라는 생각은 해본 적도
없습니다. 머릿속을 스친 적도 없어요. 주치의도 그런 의심은 하지
않았습니다. 트레이너도 뭔가 이상하다는 걸 알았고요. 그 의사
말고는 누구도 그런 얘기는 한 적이 없었죠." 그런데 "진짜 그
의사의 말 때문에 제 심리 상태에 의문을 갖게 된 겁니다. 그래서
상담을 받기 시작했어요. 그냥 확실하게 알고 싶어서요."

그 의사가 진료 한 번으로 이 모든 걸 다 해낸 것이다. 그리고
이런 일은 다른 여성들에게도 일어난다.[1] 의사는 권력과 권위를

가지고 있고 그 때문에 환자는 스스로를 의심하기 쉽다. 하지만 브렌다는 그런 식으로 휘둘려서는 안 되었다는 걸 깨달았다. 며칠 뒤 그는 그 의사가 근무하는 병원에 연락해서 있었던 일을 이야기했다. 그러나 아무런 연락도 받지 못했다. 그 의사가 병원에서 계속 환자들을 보고 있을 거라 생각하니 너무 화가 났다.

몇 년이 지난 지금 브렌다는 더 이상 마라톤을 뛰지 않는다. 이제 그는 걸을 때 보조 장치를 사용한다. 증상이 눈에 보일 정도가 되었다. 나는 그에게 첫 신경과 의사를 만났을 당시에 그의 정체성 중 어떤 부분에 의사들이 편견을 가질 수 있을 거라 생각했는지 묻는다. 젊은 나이? 젠더? 인종?

"장애가 겉으로 잘 드러나지 않았던 그때, 저는 제가 라틴계 여성이어서 진지하게 받아들여지지 않을까 봐 걱정했어요."

그가 답한다. 그리고 신경 질환으로 인한 장애가 눈에 훨씬 잘 띄게 된 지금, 그는 누군가와 같이 있을 때 사람들의 태도가 크게 다른 것을 실제로 느낀다.

"백인 남성인 남편이 라틴계 여성인 저보다 더 많은 일을 가능하게 한다는 걸 잘 알게 됐죠." 남편이 병원 직원들의 관심이나 존중을—그리고 결과적으로 행동을—더 많이 끌어낸다는 이야기다. 그래서 남편은 그가 병원에 갈 때 거의 항상 같이 간다.

나는 브렌다에게 그 이야기를 들으니 나도 비슷한, 웃기지만 웃을 수 없는 순간들을 겪은 적이 있다고 말한다. 백인 유대계 여성인 나는 인종차별은 크게 걱정하지 않아도 된다. 그러나 의사들은 내가 여자, 그것도 젊은 여자라서 무시할 때가 더러

211

있다. 그렇다 보니 몇 년 전에 사이먼은 내가 병원에 갈 때마다
원하면 같이 가겠다고 말했고, 나는 그러면 진료 예약 시간에
맞춰서 만나자고 했다. 그가 남자이고 그것도 나보다 나이가 조금
더 많아 보이는 남자이니 도움이 될 수 있겠다 싶었다. 그런데
사이먼과 나는 이런 농담을 했다. 그가 흑인 남성임을 생각하면,
의사가 하필 여성혐오자보다는 인종차별주의자 성향이 더 짙은
사람일 경우 굳이 같이 가서 득 될 게 하나도 없을 거라고. 의사가
진료실에 남자가 있는 것을 더 신경 쓰는 경우에만 사이먼이
사회적으로 부여받은 남성이라는 권위가 그의 인종과는 상관없이
도움이 될 것이었다. 의사에 따라서는 그의 존재가 오히려 해가
될 수 있는 것이 현실이니까.

나는 브렌다에게 이런 계산을 해보는 게 얼마나 우스운
일이냐고 말한다. 인종차별주의자보다는 성차별주의자인
의사를 만나기를 바라다니! 농담처럼 들리지만 브렌다는 현실이
그렇다는 데 동의한다.

내가 사이먼을 병원에 데려가고 싶었던 건 아마 신뢰받는
의사가 나를 성희롱했던 기억에 뿌리를 둔 바람이었을 거란
생각이 든다. 당시 진료실에는 의사와 나 외에 성별과 인종을
불문하고 다른 사람은 아무도 없었다.

‡‡‡

의료 영역에서 젊은 여성에 대한 편견은 크게
다음과 같은 몇 가지 방식으로 나타난다. 우선, 의료 서비스를
받기 위해 찾아간 의원이나 병원에서 의사가 우리 말을 믿지
않을 때 편견이 모습을 드러낸다. 수천 년 동안 그랬다. 또한

의료인의 성희롱이나 성추행처럼 좀 더 직접적인 폭력으로 나타날 수 있다. 그런가 하면 의사와 환자 사이를 넘어 더 일반적인 차원에서 눈에 보이지 않는 방식으로 늘 발생하기도 한다. 젊은 여성, 유색인 여성, 나아가 여성 전체를 간과하는 건강 연구가 이에 해당한다. 전문의를 포함해 여러 의사를 대면해야 하는 젊은 여성에게는 이 모든 힘들이 작용할 수 있다. 엘패소의 고등학교 신임 교감 미리엄은 유방암이 3기까지 진행되고 나서야 진단을 받았다. 의사들이 좀 더 일찍 그의 말을 경청했더라면 결과는 달랐을 수 있다. 그는 가슴에서 멍울을 발견했을 때 주치의에게 이야기했다. 그리고 초음파 검사를 받았는데 의사는 이상이 없다고 했다. 얼마 후 또 다른 멍울을 발견하고서 다시 병원을 찾았다. 이번에도 의사는 괜찮다고 하면서 염증일 수 있으니 항생제를 복용하는 게 좋겠다고 말했다.

그러다가 증상이 악화되었다. 척추에서 어깨뼈까지 이어지는 극심한 통증이 생기고 브래지어에 피가 묻어났다. 의사는 계속 큰 문제는 아닌 것 같고 암은 아니며 괜찮다고 했다.

마음속 한편에서 그건 아니라고 말하는 목소리가 들려왔지만 미리엄은 너무 주눅이 들어서 자신보다 권위 있고 지식도 많은 의사의 말을 차마 반박할 수 없었다고 한다.

"박사 학위나 의사 면허나 아무튼 그런 게 있는 의사에게 감히 어떻게 이의를 제기하겠어요?" 그가 말한다. "저보다 똑똑하고 경험이 많은 사람, 나이가 많은 사람, 믿어야 하는 사람에게 틀렸다는 말을 어떻게 하겠습니까?" 미리엄은 자신이 얼마나 힘이 없다고 느꼈는지, 어째서 의사는 그의 증상을 무시할 수 있었는지 돌이켜 생각해보면 "제가 속한 히스패닉이라는 문화권 때문만은 아니라고 봐요. 제가 젊고 소심했기 때문이었던 것 같아요"라고 말한다.

미리엄이 네 번째로 병원을 찾아가 브래지어에 피가 묻은 이야기를 했을 때 이미 초음파 검사를 두 번 받은 상태였다.

"의사가 '뭘 더 해주길 원하는 건지 모르겠네요'라고 하더라고요. 속에서 분통이 치밀었죠." 미리엄이 말한다. "그리고 참지 못했습니다… 뭘 더 해주길 원하느냐니 그게 무슨 소리냐며, 당연히 다른 검사를 해봐야 한다고 얘기했어요."

결국 의사는 그럼 MRI를 찍어보자고 말했다.

그런데 이렇게 다음 단계가 갑자기 구체화됐지만 미리엄은 안내 사항을 듣지 못했다. 그는 유방 MRI 검사는 아무 데서나 할 수 있는 게 아니라거나 월경이 끝나고 며칠 안에 받아야 한다는 것을 알지 못했다. 그는 필요한 검사를 받기 위해 힘겨운 싸움에 임하면서 모든 정보를 난생처음 습득해야 했다. 하필 12월 말이어서 의료 기관 대부분이 문을 열지 않았다. 해를 넘기고 유방 전문 병원에 찾아갔는데 직원이 4월까지 기다려야 진료가 가능하다고 말했다.

그러고 끝이었다. 유두에서 피가 섞인 분비물이 나오고 극심한 통증에 시달리던 미리엄은 몇 달 동안 예약이 다 찼다는 이야기를 듣자 울음을 터뜨리고 말았다. 직원들이 그의 반응을 보고는 좀 더 일찍 검사를 받을 수 있게 다른 예약들 사이에 예약을 잡아보겠다고 했다.

다음 장애물은 보험이었다. 겨우 받을 수 있게 된 MRI 검사 비용을 보험사에서 부담하지 않으려 했다. 그리고 짐작건대 그가 40세가 안 되었다는 이유로 보험사는 유방 촬영 비용도 지불을 거절했다.

"여성은 이런 온갖 장애물에 부딪힙니다. 그러다 보면 어느 순간 포기하게 되죠." 미리엄이 말한다. "포기했다면 저는 지금 이 자리에 있지 못했을 거예요."

우리는 의료 시스템이 우리를 옹호하거나 보살펴주리라는 믿음을 갖기가 힘들다. 우리는 우리의 권리가 무엇인지 분명하게 알고 적절한 서비스를 받기 위해 계속 밀어붙여야만 한다.

"저도 정말 그게 문제라고 생각해요. 그리고 많은 부분이 나이가 젊고 뭘 잘 모른다는 것과 관련이 있다고 생각합니다." 그가 말한다.

"저는 거기서 나와서 다른 병원을 찾아가도 되는 줄 몰랐어요… 그렇게 해도 제가 든 보험으로 진료비가 보장된다는 걸 몰랐습니다." 이를테면 그는 그 의사가 써준 영상의학과에 꼭 안 가도 된다거나, 환자는 병원에 갈 때마다 의무 기록 사본을 요청할 수 있다거나, 처음에 보험회사에서 필요한 검사의 비용 부담을 거절할 경우 담당 의사가 보증을 해줄 수 있다는 것 등을 알지 못했다.

결국 미리엄은 스스로를 변호해가며 더 많은 검사를 받았다. 다른 의사가 생체검사를 실시했고 결과가 나올 때까지 조마조마한 마음으로 며칠을 기다린 후 남편과 병원을 다시 찾았다. 그는 검진 테이블 끝에 걸터앉아 공중에 뜬 발을 흔들며 의사를 기다렸다.

"의사가 걸어 들어왔는데 이 의사는 말투가 정말 사무적이거든요." 그가 말한다. "'그렇네요, 암이네요'라더군요."

미리엄은 그때의 기분을 이렇게 설명한다.

"뇌와 입과 심장이 따로 노는 것 같았어요. 토할 것 같았죠.
마치 누군가 제 목구멍에 손을 집어넣어 심장을 끄집어낸 듯한
기분이었어요."

의사는 할 말을 계속했다. "진료 예약을 잡으셔야겠습니다."
의사가 미리엄에게 말했다. "이삼 주 뒤에 다시 오시죠. 그때
뵙죠."

미리엄은 혼이 나간 기분이었지만 다음 진료 때는
뭘 하느냐고 간신히 물어보았다.

"음, 유방절제술을 한쪽만 받을지 양쪽 다 받을지 그때
알려주셔야 할 겁니다." 의사가 말했다. 설명은 없었다. 그간
조사를 해봐서 이때는 '유방절제술'(mastectomy)이란 단어는
겨우 알고 있었다. 직접 찾아보지 않았다면 무슨 뜻인지 감도
못 잡았을 것이다. 의사는 그게 뭔지 설명해줄 기미가 없었다.

그는 의사에게 그게 다냐고 물었다. 의사는 그렇다고 답했다.
남편이 그럼 미리엄이 아이를 갖는 데 문제가 생길 수 있느냐고
물었다. 그렇다고 의사는 답했다. 다른 말은 전혀 없었다.

미리엄은 눈물을 터뜨렸다. 남편이 그를 안아주었다.
전화벨이 울렸고 의사는 가버렸다.

"말을 정말 밉게 했죠." 미리엄이 말한다. "'아하, 그래요.
어이쿠! 이렇네요' 이런 식이었어요."

그날 이 의사는 미리엄에게 암이 몇 기까지 진행됐는지
알려주지 않았으며 유방암은 여러 종류가 있다는 사실조차
말해주지 않았다. 나중에 또 다른 의사를 찾아가서야 알게 됐다.

의사가 자리를 뜨고 나서도 미리엄은 계속 눈물이 나왔다.
간호사가 티슈를 건넸고 필요하면 얼마든지 더 있다가 가도

된다고 말했다. 미리엄은 의사의 얼굴은 잊었지만 잠시나마 안도감을 느낄 수 있게 친절을 베풀어준 그 간호사는 기억한다.

그렇지만 내가 인터뷰한 다른 여러 여성과 마찬가지로 미리엄도 의사들의 입장을 이해한다고 말한다. 그런 순간에 환자를 차갑거나 매몰차게 대할지라도 말이다. 아마 스스로를 보호하려고 그러는 것일 테고, 의료 행위의 인간적인 측면에 어쩔 수 없이 둔감해진 탓일 거라고 그는 말한다. 얼마 더 못 살 수도 있는 환자를 보는 일을 버텨내기 위한 일종의 방어 기제라는 얘기다.

이후 어느 날 아직 마흔이 안 된 젊은 여성이 미리엄을 찾아왔다. 이 여성은 이상한 증상이 있어서 유방암이 아닐지 걱정된다고 했다. 그러면서 다니는 병원 의사의 이름을 말했는데, 미리엄에게 네 번의 진료를 보는 동안 계속 더 우려할 만한 증상이 발견되었음에도 아무 이상 없다고 말한 그 의사였다. 미리엄은 똑같은 일이 반복되고 있다는 걸 깨달았다. 그 의사는 미리엄과 비슷한 증상을 보이는 40세 미만의 환자를 진료하면서 미리엄에게 그랬던 것처럼 괜찮다고 말하고 있었다.

미리엄은 몹시 화가 났다. 그는 이 젊은 여성에게 병원을 옮기라고 말했다. 똑같은 패턴이 반복되는 걸 어떻게 멈출 수 있을지 알고 싶었다. 의사를 고소하는 것도 생각해보았다. 그러나 그가 사는 지역에서 의료 소송의 시효는 환자가 최종 진단을 받은 시점이 아닌 증상 발현 시점부터 2년으로 규정되어 있었다. 당시 그는 암 치료를 받는 중이었고 시효 기간은 끝나가고 있었다. 상담한 변호사는 본인의 입장에서 힘든 소송이 될 것이며 비용도 많이 들 거라고 말했다. 그러면서 텍사스주 의료 위원회에 민원을 넣는 방법이 있다고 했지만 미리엄은 거기까지 할 기운이 나지 않았다. 그는 항암 치료를 견뎌내는 중이었다.

미리엄은 최소한 그 의사를 만나서 이야기라도 해보고 싶다고 말한다. 그에게 계속 이상 없다고 말했을 뿐만 아니라 다른 젊은 여성에게도 똑같이 그랬던 그 의사를 한번 만나보고 싶다. 검사를 받기까지 그렇게 오래 지체한 끝에 결국 1기도 아닌 3기 암 진단을 받았다고 그 의사에게 따지고 싶다. 환자를 진지하게 대하지 않은 것이 실제로 어떤 대가를 불러왔는지 보여주고 싶다.

미리엄은 다른 의사와 있었던 일화—아마도 좀 더 희망적인—하나를 풀어놓는다. 암 치료를 한창 받던 중에 미리엄은 몸 상태가 좋지 않아 어전트케어클리닉(urgent-care clinic, 응급 시 예약 없이 방문해 간단한 처치를 받을 수 있는 의료 시설—옮긴이)에 갔다. 그곳에서 미리엄과 비슷한 나이의 여성 의사에게 진료를 받으면서 그동안 있었던 일을 이야기했다. 진단 기회를 여러 번 놓쳤다는 이야기와 함께 첫 의사가 그가 겪던 증상의 긴급성을 어떤 식으로 재차 무시했는지 들려주었다.

그때 어전트케어 의사가 울기 시작했다.

미리엄은 어떤 개인적인 기억이 떠올라서 그러는 건가 싶어 물었다. "지인 중에 암을 앓는 분이 있으세요?"

"아뇨." 의사가 말했다. "그런 건 아니에요." 그리고 이렇게 털어놓았다. "저라도 그 의사와 똑같이 했을 것 같아서요. 초음파 검사 결과를 보고 판단했을 겁니다. 이상 없어 보인다고 생각했을 거예요."

미리엄은 의사에게 우리가 이런 대화를 나누게 된 이유가 있는 것 같다며 이렇게 말했다.

"제 이야기를 꼭 기억해주세요. 그리고 환자 한 명 한 명을 개인으로 대해주세요. 환자의 이야기에 귀를 기울여주세요. 환자가 자기 몸을 제일 잘 알아요."

의사는 그를 안아주었다.

╫

나는 지하철을 타고 컬럼비아대학교로 가서 사회과학 학과장이자 『DNA의 사회적 삶: 게놈 이후의 인종과 배상 그리고 화해』, 『몸과 영혼: 흑표당과 의료 차별에 맞선 싸움』 등 의학과 인종에 관한 여러 권의 책을 쓴 알론드라 넬슨을 만난다. 돔 지붕이 얹힌 로마 양식의 유명한 건물 안에 있는 그의 연구실 테이블에 마주 앉아 나는 그에게 인정하건대 이상하게 들릴 수 있는 질문을 한다. 오늘날까지 지속되고 있는 의료 차별의 여러 지독한 유형 가운데 데이터 기록이 있으면서 특별히 더 끔찍해 보이는 유형을 하나만 꼽을 수 있겠느냐는 질문이다. 그 수많은 억압의 징후들을 추려서 이야기해보자는 것이 어찌 보면 어리석은 일 같겠지만 어쨌든 나는 그가 보기에 무엇이 유독 두드러지는지 궁금하다.

"통증에 관한 최근 연구들이 꽤 있어요. 또 낙인과 범죄자화, 그리고 이 세 가지의 위험한 동맹이라 할 만한 것에 관한 연구들도 있고요." 그의 말에 따르면 유색인은 통증이 있다고 말했을 때 의사가 믿지 않는 일을 아마 유난히 많이 경험할 것이다. "유색인은 언제나 신뢰할 수 없는 화자로 여겨집니다. 신뢰할 수 없는 화자일 뿐 아니라 범죄자나 중독자, 또는 치료나 통증 완화를 바라기보다 약을 구하고 싶은 사람으로 취급되죠."

노스웨스턴대학교 박사 후 연구원으로 있는 켈리 호프먼은 동료들과 함께 수행한 2016년 연구에서 의사들이 백인 환자의 통증보다 흑인 환자의 통증을 더 무시한다는 과거의 연구 결과들을 이해하고자 했다. 이 연구는 "상당수의 백인 일반인과 의대생 및 전공의가 흑인과 백인의 생물학적 차이에 대해 잘못된 믿음을 갖고 있다"는 것을 밝혀냈다. 즉, 그들은 한 인종이 다른 인종보다 신경 말단이 더 많다거나 피부가 더 두껍다거나 면역계가 더 강하다거나 하는 그릇된 관념을 가지고 있었다.[2] 조사 대상자의 무려 절반이 이와 같은 관념 중 최소 하나가 사실이라 믿고 있는 것으로 나타났다. 그리고 이런 잘못된 믿음을 가진 이들은 흑인 환자의 통증을 이해하고 치료를 처방하는 방식에서 인종적 편견을 드러냈다. 요컨대 그들은 흑인 환자의 통증을 심각하게 받아들이지 않았다.

여성의 몸과 관련한 인종적, 계급적 고정관념은 긴 역사를 가지고 있다. 바버라 에런라이크와 디어드러 잉글리시가 『불평과 장애: 병의 성 정치학』에서 서술하듯 19세기 말과 20세기 초에 "부유한 여성은 태생적으로 아프며 가장 가벼운 수준의 취미 활동 외에 무엇을 하기에는 지나치게 약하고 여리다고 여겨진 반면에 노동계급 여성들은 태생적으로 건강하고 튼튼하다고 생각되었다."[3] 이런 유해한 고정관념은—다른 문제들도 있지만 특히—의료 접근성의 차이를 가져왔을 뿐 아니라 사회적 격차를 강화하고 나아가 자본주의를 공고히 하는 데 기여했다. 유한계급 사람들은 가벼운 활동과 휴식을 계속하면 되었지만 "'누군가는' 일을 할 만큼 건강해야 했다"라고 에런라이크와 잉글리시는 쓴다.

당시의 한 의사가 언급한 바에 따르면 전형적인 흑인 여성, 즉
"남부의 밭에서 남편과 나란히 고되게 일하는" 혹은 "북부의 우리
가정에서 씻고 닦고 고되게 일하는" 흑인 여성은 마침 다행히도
"대체로 건강을 누리며 자궁 질환에 비교적 잘 걸리지 않는다".[4]
에런라이크와 잉글리시는 이러한 태도가 그 시대의 생각을
대표한다는 것을 알게 된다. (그리고 나는 저 의사가 쓴 "우리
가정"이라는 표현이 그의 본심을 한층 더 노골적으로 드러낸다고
본다.)

　　몸과 인종과 통증을 둘러싼 이런 종류의 생각은 훨씬
더 먼 과거로 거슬러 올라간다. 백인이 미국에서 노예제를
정당화하기 위해 사용한 근거 중 하나가 바로 그것이다. 호프먼과
공저자들은 이 불순한 의도의 주장을 인지하고 있다. 그들은
"흑인과 백인이 근본적으로 그리고 생물학적으로 다르다는
믿음은 수 세기 동안 다양한 형태로 존재해왔다"라고 쓴다.
"미국에서 이러한 믿음은 과학자, 의사, 노예 소유자 등이
하나같이 옹호했는데 노예제도를 정당화하고 또 의학 연구에서
흑인 남성과 여성을 비인도적으로 취급하는 행위를 변명하기
위해서였다."[5] 그런데 이런 잘못된 관념은 아직도 사라지지 않고
있다.

　　인종과 계급에 관한 고정관념이 환자가 통증을 느끼는
정도에 대한 의료인의 시각에 영향을 주는 것은 의심할 여지 없는
사실이지만, 어떤 그릇된 믿음은 출신 배경과 상관없이 여성에게
훨씬 폭넓게 영향을 미친다. 2001년의 한 연구에 의하면
의료인들은 여성의 통증을 덜 심각하게 받아들이고, 남성의
통증과 비교해 여성의 통증을 "감정적"이고 "심인성"이며 "진짜가

아닌" 것으로 치부해 무시하는 사례가 더 흔하며, 신체적으로 매력이 있는 여성의 경우 심지어 아프지 않다고 여기는 것으로 나타났다.[6] "관절이 아파서요"라고 말했을 때 "그렇지만 당신은 건강해 보이는데요!"라는 반응을 들은 적이 있는 우리에게 이와 같은 연구 결과는 그리 놀랍지 않다.

넬슨은 인종차별주의, 성차별주의, 여성혐오는 의사와 환자가 진료실에서 첫 만남을 시작하는 순간부터 존재한다고 말한다. 이런 종류의 편견 또는 편협은 "어떤 질환이 발생했을 가능성 혹은 환자가 느끼는 문제를 해결할 수 있는 방법에 대해 아직 아무도 한마디도 안 했을 때부터" 그 공간 안에 들어와 있다는 것이다. "그러니까 이 말은… 유색인과 가난한 사람의 말은 도무지 믿어주지 않는다는 것"이다. 의사들은 대개 "통증이 있다는 주장에는 항상 다른 속셈이 있다"고 생각한다.

넬슨은 인간의 고통, 인간의 취약성이란 우리가 인간 존재를 하나로 묶는 보편적인 실을 찾고자 할 때 흔히 기대는 것이라는 점이 특히 곤란한 문제라고 지적하며 이렇게 말한다.

"그래서 '우리는 다른 음식을 먹고, 우리는 다른 언어를 사용하고, 우리는 다른 신을 믿는다. 하지만 우리는 다 같은 인간이며, 우리 모두는 인간이기에 취약하다' 같은 말을 할 수 있는 겁니다. 그런데 바로 그런 취약성, 바로 그런 고통의 감각 자체가 의심을 받으면 병이 낫기란 요원한 일이 되고 말겠지요."

사미라라는 이름의 여성은 "스물아홉 살 유색인 여성이자 펨드로지너스('femme'과 'androgynous'를 결합한 말로 양성적인 이미지를 추구하되 남성을 지향하는 것에 반대하여 여성성을 강하게 드러내고자 한다-옮긴이) 유색인"으로, 열세 살에 퀴어로 커밍아웃했으며 퀴어 관계를 맺기 시작한 것은 스물네 살 때 뉴욕으로 이주한 이후라고 쓴다.

"저는 열여덟 살에 외상 후 스트레스 장애 진단을 받았습니다." 그가 이야기한다. "그리고 스물두 살에 다낭성 난소 증후군(PCOS) 진단을 받았습니다. 스물네 살 때 저의 정신건강 진단명은 복합 외상 후 스트레스 장애로 바뀌었습니다. 스물여섯에는 갑상샘 저하증이 왔습니다. 스물여덟에는 극심한 과민 대장 증후군에 걸렸습니다. 그리고 한 달 전, PCOS와 관련된 인슐린 저항성 문제 때문에 메트포르민을 복용하기 시작했습니다."

이처럼 여러 심각한-게다가 진단이 내려진-건강 문제를 겪고 있음에도 사미라는 의사들로 하여금 자신의 말을 듣게 할 수 없다.

"저는 만성 통증을 달고 살아요." 그가 쓴다. "그런데 담당 의사들은 통증을 일시적으로나마 경감시킬 수 있는 어떤 형태의 처방도 해주지 않습니다. 의사들은 제 상태의 일부가 된 통증, 탈진, 불안, 우울 같은 것들이 제게 도움이 될 약을 줄 충분한 이유가 된다고 보지 않아요. 그래서 저는 가능할 때 침을 놓아보기도 하고, 일주일에 두 번 심리치료를 받으러 갑니다." 게다가 "저는 호모포비아와 오진도 겪어왔어요"라고 한다. 또한 사미라는 그의 통증이 치료까지 해야 할 건 아니라거나 심지어는 진짜가 아니라는 통념도 마주해온 것으로 보인다.

여성의 통증을 무시하거나 믿지 않는 것은 수 세기의 역사가 있는 일이다. 이 문제는 너무나 방대해서 도무지 정리가 안 될

정도이고 역사적으로 너무나 만연해왔기에 간단히 요약하기가
어렵다.

누군가 내게 테드(TED) 강연을 추천해준다. 연사 제니퍼
브레아는 박사과정생이었는데 어느 날 열이 40.4도까지 올랐다.[7]

"열이 내린 뒤 3주 동안 너무 어지러워서 집 밖에 나가지
못했습니다." 그가 말한다. "문으로 들어가려다가 문틀에
직통으로 부딪치곤 했어요. 화장실에 갈 때도 벽을 껴안듯이
붙잡아야 했죠."

얼마 후에는 염증도 잇따라 발생했다. 의사들은 아무 이상
없다고 말했다. 그러다가 신경 증상이 나타나기 시작했다. 원을
그리면 오른쪽 반을 완성하지 못했다. 때로는 아예 움직일 수가
없었다.

신경과 의사는 전환장애라고 진단했다. 전환장애는
히스테리의 다른 말이다. 의사는 그가 아직 마주한 적 없는 어떤
트라우마가 통증을 유발하는 것인지도 모른다고 했다. 즉, 통증은
머릿속에 있다는 얘기였다.

이 잘못된 진단을 받고 나와서 그는 집까지 3킬로미터가
넘는 거리를 걸어서 갔다. 그를 사정없이 공격하는 극심한 통증을
어떻게 그의 몸이 조작해냈다는 것인지 이해해보려고 일부러
무리를 한 것이다. 그렇게 걸은 후 그는 완전히 무너져 내렸다.
움직일 수 없었고, 생각도 할 수 없었다. 그 이후로 그는 전과 같은
상태로 다시는 돌아갈 수 없었다고 말한다.

그의 병은 근육통성 뇌척수염으로 밝혀진다. 여성혐오자
의사가 주장할 법한 어떤 상상의 증후군이 아니었던 것이다.
이전에는 만성피로 증후군이라고 알려졌던 이 질환은 의료계에서

간과되는 경우가 흔하지만 많은 이들에게 극히 심각한 문제를 야기한다.

"제 병을 둘러싼 무지는 선택이었습니다." 그가 말한다. "우리를 보호해야 할 기관들이 한 선택이었어요." 그리고 근육통성 뇌척수염은 "남성보다 여성의 발병률이 두세 배 더 높습니다"라고 알리면서 이렇게 말한다. "이건 제 병만의 문제가 아니에요. 훨씬 더 큰 문제죠. 제가 처음 아팠을 때 옛 친구들이 저에게 연락을 해왔어요. 그리고 몸이 무너지는 경험을 하고 있는 이십 대 후반 여성이 저만이 아니라는 걸 곧 알게 되었습니다. 놀라운 건 다들 진지하게 받아들여지는 데 정말로 많은 어려움을 겪고 있다는 것이었어요."

브레아는 어떤 여성의 이야기를 떠올린다. "자가면역 결합조직 질환의 하나인 피부경화증을 앓고 있던 한 여성은 몇 년 동안 그의 증상이 전부 머릿속에서 나온 것이라는 말을 들었습니다." 증상을 처음 겪기 시작한 시점부터 마침내 제대로 된 진단을 받기까지 시간이 지나는 동안 이 여성은 "식도가 완전히 손상되어 다시는 음식을 먹을 수 없게 되었습니다"라고 브레아는 말한다.

그런데 이와 같은 의료계의 불신은 자가면역 문제에만 국한된 것이 아니다. 이러한 편견은 여성이 앓을 수 있는 온갖 질환의 치료에 영향을 미친다. 브레아는 "몇 년간 조기 완경 때문이라는 말만 들었던" 증상을 겪은 어느 여성에 대해 이야기한다. 그의 증상은 난소암으로 인한 것으로 밝혀졌다. 그리고 여러 해 동안 불안증이라는 오진을 받았던 대학 친구도 있다고 브레아는 이야기한다.

그 친구의 병은 사실 뇌종양이었다.

대니엘은 여성 암을 전문으로 하는 부인 종양학 의사다.
그 자신도 BRCA 유전자 돌연변이─유방암 발생 위험을 높이는
돌연변이─가 있어 예방 차원에서 양측 유방절제술을 받기로
했다. 수술을 얼마 앞둔 시점에, 그리고 수술 후에 나는 그와
이야기를 나눈다. 경미한 부작용을 제외하면 수술은 비교적
잘되었다. 어쨌든 그는 자신의 환자들이 어떤 일을 겪는지 조금
알게 되었다고 한다.

　"의사라고 해서 더 나은 환자가 되는 건 아닌 것 같아요."
그가 말한다. "환자가 되어보니 더 나은 의사가 된 것 같기는
합니다."

　그는 수술을 받기까지 큰 두려움을 느꼈다. 수술이 잘될까?
괜찮아질까? 의사는 그가 원하는 대로 그날 바로 재건 수술도
진행할까? 아니면 수술 후 깨어나고서야 그렇게 동시에
진행하기에는 너무 복잡해서 못 했고 몇 달 더 기다려야 원래
자신의 모습을 되찾을 수 있다는 걸 알게 될까? 이제 대니엘은
그가 곧 수술을 시행하려는 여성들에게 좀 더 공감을 느낀다고
한다. 그리고 심각하진 않았지만 그가 겪었던 주요 부작용은
그가 환자들의 증상과 통증에 주의를 기울이거나 기울이지 않는
방식을 바꿔놓았다.

　"수술을 받은 다음 날 왼쪽 팔이 마음대로 움직이지
않았어요." 그가 말한다. "그런데 다들 이렇게 말하더라고요.
'아, 그래요. 그런데 주로 쓰는 팔이 아니니까 너무 놀랄 일은
아닙니다.' 그러면 저는 '그렇군요. 일리 있는 말 같네요'라고

대꾸했죠."

하지만 대니엘은 양팔 다 90도 움직일 수 있어야 한다는
걸 알았다. 오른쪽 팔은 그럴 수 있었다. 그런데 왼쪽은 아직
45도까지밖에 안 올라갔다. 의사들은 계속 "오른팔이 더 강해서
그래요"라며 같은 말을 되풀이했다. 그는 그들의 말을 들을
수밖에 없었다.

그러다 회복에 들어간 지 한 달쯤 지난 어느 날 샤워를
할 때였다. 몇 주 동안 수술 부위에 비눗물을 흘려보내기만 하고
한 번도 직접 만지지는 않았는데, 이번에 드디어 만져보았다.

"커다란 흉터 조직이 왼팔을 아래로 붙들고 있는 게
느껴졌어요." 그가 말한다. "딱 겨드랑이 안에, 위쪽과 아래쪽
사이에 바이올린 현 같은 띠가 있어서 제 왼팔을 못 올라가게
잡고 있었던 겁니다."

그는 구글에서 검색을 해보았다. 유방절제술 끈. 유방절제술
밧줄. 유방절제술 겨드랑이. 그게 뭔지 밝혀내는 데 도움이 될 것
같은 온갖 검색어를 입력해보았다. 그는 의사여서 온라인에서
찾은 자료를 가져오고 의학 라이브러리를 뒤져볼 수 있었으며
관련 문헌을 읽어보는 것이 가능했다고 한다. 그렇게 해서
알아냈다.

담당 의사 한 명에게 전화를 걸었다. "겨드랑이 막
증후군이에요." 그가 말했다. "그래서 제가 왼팔을 움직일 수 없는
거예요. 그러자 갑자기 심각하게 받아들이며 '바로 물리치료를
받으러 가세요'라고 하더군요."

대니엘은 만약 자신이 의사가 아니었다면 계속 그걸
일반적인 언어로—가령 "겨드랑이에 이런 이상한 게

있어요"라고―설명했을 테고, 치료를 받기까지 아마 여러 날이 걸렸을 거라고 말한다. 그는 의학 용어를 사용했기 때문에, 또한 내부자였기 때문에 담당 의사가 태도를 완전히 바꾸어 그의 말에 귀를 기울였을 뿐 아니라 물리치료사에게 미리 연락도 해주었던 것이다.

그건 의사이기에 누린 특권이었다고 그는 말한다.

"의사들이 여성의 통증 호소를 듣지 않는 것에 대한 연구들을 알고 있나요?" 내가 묻는다.

"유감스럽게도 제가 바로 그런 의사일 때가 많습니다." 대니엘이 말한다.

이때 나는 약간 놀란 소리를 낸다. 이 사람도 환자들을 그렇게 대한다고? 그런데 그의 말이 아직 끝나지 않았다.

"사실 제가 암을 전공한 이유 중 하나가 그거예요." 그가 이야기한다. "왜냐하면 저는 제가 [진단]할 수 없는 모호한 것을 다루는 일을 못하거든요. 힘들어합니다. 그냥 성격상 그래요."

그는 일차의료 의사가 되는 것을 목표로 의대에 들어갔지만 헷갈리는 증상이나 만성 통증을 다루기에는 참을성이 없다는 것을 곧 깨달았다. 그리고 상황이 이미 확정되어 있을 때 일을 더 잘한다는 것을 알게 되었다. 가령 암이거나 암이 아니거나. 그 사이의 온갖 흐릿한 상황은 감당하기 벅찼다.

"그건 정말 훌륭하다고 생각해요." 내가 말한다. "스스로를 판단하고 당신의 성격이 그런 상황 및 환자와 잘 맞지 않는다는 걸 아는 것 말이에요. 당신과 같은 성격인데 그런 상황과 환자를 다루는 의사가 되는 사람들이 분명히 있는 것 같거든요."

"끔찍한 일이에요." 그가 말한다. 그는 의사들이 그렇게 자신과 맞지 않는 선택을 하는 것이 환자들에게 좋지 않다는 걸 잘 안다. 그리고 이렇게 덧붙인다. "친구 중에 골반 통증 전문의가 많아요… 그들은 경청합니다. 통증에 대해 환자와 이야기를 나누죠." 대니엘은 외과 의사인 그가 다루는 종양에 비해 통증의 원인을 찾아내기가 쉽지 않은 유형의 의료에 종사하는 친구들을 존경한다. "넌 정말 너무 대단해." 그는 그들에게 말한다. "나는 그런 참을성이 없어."

"그렇기 때문에 저는 제 담당 의사들이 그랬던 걸 이해합니다." 대니엘이 말한다. 그러고는 움직임에 제한이 있다고 불평하는 자신을 흉내 낸다. "왼쪽 파아아알이 안 움직인다고요"라고 농담을 하며 성가신 환자가 된 자신의 모습을 희화한다. "그런데 의사들은 신체 검진을 하지 않았습니다." 그가 말한다. 검진을 해봤어야 한다. 그랬으면 문제를 좀 더 일찍 발견했을 것이고, 그는 좀 더 빨리 낫고 좀 더 자유롭게 움직일 수 있었을 것이며 유방절제술을 받은 보통의 환자보다 더 많이, 일주일에 세 번이나 물리치료를 받으러 다니지 않아도 됐을 것이다.

"지금 생각하면 그 모든 게 대단히 실망스럽죠." 그가 말한다. 의사들이 그의 불평에 귀를 기울이지 않았기 때문에, 또 그의 표현에 의하면 의사들은 그가 어리석게 군다고 말한 것이나 다름없었기 때문에 수술 부작용이 악화되었던 것이다. "이제는 저도 환자들의 걱정을 좀 더 진지하게 받아들입니다. 열 중 아홉은 아마 그럴 필요가 없겠지만요. 그냥 정상적인 회복 과정에서 나타나는 증상일 뿐 걱정할 것이 없는 경우가 대부분이거든요. 그러나 그 나머지 '한 명'의 환자를 생각하지 않을 수 없어요. 무슨 말인지 아시죠?"

　　　　　　　╬

　　　가시적인 장애를 가진 여성인 귀네스 퍼거슨
매슈스는 1983년의 책『그늘에서 나오는 목소리』에서 의사들이
그를 대한 여러 (여성혐오적) 방식을 떠올린다. 한 의사는 그에게
임신은 가능하지만 아이를 갖지 않는 것이 좋겠다고 말했는데,
나중에 휠체어에 앉아서 아이를 보는 일이 불가능하다는 게
그 이유였다. 그래도 이 의사는 매슈스가 만난 또 다른 의사에
비하면 양반이었다. 랜더스 박사는 "장애인 환자를 대하는
의사들의 태도가 특히 성과 출산에 관련해서 얼마나 형편없을
수 있는지 보여주었다."[8] 매슈스는 유산을 한 후에 이 의사를
찾아갔다. 의사의 반응은 단호했다. 아이를 갖지 말라는 것이었다.
　　　"아이가 대여섯 살이 되면 그동안 온갖 걸 다 해주며
키웠는데도 당신을 싫어할 겁니다." 그가 매슈스에게 말했다.
"그리고 십 대가 됐을 때 당신은 아이에게 물려줄 사회적 가치가
없겠죠."
　　　매슈스는 의사가 이런 말을 하는 것이 믿기지 않아
어리둥절했던 것을 기억한다.
　　　"잠깐만요." 그는 의사에게 말했다. "저는 정상적인 결혼
생활을 하고 있고, 남편과 저는 사회 부적응자와는 거리가
멉니다. 우리는 어디든 가고 다른 부부들이 하는 걸 다 해요.
제가 하반신이 마비된 건 사실이겠지만 선생님은 지금 저를 병신
취급하는군요!"
　　　의사는 장애를 가진 사람과 매슈스가 언급한 모욕적인

단어의 차이를 모르는지 "마치 내가 아무 말도 하지 않은 것처럼 하던 말을 계속했다"라고 매슈스는 쓴다. 다음으로 그가 한 말은 묻지도 않은 것이었을뿐더러 더 터무니없었다.

"남편이 혹시 당신에게 싫증을 내더라도 당신이 이해해야 해요." 의사가 매슈스에게 말했다. 뜬금없는 소리로 들렸다. "남편에게 다른 데서 사람을 사귀라고 권해야 합니다. 좋은 애인을 찾도록 도와주세요."

이건 도가 지나친 예로 들리겠지만 환자에게 자신의 존재가 지워진 듯한 느낌이 들게 하는 의사들은 여전히 있다. 유키코라는 여성은 최근에 그런 경험을 했다.

"오랫동안 저는 만성적으로 아픈 것이 제 삶에서 어떤 의미인지 생각하거나 슬퍼할 여지를 만들지 않았습니다." 그가 내게 말한다. 그는 진료를 앞두고 나와 지챗으로 대화를 나눈다. 그의 스케줄상 더 편한 방식이다.

유키코는 제1형 당뇨병이 있다. 그런데 그는 "저는 제1형 당뇨병 환자입니다"라고 쓴다. 이 표현을 보고 나는 피플퍼스트 언어(people-first language, 장애보다 사람이 우선하는 언어 – 옮긴이)를 권장하는 것에 대해 생각해본다. 일부 사람들이 옹호하는 이 언어는 예를 들어 "나는 당뇨병 환자입니다"(I am **a** diabetic)라는 표현을 "나는 당뇨병이 있는 사람입니다"(I am a **person with** diabetes)로 바꾸는 것을 의미한다. 서른두 살인 유키코는 퀴어, 혼혈, 일본계 미국인, 유대계 임상 사회복지사이자 심리치료사라고 밝힌다. 정체성에 대해 생각이 많다는 것이 대화 전반을 통해 분명하게 드러난다. 그래서 나는 그가 그런 표현을 쓴 것이 그냥 익숙해서인지 아니면 일부러 그렇게 능동적으로 정체화하는 것인지, 즉 단어 선택을 통해 당뇨병을 자신의 일부분으로 만들고자 하는 것인지 궁금해진다. 내가 만난 다양한 여성들은 여러 가지 용어와 프레이밍 방식을 사용했다. 그리고 몇몇 여성은 사람들이 스스로를 장애인으로, 혹은 장애가 '있는' 사람으로, 아니면 건강 문제가 있는 사람으로 정체화하는 것에 관한 자신의 견해를 피력했다.

예를 들어 전국LGBTQ태스크포스의 빅토리아 로드리게스-롤단은 자신의 양극성장애를 항상 건강 문제가 아닌 장애로 일컫는다. 피플퍼스트 언어는 장애가 있는 사람이 사용하기를 선택한다면 아주 좋을 수 있지만, 그리 좋지 않은 곳에서 나오는 수도 있다는 것이 그의 말이다. 장애와 사람을 떨어뜨리는 언어를 사용하는 것은 "장애는 너무나 지긋지긋한 것이어서 나는 장애와 동일시되고 싶지 않다"는 식의 생각에서 비롯될 수 있다고 그는 말한다. 그리고 "많은 이들이 장애를 자신의 불가결한 일부로 느끼는데" 특히 자폐증과 농인 커뮤니티 사람들이 그렇게 느끼며 다른 장애가 있는 사람 중에도 그런 경우가 많다고 덧붙인다. 그는 "나는 당뇨병이 있습니다"와 "나는 당뇨병 환자입니다", "나는 장애인입니다"와 "나는 장애가 있습니다" 중에 어떤 말을 하고 싶은지는 당사자 각자가 결정할 수 있어야 한다고 주장한다.

로드리게스-롤단에게 나는 그냥 "이상하고 심각한 건강 문제가 많은" 것일 뿐이지 내가 장애인이나 장애가 있는 사람은 아니라고 생각한다고 말하자, 그는 내가 만난 몇몇 다른 여성이 했던 질문을 한다. 왜 아니라고 생각하느냐는 것이다. 그는 자신에 대해 '정신건강 문제'가 아닌 '정신건강 장애' 또는 '정신의학적 장애'라는 용어를 의도적으로 사용한다. 변호사인 그는 미국 장애인법에 적용되는 내용을 적법하게 밝히는 데 언어가 얼마나 도움이 되는지 잘 알고 있다. 그는 매일매일의 삶에 영향을 끼치는 심각한 건강 문제가 있는 사람들이 무엇이 인정되기에 "충분한 장애"인가를 따져 위계를 세워서는 안 된다고 생각하며, 특정 유형의 신체들만이 인류를 구성하는 각양각색의 신체를 대표해서는 안 된다고 본다.

"기자회견을 하는 사람, 로비를 하는 사람, 웹사이트의 사진에 나오는 사람"은 보통 "'매력적인' 장애를 가진 사람"이라고 그는 말한다. "아마 휠체어를 탄 사람, 혹은 시각장애가 있어서 지팡이를 짚은 사람이 등장할 겁니다. 백인이고, 사진이 잘 받는 사람이고, 대개 남성이며, 거의 언제나 시스젠더 이성애자죠. 아니면 형식적으로 내세운 게이일 수도 있겠고요. 발달장애가 있는 사람, 정신건강 장애가 있는 사람, 말하자면 '보기 좋지' 않은 사람, 혹은 사진으로 찍기 좋다고 여겨지지 않는 신체장애를 가진 사람은 흔히 배제됩니다." 덧붙여, (나처럼) 일상에 영향을 주는 건강 문제가 여럿 있는 경우라면 장애를 안고 사는 것이나 다름없는 듯하다고 로드리게스-롤단은 말한다.

유키코의 이야기로 돌아가 보자. 내가 그의 단어 선택에 대해 묻기 전에 그가 말을 이어간다.

"신체적으로 저는 대체로 '능력 있는 몸'(able-bodied)을 가지고 있지만, 당뇨병은 신체를 피폐하게 만듭니다." 그가 타이핑한다. 그리고 바로 이 주제에 관한 나의 의중을 읽은 듯 이렇게 덧붙인다.

"당뇨병은 ADA[미국 장애인법]의 장애 목록에 추가되었어요. 잘된 일이라고 봅니다."

그는 그의 몸이 항상 "능력 있는" 것은 아니며 당뇨라는 병은 "정신적인 영향도 막대"하다고 말한다. 이 병은 분 단위로 대처해야 한다고 그는 설명한다. 이 말은 그의 경우 하루에 최소 다섯 번 직접 주사를 놓으며 하루에 최소 열 번 혈당 검사를 한다는 뜻이다.

"그런 건 중재에 해당하죠." 그가 말한다. "그런데 더 큰 부분은 시시각각 변하는 혈당 수치에 정말 끊임없이 주의를 기울이고 대처해야 한다는 겁니다. 수치가 낮아지면 어지럼증, 탈진, 혼미, 공포, 불안 등이 나타날 수 있어요." 수치가 높아지면 갈증과 편두통 및 기타 두통이 생길 뿐만 아니라, 그가 알기로 고혈당이 일으킬 수 있는 온갖 장기적인 문제―심장발작, 뇌졸중, 실명, 족부 절단 등―에 대한 두려움이 엄습한다.

의료 서비스에 관련해서는 "인종차별적인 대화를 피하기 위해 보통 유색인 의사에게 진료를 받으려고 합니다"라고 한다. 마찬가지로 그는 여성혐오를 피하고자 여성 의사를 찾는다. 그렇지만 "퀴어 문제는 힘들어질 수 있어요. 제 의사들이 모두 퀴어였으면 좋겠어요"라고 그는 말한다.

실제로 유키코와 그의 파트너는 몇 년 전 병원에서 불쾌한 순간에 맞닥뜨린 적이 있다. 그들은 아이를 원했고 둘 중 유키코가 임신을 하려고 했다.

유키코는 여러 해 동안 노력해 혈당 수치를 임신하기에 충분히 안전한 정도로 조절했다. 그는 몸이 종종 고장 난 느낌이 든다고 말하지만 그래도 임신을 감당하고 출산을 할 수 있다는 걸 항상 증명해 보이고 싶었다. 게다가 그의 파트너는 성별비순응자이며 임신할 마음이 없었다. 파트너에게 임신은 성별 위화감을 일으킬 수 있었다. 유키코의 말에 의하면 파트너가 임신하는 것이 최후의 수단이라면 그렇게 하려고 했지만, 어떻게 하는 게 좋을지 알아보려고 여러 산부인과 의사를 함께 만나보았고 의사들은 유키코가 임신을 하는 쪽으로 거의 분명하게 이야기했다. 그러나 몇몇 의사는 트라우마를 남길 정도로 그들의 말을 듣지 않았다.

"제가 만난 최고 악질은 팀이었어요." 그가 쓴다. "고위험 산모 전문 병원 의사들이었죠… 그들은 하나만 보고 온갖 이야기를 했습니다… 그러니까 '두 분이 레즈비언이어서 멋진 건…(우리는 레즈비언으로 정체화하지 않아요) 자궁이 두 개라는 거죠!' 이런 식이었어요."

유키코가 확신하건대, 그 팀의 의사 한 명은 자신을 "대문자 L을 쓰는 레즈비언"(즉, 퀴어 정체성의 좀 더 미묘한 버전들을 보지 못하는 사람)으로 정체화하는 여성이었는데 특히 상처를 주었다. 유키코가 임신 예정인 환자로 병원에 왔는데도 이 의사는 유키코의 파트너를 가리키며 "임신은 이쪽도 가능하고 확실히 이쪽이 해야겠는데요!"라고 말했다.

커플은 유키코가 임신을 원한다는 걸 아주 직접적으로 밝혔지만, 그럼에도 의사는 일순간에 유키코의 갈망은 물론 임신할 마음이 전혀 없는 파트너의 의향까지 부정해버렸다. 커플이 우려하는 부분에 대해 의사는 전문가답게 논의하기는커녕 당뇨병이 얼마나 복잡한 것인지 두 사람이 이미 더없이 잘 알고 있다는 점을 무시했으며, 또한 유키코가 그의 몸을 가능한 한 임신에 가장 적합하도록 만들고자 노력해왔다는 점을 무시했다. 의사 자신이 레즈비언이라는 사실은 도움이 되지 않았다. 아니

어쩌면 도리어 해가 되었는지도 모른다.

"정말 불쾌했습니다." 유키코가 내게 말한다. "그리고 운이 안 좋았어요. 그 병원은 우리가 제일 처음 면담하러 간 곳이었거든요. 그래서 출발부터 패배감이 들었고 극복하기가 힘들었습니다."

심리치료사인 그는 내담자 다수에게서도 그런 체념하는 태도를 접한다. 유키코의 말에 따르면 그들은 "건강, 젠더, 성적 지향, 또는 이 세 가지 모두를 둘러싼 그들의 경험에 적절히 대응하지 못하는" 의사를 만난 경험이 한두 번씩 있고, 그래서 필요한 의료 서비스를 받으려는 시도를 그만두고 만다.

유키코와 그의 파트너에게 그런 식으로 행동한 의사는 첫 번째 병원 의사들만이 아니었다.

"우리는 그런 일을 많이 겪었어요." 그가 말한다. "이를테면 우리가 누구인지, 우리가 어떤 경험을 했는지, 그리고 그걸 근거로 우리가 무엇을 '해야' 하는지 우리에게 알려주는 의사들을 여러 번 만났죠."

전부 끔찍한 경험이었다. 그리고 그들의 말을 경청하는 의사를 찾기까지 시간이 꽤 걸렸다.

"우리의 정체성과 관계를 한껏 지지해주는 고위험 산과 의사를 만난 건 정말 큰 행운이에요." 그가 말한다.

결국 유키코와 그의 파트너는 조산사의 도움을 받아 집에서 인공수정을 했다. 우리가 이야기를 나눈 시점에 둘의 아들은 생후 17개월이 되었다.

✝✝✝

      나는 제이드에게 의사들에 대해 질문한다. 서른한 살인 제이드는 위장의 폴립과 뇌의 종양에 맞서 싸우고 있다. 나는 그에게 의사들이 그가 젊어서, 여성이어서, 혹은 유색인 여성이어서 특정한 방식으로 그를 대한다고 생각하는지 묻는다. 그러자 그는 내가 예상하지 못한 강렬한 이야기들을 들려준다.

      "네, 그런 경험이 있죠." 그가 말한다. "처음 진단을 받았을 때 의사는… 음, 저는 사실 그 의사 때문에 울었어요. 의료진은 정말 저를 만지기를 꺼려했는데 무슨 병에라도 걸릴 거라 생각했던 거죠. 제가 너무 고통스러워하니까 그 사람들은 저희 할머니에게 어떻게 어떻게 해서 저를 도와주라고 말하더군요. 피부에 연고 바르는 것도 제가 직접 해야 했어요."

      이런 일은 결장을 절제한 후에도 일어났다. 결장절제술은 지금도 힘든 수술이지만 제이드가 받은 당시에는 의학계에 도입된 지 얼마 되지 않아 외과 의사도 익숙하지 않았다.

      그런 수술을 받고 나서 어땠는지 그는 이렇게 이야기한다.

      "좀 역겨웠죠. [화장실에] 많이 가야 하거든요. 그러다 보니 피부가 헐어요. 의사도 어찌해야 할지 몰랐습니다. 그래서 담당 의사는 저를 약간 아기처럼 다루어야겠다고 생각한 모양이에요."

      그가 있던 층의 의료진은 그의 피부에 무슨 일이 일어나고 있는지 이해하지 못했고 전염성일 거라 생각했다. 그들은 그를 만지지 않았다. 그때 제이드는 겨우 열여섯 살이었다.

      그는 무척 고통스러웠다. 의사들도 그에게 소리를 질러댔다.

다행히 할머니가 그의 곁을 떠나지 않고 지켜주었다.

"거기 누워서 이런 [생각을 했던] 게 기억납니다. '당신들이 나한테 손도 대지 않는데 이 병원에 있는 에이즈 환자들은 어떻게 취급할지 궁금하네.' 그리고 저는 암을 겪고 있었어요." 그가 말한다.

그런데 더 충격적인 일이 벌어졌다고 그는 이어서 설명한다.

"결장 수술을 받은 뒤에 담당 의사가 저를 특수 엑스레이 촬영실로 보냈습니다. 거기로 내려가던 길이 생각나고, 그때 저는 이제 겨우 두 발로 다시 일어서는 법을 익히려고 애쓰던 중이었던 게 기억납니다. 저는 몸을 가르는 수술을 받았어요. 그러니 당연히 제 위장이며 모든 곳이 다 아팠습니다. 그곳 의사는 제게 몸을 구부려 보라고 하더군요. 저는 못 한다고 말하려고 했습니다."

제이드는 너무 아프다고 얘기했다. "의사는 저한테 화를 냈어요." 그가 그때를 떠올린다. "화를 냈다는 건 제게 '물리력'을 썼다는 뜻이에요. 저는 십 대였고 할머니는 밖에 있었습니다. 엑스레이실이라 같이 못 들어왔거든요. 할머니가 문밖에 있었지만 그런 문은 정말 두꺼운 거 아시죠? 그래서 할머니가 제 소리를 들을 수 있을 것 같지 않았습니다. 의사는 저한테 엄청 화를 내면서 저를 밀어 넘어뜨렸습니다."

"일반적인 엑스레이 기계가 아니었어요"라고 그는 이야기한다. "어떤 종류인지는 잊었는데, 서서 이따금씩 뭔가를 마시면서 촬영을 하는 그런 기계였습니다. 한데 저는 코에 튜브를 꽂고 있어서 뭘 마실 수가 없었습니다. 의사는 튜브를 뽑더니 말 그대로 물리력을 썼어요. 저는 애였어요. 의사는 제 목덜미를 잡더니 저를 난폭하게 다루기 시작했습니다. 제 머리를 거의 발가락에 닿도록 처박았어요."

그는 중환자실에서 한 달째 지내고 있는 아이였다. 보통의
아이들처럼 학교 생활을 하기는커녕 바로 얼마 전에 결장을
잘라냈고 끔찍한 통증을 겪고 있었다. 그런 그에게 의료 전문가가
폭력을 가했다. 나는 의사들이 여성과 흑인 환자의 통증 호소를
믿지 않는다는 연구 결과뿐 아니라 미국인들이 흑인 아동을
위협적인 성인으로 바라보는 시각에 관한 연구를 떠올린다.[9]
경찰들이 흑인 십 대를 보고 죽이기로 하는 결정의 이면에는 바로
그와 같은 생각이 있다.

제이드는 이어서 이렇게 말한다. "잠시 후에 다른 직원
한 명이 들어왔어요… 그리고 그의 멱살을 잡고 당겨 그를 제게서
떼어놓았습니다. 두 사람은 몸싸움을 시작했어요. 그때 소리를
들은 할머니가 벌컥 문을 밀치고 들어왔어요. 할머니는 바닥에서
울고 있는 저를 보고는 '의사가 무슨 짓을 한 거니?'라고 물었고,
직원이 할머니에게 설명을 하려고 했습니다."

그 이후로 제이드는 엑스레이실에 갈 일이 있을 때는 꼭
누군가와 같이 가야 했다. 그리고 그 병원에는 아예 발길을
끊었다. 너무 무서웠다.

그를 물리적으로 폭행한 그 남자는 밀치고 소리치기만
한 것이 아니었다. 그것만으로는 성이 차지 않는 듯했다. 제이드는
그 남자가 했던 말을 순화해서 전하지만 그럼에도 독기가
느껴진다.

"그 사람이 '너같이 게으른 염X할 환자들이 여길 오지'라고
했어요. 저는 '헉, 세상에' 하는 소리가 나왔죠. '이건 환자를
대하는 태도가 나쁜 차원을 넘어서는 거잖아' 싶었어요."

제이드의 지독한 경험을 듣던 나는 여기서 병원의 이 남자가 그에게 드러낸 고정관념들을 체크해본다. 첫째, 그가 얼마 전 트라우마가 될 만한 수술을 받았고 결장과 정상적인 소화계를 다시는 갖지 못하게 된 십 대였음에도, 그가 중환자실에서 한 달을 지냈으며 혼자서는 간신히 걸을 수 있는 정도였음에도, 남자는 그가 아프다고 말했을 때 들은 척도 하지 않았다. 여성과 흑인 환자에게 이런 일이 일어난다는 것이 연구에 의해서 밝혀진 바로 그대로다.

또 이 남자는 그를 두고 게으르다고 했는데, 이건 인종차별적 발언이다.

제이드에게 인종적 고정관념을 표출한 의료 종사자는 또 있었다. 그 의사는 제이드의 할머니가 손녀를 약물 중독자로 만들려 한다고 비난했다. 자기가 보기에 그의 통증은 진짜 같지 않았고, 그래서 제이드가 필요로 하는 약이 어린 여성이 창자가 찢긴 후에 겪을 법한 타는 듯한 통증을 위한 것이기보다는 약물 남용 문제와 관련이 있다는 쪽으로 생각이 기울었던 것이다.

"진료실에 들어가서 테이블을 사이에 두고 담당 의사와 마주 앉았을 때, 의사가 제 말에 귀를 기울일 거라 믿을 수 있어야 하잖아요." 그가 말한다. "진료실에 왔는데 그 공간에 있는 것만으로 오싹함을 느껴서는 안 되잖아요. 의사들은 굉장히 중요한 무언가를 환자에게서 없애버립니다. 그리고 그걸 되찾기는 정말로 매우 어려워요."

이 상황에서 환자는 이미 자신의 생명을 누군가의 손에 맡긴 셈이라고 제이드는 말한다.

"'여기 제 목숨이 있습니다. 저를 도와주는 건 당신 몫입니다'

이렇게 말하고 있는 거죠. 그런데 상대방이 이를 이용해 '이제 제가 당신을 통제할 겁니다'라는 식으로 나오면 누구도 믿기 힘들어지죠."

제이드는 살기 위해 의사에게 계속 의지해야만 하는데도 의사와 함께 있을 때면 환영받지 못하는 존재가 된 것 같고 안전하지 않다는 느낌을 받는다. 그리고 그 또 하나의 계기가 된 일에 대해 들려준다.

"이 사람은 마취과 의사였고 저를 마취하는 중이었어요." 그가 말한다. "말 그대로 제 팔에 바늘을 찔러 넣어 저를 잠들게 하려는 중이었습니다. 그런데 이러더라고요. '스스로에게 신경을 전혀 안 쓰나 봐요' 저는 '무슨 말씀이세요?'라고 대꾸했습니다. 당시에 제가 살이 많이 쪘었거든요. 갑자기 쪘는데 제가 찌고 싶어서 찐 게 아니었어요. 갑상샘에 완전히 탈이 나서 체중이 증가했던 겁니다. 의사들이 제 갑상샘 약의 최적 복용량을 얼마 전에 알아내서 그나마 18킬로그램쯤 빠진 상태였어요… 그런데 문제가 있는 것 같더라고요… 제 팔에서 주사 놓을 정맥을 찾기가 어려웠던 모양이에요. 그러던 중에 '스스로에게 신경을 안 쓰나 봐요'라고 말한 겁니다."

제이드는 왜 그런 말을 하는지 물었다. 그러자 그는 "비만이어서 하는 얘기예요"라고 답했다. "당신처럼 이렇게 아픈 사람이 왜 이 지경이 되도록 자제력을 잃는지 저는 이해가 안 돼요. 왜 가만히 앉아서 살이 찌는지."

제이드는 마취가 시작되는 바람에 별말을 하지 못했다. 수술 전에 마지막으로 들은 말이 의사가 그에게 뚱뚱하다고 지적한 것이었다.

제이드의 경험은 충격적으로 들릴지 모른다. 그러나 이와 같은 관계에서는 권력 역학이 작동하기 때문에, 즉 환자는 어쨌거나 의학적 처치를 필요로 하며 자신에게 해를 가한다 할지라도 대개는 의사의 처분을 따르는 수밖에 없기 때문에, 이런 종류의 경험은 실제보다 축소 보고될 가능성이 높다. 다시 말해 더 심각한 수준의 정서적, 신체적, 그리고 성적 유린이 일어났을 수 있다.

2016년에 뉴욕 지역 매체 '고서미스트'(Gothamist)는 맨해튼에 위치한 유명한 대형 의료 기관의 한 의사에 대해 보도했다. 공교롭게도 그곳은 내가 암 수술을 받고 후속 치료를 받으러 다녔던 병원이다. 이 의사는 환자들을 여러 차례 성추행했다.[10] 고서미스트의 기사는 그 세부 내용을 다음과 같이 기술했다.

> 데이비드 뉴먼 박사는 29세의 젊은 여성 환자가 어깨 통증으로 마운트시나이병원에 갔을 때 그에게 강제추행을 당했다고 진술한 후인 어제 특수수사대 형사들에게 자수했다. 여성의 주장에 따르면 처음에 간호사가 알약과 모르핀을 투여해주었는데 뉴먼이 와서 살펴보고는 모르핀을 더 주사했다고 한다. 이미 모르핀 주사를 맞았다고 환자가 말한 뒤였다… 의식이 가물가물하는 중에 뉴먼은 여성의 가슴을 애무하고 얼굴에 사정을 했다. 이후 이 환자는 뉴먼이 자신의 얼굴에서 정액을 닦는 데 사용했다고 하는 담요와 환자 본인이 남은 정액을 닦아내는 데 쓴 가운을 챙겨 왔다. 뉴먼은 성폭력과 강제

접촉 혐의로 기소되었다.

이 사건이 알려지자 또 다른 여성이 비슷한 피해 증언을
들고나왔다.

╫

알론드라 넬슨의 말에 의하면, 주변화된 인구
집단이 의료 서비스를 받고자 찾아가는 곳은 역사적으로 대개
안전하지 않은 느낌을 주거나 "홀대와 학대 사이를 오가며" 집단
전체를 등한시해왔다.

젊은 백인 여성인 나는 병원에서 물리적인 폭행을 당하거나
욕설을 들은 적은 없다. 의료 전문가들은 나에게 그 비슷한
어떤 것도 한 적이 없다. 그렇지만 이것도 하나의 전형적인
사고방식이다. 즉 '그리 나쁘지는 않았어. 다른 여성들은
더한 일을 겪었는걸' 같은 생각이 은연중에 여성들로 하여금
트라우마가 된 사건이나 위법 행위를 신고하지 못하게 하는
경우가 많다.

강간, 성폭력, 성희롱, 캣콜링, 기타 길거리 희롱 등 ─
혹자들이 지적한 바와 같이 이 모든 것은 동일 선상에 있다 ─에
관한 한 그러한 생각은 아주 흔하다.[11] 여성은 내면화된
여성혐오에 관련된 여러 복잡한 이유로 무력감을 느끼거나
겁을 내면서, 혹은 '그리 나쁘지는 않았던' 일로 괜히 자리를
차지하거나 누군가를 고발하는 것을 꺼려하면서 자신에게
일어난 일을 흔히 최소한으로 축소한다. 나는 수없이 많은
여성이 "음. 그 남자가 저를 만지지는 않았어요. 끔찍한 말을 했을

243

뿐이죠"라거나 "'완전한' 강간은 아니었기 때문에 신고할 만한
일은 아니라고 생각했어요"라고 말하는 것을 들었다. 또 다른
이유로는 "사람들이 제 말을 믿을지 알 수 없었습니다"가 있다.

나는 또래들이 자신에게 일어난 일을 축소하기 위해 얼마나
애쓰는지를 보고 놀랄 때가 종종 있었다. 누가 어떤 말이나
행동을 했는데 그들이 들은 다른 이야기에 비하면 그렇게
끔찍하진 않았다는 이유로 별것 아니라는 식으로 얘기할 때면
나는 속으로 '안 돼! 저항해야 해!' 하고 생각했다. 그러나 이내
나도 나에게 일어난 일을 똑같이 대수롭지 않게 여긴 적이 있음을
깨닫곤 했다.

내가 다니던 약국의 약사는 비교적 배려심 많은 남자처럼
보였다. 예전에 나는 웬만하면 약을 안 먹는 사람이었으나
이제는 그저 하루하루 버티기 위해 알약을 세 개씩 먹어야 했고,
그래서 개인 약국에 찾아갔다. 대형 약국 체인보다는 이왕이면
지역 자영업자에게 도움이 되면 좋겠다는 생각에서였다.
그런데 갈 때마다 이 약사는 "허슈 양! 미소가 저어어엉말
아름다우시군요"라거나, "너무 '예쁘세요', 허슈 양. 당신을 보면
노래가 절로 나와요" 같은 말을 했다. 처음에는 기분이 좋아서
그러는 것이려니 했다. 마침 손님들이 줄지어 처방 약을 기다리고
있었고 라디오에서는 모타운 히트송이 나오고 있었으니까.
하지만 이후에도 매달 같은 일이 일어났다. 별일 아니라고
생각했지만, 약국에 들어갈 때 어깨에 힘이 잔뜩 들어가고 약사와
눈을 마주치지 않으려 한다는 것을 어느 순간 깨달았다. 나는
매달 약국에 가는 날을 두려워하면서 어쩌면 선의에서 나왔을,
그러나 달갑지 않은 그의 희롱에 힘없이 웃어 보일 뿐이었다.

오랫동안 나는 그걸 차마 희롱이라는 단어로 부르지 못했다. 가볍고 악의 없는 발언이라고만 생각했다. 그는 다정한 남자였다. 그렇지 않은가? 그러다가 나는 약국에 들어서기 전에 어깨에 잔뜩 힘을 줄 뿐만 아니라 어쩌다 약국이 있는 블록을 지나는 날이면 긴장을 늦추지 않는다는 걸 깨달았다. 나는 약국 간판을 확인하고, 딸랑거리는 소리가 나는 유리문 너머로 때로는 그의 모습을 곁눈질하고, 온몸의 근육이 바싹 죄어드는 것을 느끼곤 했다.

그럼에도 그 약사가 나의 모든 정보를 보관하고 있는 데다가 내가 든 보험 정책이 복잡한 걸 고려하면, 그런 이유로 약국을 옮기는 건 너무 바보같이 느껴졌다. 하지만 몇 달 뒤, 몇 블록 떨어진 곳에 다른 개인 약국이 새로 문을 연 것을 보고는 안으로 들어가 거기서 처방 약을 받는 것으로 바꿔도 되는지 문의했다. 새 약국의 약사는 종전에 다니던 약국이 어디인지 물었고 나는 마치 이 약사가 내가 그 약국을 왜 그만 가려고 하는지 알아내기라도 한 듯 죄책감을 느꼈다. 여하튼 그래도 약국을 바꿨다.

새로운 약사는 정말 좋았다. 그는 내 외모가 어떻다는 둥 내 몸을 보니 어떤 기분이 든다는 둥의 언급을 일절 하지 않았다. 내가 얼마나 기준을 낮게 잡고 있었던지, 나를 희롱하지 않았다는 이유로 그는 '정말 좋은' 남자가 되었다.

분류하거나 등급을 매기기가 곤란한 또 하나의 사건이 있었다. 환자에 대한 비윤리적이거나 위법적인 행위는 사실상 모두 용인할 수 없는 등급에 속한다. 그러나 이 사건은 약사와의 대화보다 더 나빴는데, 이렇게 말하는 순간에도 나는 계속 "아, 그래도 다른 사람들한테 일어난 일에 비하면 '그리' 나쁘지는 않아"라고 중얼거리는 습관과 싸우고 있다. (우리가 우리 자신을 위축시키고 우리가 겪은 여성혐오 경험을 축소하는 데 동의하는 것은 곧 가부장제가 계속 잘 굴러가도록 힘을 실어주는 것임을 알기에 나는 그러한 충동에 강하게 맞서려 한다.) 게다가 약사의 경우 내가 도망갈 수 있었던 것과 달리 이 사건은 나의 생명과 직결되는 의료 서비스의 이용에 지속적으로 영향을 끼쳤다.

거의 죽을 뻔했던 아나필락시스 에피소드들을 겪고 몇 주 후에 나는 문제의 의사를 만났다. 당시 나는 집을 나설 때마다 여전히 불안에 떨었다. 맨해튼의 알레르기 전문의가 말하기를 여러 검사를 해봤지만 내 상태가 자신의 전문 영역을 벗어나는 것 같다며 나를 이 의사에게 보냈다. 발라(Valla)라는 성을 가진 의사인데, 뉴욕시로부터 수백 킬로미터 이내에서 내가 앓고 있다고 생각되는 증후군에 대해 아는 유일한 사람이라고 했다. 그때 우리는 주요 도시 중심가, 그것도 세계에서 가장 큰 도심 중 하나에 있었음에도 그렇다고 하니 어쩔 수 없었다. 나는 지역 철도를 타고 두 시간을 간 다음 또 한 시간 직행버스를 타고 외진 교외에서 병원을 운영하는 발라를 찾아갔다.

첫 진료에서 발라는 따뜻했다. 내가 뉴욕과 인도에서 일어난 일들을 얘기하자 그는 눈이 휘둥그레졌다.

"어떻게 살아계신지 모르겠네요." 그가 속삭이듯 하는 말에서 동료 마이클이 나를 유령에 비유했던 것이 연상되었다.

의사는 내 증상이 자신이 전공하는 병과 일치하는 듯하다면서 그것은 특발성 아나필락시스, 때로는 비만세포 활성화 증후군이라 불리는 희귀 질환이라고 했다. 그가 지시한 소변 검사로 진단이 확정되었다. 의사는 위험한 질환이지만

이 병원에 특발성 아나필락시스가 있는 다른 환자가 여덟 명쯤 있으며, 내가 잘 헤쳐가도록 자기가 도움을 주고 약을 관리해줄 수 있다고 말했다. 그래서 나는 내게 어떤 일이 일어났는지, 내 몸이 멀쩡하다가 어떻게 일순간 질식 상태에 빠졌는지 생각날 때마다 몸이 떨렸음에도 발라를 만날 때는 매번 안전감을 느꼈다.

어느 날 세 시간을 이동해 도착한 발라의 병원 검사실에 앉아서 이상한 증상이 있다며 그에게 질문을 했다. 불현듯 그의 얼굴에 음흉하고 능글맞은 웃음이 번졌다. 그리고 눈빛이 바뀌었다.

"당신은 운이 좋아요, 귀여운 사람." 그가 느릿하게 말했다. 목소리에서 어떤 의도가 느껴졌으며 갑자기 성적인 뉘앙스를 풍겼다. "아니면 제가 당신의 질문에 다 답을 안 해줄지도 모르죠."

그가 눈썹을 치켜올렸다. 나는 얼었다. 지난 몇 년간 내 몸에 대해 두려움을 덜 느끼게 해준 이 의사를 바라봤다. 그런 그가 이제 나를 두려움에 떨게 했다. 나는 우리가 그 방 안에 함께 갇힌 것인지 확인하려고 문을 보았다. 문은 약간 열려 있었다. 그날 남은 진료 시간 동안 나의 뇌는 내가 뭘 하는지 몰랐다.

병원을 나오면서 나는 여기에 다시는 못 오겠다고 생각했다. 만일 검사실 문이 닫혀 있었다면 그가 어떤 다른 선을 넘었을지 알고 싶지 않았다. 그래서 내 증후군에 대한 경험이 있는 다른 의사를 찾아보았지만, 단 한 명도 찾지 못했다. 맨 처음의 알레르기 전문의가 나를 그 먼 데까지 보낸 데는 이유가 있었던 것이다. 발라는 나를 도와줄 수 있는 유일한 사람이었다. 심지어 그가 매년 나의 수치를 모니터링하려고 지시한 소변 검사도 다른 병원에서는 찾아볼 수 없었다. 이 나라의 보험 제도가 너무나 혼란스러운 탓에 그 간단한 검사가 일부 지역에서만 허용됐고 뉴욕주는 해당되지 않았다. 발라는 다른 주의 특수 복수 면허를 소지하고 있어서 그 검사를 처방하는 것이 가능했다. 나의 건강은 그의 병원에 달려 있었다.

그리하여 이듬해에 나는 어느 쪽이 더 위험이 클지 따져보았다. 그리고 다시 그 병원에 가기로 했는데, 앞으로 그가 더 나쁜 짓을 할지 모른다고 해도 그만한 전문성을 갖춘 다른 사람이 아무도 없었기 때문에 내린 결정이었다. 내 증후군이 얼마나 위험한지 잘 알았기에 다른 수가 없었다. 나는 그가 또 어떤 짓을 하려고 한다면 그때는 마음의 준비를 하자고 다짐했다. 그런데 그 병원을 다시 찾았을 때 그의 다른 면, 욱하는 면을 마주했다. 음흉함은 사라지고 없었고 그 자리에 분노가 들어서 있었다. 그는 내게 몇 년간 처방했던 항히스타민제를 싹 끊어야 한다고 말했다. 항히스타민제는 나와 증후군 사이의 유일한 완충제였다. 나를 살아있게 해줄 유일한 것이라며 본인이 추켜세웠던 그 약의 복용을 중단하라고 하니 어안이 벙벙해서 나는 이유를 명확히 설명해달라고 요청했다. 그러자 그가 자기한테 감사하라며 버럭 호통을 쳤다. 그는 고함을 지르면서 이상한 소리를 막 했는데 나에게 수작을 걸 때보다 어쩐지 더 겁이 났다.

나는 이런 일이 있었다고 (여성) 의사에게 털어놓았다. 그랬더니 그 의사는 "다시 가지 마세요"라고 분명하게 말했다.

지금까지도 나는 발라를 대신할 의사를 찾지 못했다. 뉴욕에서 만난 의사들은 모두 내가 매년 하던 검사를 처방할 법적 권한이 없었다. 내 수치를 확인하지 못한 채로 한 해가 지날 때마다 나는 이런 곤경에 처해 있을 전국의 수많은 여성을 생각한다. 의사에게 희롱을 당했지만 도움을 줄 수 있는 다른 의사가 그 지역에 아무도 없는 상황에 처한 그 모든 여성들을.

이와 같은 희롱은 우리가 아무리 스스로에게 그리 나쁘지는 않았다고 말하더라도 안전하지 않다는 느낌을 주기에 충분하다. 그런데 찾을 수 있는 유일한 전문의로부터 환자가 달아나는 계기가 되는 사건이 꼭 성적인 언행이나 분노 표출과 관계된 것만은 아니다. 다낭성 난소 증후군과 자궁내막증을 앓고 있는 젊은 여성 티나는 의사가 몇 없는 시골 지역에 산다. 게다가 일반적으로 내과 의사 중에는 그가 받고자 하는 자궁내막증 수술을 전문으로 하는 경우가 거의 없다. 그는 약혼자와 임신을 시도하기 전에 수술을 받는 편이 좋을 거라고 들었다. 그래서 근처에 그 수술을 한 경험이 있는 의사가 있는 걸 알고서 너무나 기뻤다. 그는 그 의사와 일정을 상의하기 시작했다. 의사는 3주 후에 수술이 가능할 것 같다고 말했다. 티나도 딱 좋겠다 싶었다.

"결혼은 언제 하시나요?" 의사가 물었다.

"아, 사실 지금은 이게 저희에게 더 우선이에요."

티나가 말했다. 그러니까 결혼이 아니라 임신이 먼저라는 뜻이었다. 당시 약혼자는 서른두 살이었고 그는 서른이 다 돼가는 나이였다. 두 사람은 수술을 하면 임신을 시도할 기회가 열리리라 기대했다.

"글쎄요." 의사가 말했다. "그냥 알려드리고 싶은데, 임신 촉진 치료가 필요하다면 말이죠. 종교적인 이유로 저는 결혼하지 않은 커플의 임신 문제는 도와드릴 수 없습니다. 제 윤리에 어긋나는 일이어서요."

"알겠습니다."

티나는 겨우 대답했다. 그가 가진 두 질환을 고려할 때 임신을 하려면 아마 모종의 임신 촉진 치료가 필요하리라는 걸 그는 알고 있었다. 진료실을 나온 티나는 주차장에서 울음을 터뜨렸다. 이 의사는 그 지역에서 그를 도울 수 있는 유일한 사람이었다.

티나는 무신론자다. 또한 그는 의사가 환자를 결혼 여부에 따라 차별해서는 안 된다고 강하게 믿는다. 그렇지만 수술을 너무도 간절히 원했기 때문에 차를 몰고 집으로 오면서 해결 방안을 생각해보았다. 그리고 병원에 전화를 걸었다.

"이상한 질문이긴 한데요." 그가 안내 데스크 직원에게 말했다. 그러고는 의사가 자신을 봐주려면, 그러니까 이만하면 "충분히 결혼한" 것으로 간주해 자신을 도와줄 수 있으려면 뭘 확인시켜줘야 하는지 물었다.

직원은 의사에게 문의한 뒤 다시 전화기로 돌아와 "이름 바꾼 걸 확인하면 충분할 거라고 하네요"라고 말했다.

"저는 성을 절대 바꾸지 않을 거예요." 티나가 나와 인터뷰를 하면서 말한다. "목에 아빠가 손 글씨로 쓴 제 성을 새긴 문신이 있어요. 결혼을 하더라도 성은 절대로 안 바꿀 겁니다."

그는 변호사 친구에게 이 의사가 자신이 결혼을 안 했다는 이유로 진료를 거부한 것에 대해 물어보았다. 친구가 말하기를 의사가 공공병원 소속이라면 진료 거부가 불법일 수 있다고 했다. 그러면서 다른 외과 의사를 찾아보는 게 어떠냐고 제안했다.

"근데 난 위스콘신주 깡시골에 살잖아." 티나가 말했다. "나는 그냥 택시에 올라타고 다른 의사를 찾아갈 수 있는 뉴욕 같은 데 사는 게 아니라고."

결국 그는 결혼을 안 한 것으로 그를 재단했던 의사에게 갔다. 다행히 티나는 의사가 어쩌면 불법을 무릅쓰고라도 거부했을 임신 촉진 치료는 받지 않아도 되었다.

그런 작은 도시에서 티나에게 주어진 선택의 여지는 별로 없었다.

†‡†

조산사 퍼트리샤 하먼은 회고록 『파란색 면 가운』에서 페니라는 환자를 회상한다.[12] 이 환자는 서른일곱 살이고 담배와 향수 냄새가 난다.

"선생님한테 오는 게 좋아요." 페니가 말한다. "저는 남자보다 여자 의사한테 진료를 받고 싶어요. 선생님은 친절하세요."

하먼은 고맙다고 말하지만 환자가 잘못 말한 것을 바로잡아 주지는 않기로 한다. 명찰에 적혀 있듯이 그는 간호사 겸 조산사이지 의사가 아니다. 그는 "나는 환자들이 자신을 잘 돌보도록 돕고 가능한 한 검진을 편하게 받게 하고 싶다"라고 쓴다.

하먼은 페니에게 질염 치료에 도움이 될 처방을 적은 종잇조각을 건넨다. 페니는 종이를 받지만 일어나지 않는다.

"저는 남자 의사한테 가는 게 싫어요." 그가 말한다. "예전에 검진을 받으면서 안 좋은 경험을 한 적이 있거든요."

하먼은 손을 씻으며 뭐라고 반응해야 할지 생각한다.

"힘든 검진이었나요?"

"아뇨. 정반대였죠." 페니가 말한다. "오래전 일이에요. 열일곱 살 때였죠."

그는 말을 멈추고 조산사가 이야기를 들을 준비가 되어 있는지 살핀다. 하먼은 다시 자리에 앉아 어떤 일이었는지 묻는다.

당시 페니는 남편 스티브와 갓 결혼한 상태였다고 한다. 아직 아이를 가질 생각은 없어서 그는 피임약을 타기 위해 병원에 갔다. 그리고 레지던트가 그를 진료했다.

"젊은 남자였어요." 그가 말한다. "저보다 나이가 별로 안 많아 보였어요. 하지만 여느 의사처럼 긴 흰색 가운을 입고 있었죠. 그는 내진을 해봐야 한다고 계속 말했어요. 피임약을 주기 전에 저를 병원에 세 번을 오게 했어요. '난소 상태를 확인해야 합니다. 난소가 좀 커져 있는 것 같아요'라고 하더라고요. 그는 종이로 된 검진복을 무지 천천히 찢어서 벌렸어요. 저는 그 의사한테 계속 가는 것이 꺼려졌지만 피임약은 무료였고, 받아야 했어요."

하먼은 이야기의 시작 부분을 들으며 이 의사가 뭔가 이상하다는 낌새를 챈다.

"그래서 의사가 시킨 대로 다시 갔어요." 페니가 말한다. "마지막으로 갔을 때 그가 문을 잠갔어요. 그리고 검진을 했는데 시간이 꽤 걸렸어요. 얼마나 걸렸는지 몰라요. 모든 게 너무 당황스러웠죠. 저는 그냥 천장만 바라봤어요. 의사는 계속 손가락을 넣었다 뺐다 했어요. 저를 만지면서요. 저는 꿈쩍도 못 하고 누워있었죠. 저는 그 전에 한 번도 부인과에 가본 적이 없었고 누구랑 그런 이야기를 나눠본 적조차 없었어요. 검진이 어떤 식으로 진행되는지 전혀 알지 못했죠. 그러지 못하게

252

제지했어야 하지만 너무 부끄러워서 아무것도 못 했어요. 지금
같으면 불알을 확 걷어찼겠지만."

하먼은 레지던트가 열일곱 살 페니의 다리 사이에 서서 그를
더듬는 장면을 머릿속에 떠올린다.

"얼마나 그랬는지 잘 모르겠어요." 페니가 이야기를
계속한다. "아마 10분 정도였으려나요. 어쨌든 오르가슴까지
갔어요." 이 진료 후에 그는 "너무 화가 나서 누구한테 말을
해야만 했어요"라고 말한다. "남편한테 얘기했어요. 남편도 겨우
스무 살이었지만 저를 데리고 경찰서에 갔죠. 남편은 우리가
뭐라도 해야 한다고, 그건 강간이나 다름없기 때문에 그 의사는
체포되어야 한다고 말했어요. 저는 그런 생각을 못 했었어요.
제 잘못이라고 느꼈으니까요."

페니와 남편은 그 일을 신고하러 갔다. "끔찍한 경험이었죠."
그가 말한다. "저는 했던 이야기를 하고 또 해야 했어요. 경찰들이
계속 더 들어왔고, 작은 수첩을 들고 앉아 기록을 했어요.
한 경찰이 제게 이 사건은 쉽지 않을 거라고 말하더군요. 증거가
제 말밖에 없기 때문에 그렇다면서 혹시 응급실에 가서 트라우마
검사를 받았느냐고 물었어요. 받았으면 그게 증거가 될 수 있다고
했는데 저는 트라우마 증상은 없어서 응급실엔 안 갔어요."

페니는 경찰들이 남편은 아래층에서 기다리게 했던 것을
기억한다. "이유는 알 수 없어요. '그냥 절차상' 그래야 한다고
하더라고요." 또한 바깥 복도에서 경찰들이 웃는 소리가 들렸던
것도 기억한다.

"경찰들은 제 진술을 받아 적었고 의사와 이야기를
해보겠다고 했어요. 하지만 아무런 결과도 듣지 못했죠. 아주

오래전이었고 그때는 여성 경찰이 없었어요. 그리고 경찰들 눈에 저희는 정말 어린애들로 보였을 거예요."

　페니처럼 많은 여성이 자신에게 일어난 일을 수치스러워하거나 두려워하거나 축소한다. 내가 만난 어느 젊은 여성은 그의 어머니가 다녔던 산부인과 의사에게 검진을 받는 동안 성폭력을 당했다. 그 의사는 어머니의 출산을 담당한 적도 있었다.

　"그때 저는 스물세 살이었고 어머니에게 얘기하지 못했습니다." 그가 내게 말한다. "아직도 못 했어요. 아마 평생 못 할 것 같아요."

　　　　　　　‡‡‡

　2016년에 『애틀랜타 저널-컨스티튜션』은 '의사와 성범죄'라는 제목의 연재 기사 1화 "배반 면허증"을 발행했다.[13] 기사를 작성한 기자 팀은 충격적인 범죄 사례를 줄줄이 열거한다. 켄터키주의 아쇼크 알루르 박사는 환자의 복부 감염을 살펴보던 중에 환자에게 속옷이 섹시하다고 말했다. 그러고는 환자의 몸을 쓰다듬더니 음부에 자신의 입을 가져갔다. 환자는 그를 밀쳐내고 경찰서에 갔다.

　"너무 예뻐서 그랬습니다." 후에 두 사람이 대면했을 때 의사가 환자에게 한 말이다. "참을 수가 없었습니다."

　또 보도에 따르면, 성폭행으로 심한 부상을 입은 후 비뇨기 문제가 생긴 여성을 치료하려던 미주리주의 밀턴 아이히만이라는 의사는 환자에게 "성관계를 할 때 묶여 있는 것을 좋아하는지, 쉽게 자극을 받는 편인지, 상대가 몸에 오줌 싸는 걸 좋아하는지"

물었다고 한다. 그런 다음 환자에게 흥분된다고 말했다.

이어서 기사는 캘리포니아주의 사례를 보도한다. 만딥 베니윌이라는 정신과 의사는 환자의 블라우스 안으로 손을 넣어 가슴을 움켜쥐고 가슴에 입을 갖다 댔으며 곧이어 환자의 손에 사정했다.

텍사스주의 의사 필립 레너드는 열일곱 명의 여성으로부터 신고가 접수될 정도로 진찰을 하면서 환자를 상습적으로 성추행했다.

비슷한 사례는 계속 이어진다. 그리고 각 사건마다 기사는 의사의 실명을 거론하며 이 모든 사례는 당국의 수사 결과 혐의가 사실로 확인된 것으로 보이거나, 아니면 의사가 자신의 행동을 스스로 인정했다는 점을 분명히 밝힌다. 그럼에도 이 의사들에게 미친 여파는 놀라울 정도로 미미한 것으로 드러났다.

> 모두 흰 가운을 벗지 않고 계속해서 환자를 볼 수 있었고, 그들과 비슷한 전국 각지의 다른 의사 수백 명도 마찬가지였다…
>
> 사회는 시민 대부분의 성비위에 대해 비난을 가하고 처벌을 요구한다. 노스캐롤라이나주의 십 대 남녀 커플은 문자 메시지로 서로의 누드 사진을 주고받는 '섹스팅'을 했다는 이유로 체포되었다. 조지아주의 한 여성은 19세 때 나이를 속인 15세 남성과 성관계를 한 것 때문에 성범죄자 신상 등록부에 올랐다. 18세의 제자와 성관계를 한 펜실베이니아주의 한 교사는 성 맹수(강간범이나 아동 대상 성범죄자 등을 이르는 말로 약한 대상을 먹잇감으로

노리고 공격한다는 의미를 갖는다—옮긴이)로 불렸으며 감옥에 수감되었다.

그러나 의사가 맹수가 된 경우에 국가는 대개 못 본 척한다는 것이 [본지의] 조사 결과 밝혀졌다.

어떻게 이런 일이 벌어질까? 이 조사는 다음과 같은 몇 가지 이유를 찾아냈다. 동료 의사들이 대다수를 차지하는 의료 위원회는 의사들에게 한 번 더 기회를 주었다. 사건이 법정으로 넘어가면 검찰이 기소를 하지 않거나 공소사실을 축소했고, 그리하여 의사들은 계속 진료를 할 수 있었다. 그리고 일부 사건은 "각계가 힘을 합쳐 의사를 감쌌다."

『애틀랜타 저널-컨스티튜션』은 대중의 관심을 끌 정도의 성비위 스캔들이 있었던 다른 기관과 단체를 나열한다. "로마가톨릭교회, 군대, 보이스카우트, 대학 등." 이들은 모두 성범죄를 보다 투명하게 밝혀내겠다고 약속했다. 그렇지만 의료계는 "성비위를 중대한 선결 과제로 받아들인 적이 한 번도 없다. 게다가 겹겹의 은폐가 이루어지기에 대중은 물론 업계 내부에서도 의사의 성범죄가 어느 정도인지 파악하기가 불가능에 가깝다."

이 신문의 기자들은 리서치를 하던 중에 놀라운 연구 결과를 접하고서 이러한 전국적 조사에 착수했다. 그들은 조지아주에서 "성비위로 징계를 받은 의사의 3분의 2가 다시 의료 행위를 하도록 허용되었다"는 사실을 알게 되었던 것이다. 그래서 다른 주들도 조사해보기로 했고, 그 결과 전국의 모든 주에서 의사의 성범죄가 용인되는 것으로 드러났다.

이 연재 기사는 의사의 대다수는 환자에게 성폭력을
저지르지 않는다는 것을 인정한다. 그러나 가톨릭교와 같이 놓고
본다면 "이러한 현상은 성직자의 스캔들과 유사하다. 즉, 그런
일이 꼭 매일같이 일어나지는 않지만 사람들이 아는 것보다는
훨씬 더 자주 일어난다"는 것이 조사 결과 밝혀졌다.

기사가 보도된 2016년 당시 미국 50개 주 중 11개 주만이
의사가 성인을 대상으로 성범죄를 저지른 혐의가 있을 때 의료
당국이 경찰에 신고해야 한다는 것을 법으로 규정하고 있었다.
일부 주들은 의료 위원회가 "성비위를 모호한 언어로 덮어
감추"거나 온라인에 공개했던 문서를 전부 삭제했다. 기사는
성폭력으로 공적 징계를 받은 의사 2400명을 조사했고─다시
말하지만 성비위 사실이 은폐되거나 축소 보고되는 경우가
다반사라는 것을 염두에 둬야 한다─그 가운데 절반이 여전히
의사 면허를 유지하고 있는 것으로 드러났다. 무려 절반.

열일곱 명의 여성이 진찰을 받으면서 성추행을 당했다고
고소한 텍사스주의 의사 필립 레너드는 어떻게 되었을까?
『애틀랜타 저널-컨스티튜션』의 기자들은 의료 위원회가 처음에는
그의 면허를 정지시켰다는 사실을 알아냈다. 그러나 한 환자의
고소 건이 재판까지 갔을 때 배심원단이 의사의 무죄를 선고했고,
이에 의료 위원회는 마음을 바꾸었다. 2016년 현재 이 의사는
여전히 의료 행위를 하고 있었다. 게다가 레너드의 재판을
맡은 배심원단은, 나와서 입을 열었던 나머지 열여섯 여성에
대해 들어본 적이 없었다. 그 대신 피해 환자가 증언을 했을 때
진술의 신뢰성을 공격한 피고 측 변호인이 하는 말만 들었다.
이후 의료 위원회는 10년간 남성 환자만 진료한다는 조건하에

레너드가 의료 행위를 계속하는 것을 허용했다. 그리고 그 제한은 2014년에 풀렸다.

일부 의사들은 한 주에서 면허를 잃고 결국 다른 주로 옮겨가 의료 행위를 한다. 오하이오주 의료 위원회의 전 임원이었던 에런 해즐럼은 그런 일이 일어나는 것을 보기가 진저리 난다고 이 신문에 말했다.

"그런 일이 이따금씩 계속 있고, 그때마다 좌절감을 느낍니다. 우리는 의료 행위를 할 자격이 없다고 생각되는 사람에 대해 엄격한 처분을 내리려 노력했는데 그 사람이 면허를 상실하고는 바로 옆 주에 가서, 아니면 조지아주나 플로리다주에 가서 병원을 차리는 것이죠."

그리고 데이비드 클로허시가 신문에 말한 것처럼 의료 위원회가 사건을 쉬쉬하고 은폐하는 것, 그럼으로써 의사를 징계하기는 하나 의료 행위를 계속하도록 허용하는 것은 곧 의사들이 다른 시민들과 다른 대우를 받는다는 뜻이다. 성직자나 의사 등에게 성폭력을 당한 사람들을 변호하는 조직 SNAP의 임원인 클로허시는 이렇게 지적한다.

"누가 저지르건 범죄는 범죄입니다. 범죄는 법을 집행하는 독립된 전문가에게 신고되어야 하며 그들에 의해 수사되고 기소되어야 합니다. 반드시요. 동료들로 구성된 패널이나 감독관들로 구성된 어떤 위원회, 피의자가 얻은 것과 같은 직함을 얻은 다른 사람들에 의해서가 아니라요."

권력을 가진 이들이 의사의 위반이나 범죄를 눈감아 주기로 하는 것이 어느 정도까지인지는 기자들도 미처 예상하지 못했던 듯하다.[14] 기사에 따르면 콜로라도주의 루이스 윌리엄베어라는 의사는 환자의 몸을 더듬고 환자에게 저속한 말을 하고 심지어 환자와 성관계를 가졌다. 콜로라도주는 이런 행위를 착취로 간주하고 금지한다. 그럼에도 주지사는 2002년에 그를 콜로라도주 의료 위원회에 앉혔다. 그리고 위원회에서 "그는 다른 의사들의 사건에 대한 징계 판정에 영향력을 행사할 수 있었다"라고 기자들은 쓴다.

의사의 성비위 관련 정보를 보관하는 미국 유일의 데이터뱅크에 올라 있는 것보다 더 많은 의사들이 그러한 혐의를 받았다는 사실 또한 이 보도를 통해 드러났다.[15] 기자들은 의료 위원회들이—의사 한 명 한 명을 의료계의 중요한 자원으로 여기는 것도 하나의 이유인데—범죄와 비위를 감추기에 급급하다는 것을 알게 되었다.

-¦¦¦-

어떤 여성들은 의사의 부당한 대우에 노출될 위험이 특히 높다. 의료 서비스를 필요로 하는 트랜스 여성은 한층 더한 수치심과 의사의 서툰 치료에 직면하곤 한다. 전국LGBTQ태스크포스의 빅토리아 로드리게스-롤단은 내게 한 가지 사례를 들려주는데, 면전에서 당한 일은 아니지만 그 때문에 의사와 대화를 하면서 안전하지 않다는 느낌을 받았던 건 분명하다고 한다. 그는 새로 만난 의사가 자신이 트랜스젠더임을 아직 모른다면 굳이 언급하고 싶지 않을 때가 있다고 말한다. 어느 날 그는 호흡기내과 의사를 찾아갔다. 진료실에서 의사를 기다리며 책상에 놓인 사진들과 온 벽에 걸린 최우수 의사상들을 보고 있을 때 복도에서 의사의 말소리가 들렸다.

의사는 간호사에게 진단 결과를 이야기하면서, 환자가 여성인데 이 문제는 전립선과 관계가 있기 때문에 이런 진단이 나올 가능성은 생각도 안 했다고 말했다.

"케이틀린 제너처럼 희한한 뭔가가 있지 않은 이상 불가능한 일이죠."

의사가 말했다. 그러자 간호사는 마치 누군가의 성 정체성이 그저 농담거리에 불과한 듯 소리 내어 웃었다. 이내 의사가 진료실로 들어와서 로드리게스-롤단에게 검사 결과를 알려주었다.

"저는 신경이 곤두선 채로 자연스럽게 행동하며 아무것도 못 들은 척했습니다."

그가 그때를 떠올린다. 그는 자신도 "희한한" 케이틀린 제너 같은 트랜스 여성이라는 말을 하지 않았다. 공연히 비웃음당하는 기분을 느낄 필요가 없었다.

진짜 농담은 이 무디고 무지한 남자가 그의 표현에 의하면 "리버럴이 들끓는" 워싱턴시에서 진료를 하고 있다는—게다가 일류 대학 소속의 유명 의사라는—사실이었다.

대도시의 트랜스 커뮤니티 구성원들은 경우에 따라 그들에게 특화된 의료 서비스를 받을 수 있다. 예를 들어 맨해튼의 캘런-로드커뮤니티헬스센터는 LGBTQ 환자를 전문으로 한다. 그곳 의사들은 전문적인 훈련을 받았으며, 짐작건대 자진해서 그런 기관을 선택했을 것이다. 젠더 규범에 저항하는 사람이 옆에 있을 때 불편함을 느끼는 의대생이라면 아마 트랜스 환자를 중점적으로 진료하는 의료 센터에 가지 않을 테니까.

따라서 캘런-로드 같은 곳에서 의료 서비스를 받는 트랜스 여성은 상대적으로 호의적인 환경을 만나게 된다. 그렇지만 미국은 아주 큰 나라이고 그런 병원은 예외적이다.

2010년에 전국트랜스젠더평등센터와 전국게이·레즈비언태스크포스(현 전국LGBTQ태스크포스)는 「건강과 건강 관리에 관한 전국 트랜스젠더 차별 실태 조사 보고서」를 발행했다. 당시 이 보고서는 "지금까지 수행된 트랜스젠더 차별 실태 조사 가운데 가장 방대한 조사"로 일컬어졌다.[16] 총 7000여 명이 설문에 응했고 그중 유효 응답자 6450명이 최종 연구 표본에 포함되었다. 응답자의 19퍼센트─약 1225명─가 의료 서비스 제공자로부터 트랜스젠더라는 이유로 진료를 거부당한 적이 있다고 보고했다. 아메리카 원주민 및 혼혈이라고 밝힌 응답자들이 가장 높은 비율로 거부당한 것으로 나타났다. 의료 서비스를 거부당한 것 외에 응답자의 28퍼센트는 "의료 환경에서 괴롭힘을 당했으며" 2퍼센트는 진료실에서 폭력을 당한 경험이 있었다. 이 보고서를 작성한 저자들 중 일부가 2015년에 실시한 더 큰 규모의 설문 조사에는 2만 7715명이 응답했다. 조사 결과 아메리카 원주민, 중동인, 혼혈인 응답자가 의료인에 대해 가장 높은 수준의 부정적인 경험을 했다고 보고했다.[17]

의료 전문가들은 트랜스젠더의 의학적 문제에 관한 적절한 지식이 부족하다. 2010년 설문 조사에서 응답자 6000여 명 중 꼬박 절반이 환자인 자신이 의료인에게 트랜스젠더의 건강 관리에 대해 가르쳐줘야 한다고 답했다. 2015년 보고서에서는 2만 7000명이 넘는 응답자의 24퍼센트가 "적절한 치료를 받으려면 의료인에게 트랜스젠더에 대해 가르쳐줘야 한다"라고

보고했다. 이 수치는 곧 설문에 참여한 사람의 약 4분의 1이
의료인이 그들을 어떻게 치료해야 할지 모르거나 애초에
트랜스젠더와 친숙하지 않다는 걸 알게 되었음을 의미한다.[18]

인권캠페인—어떤 사람들은 이 조직이 LGBTQ+의 권리를
위한 싸움에 있어 지나치게 보수적이라고 생각하지만, 어쨌든
도움이 되는 역할을 하고 있다—은 2016년의 한 보고서에서
병원이 트랜스젠더 환자에 대해 더 잘 알고 그들에게 트라우마를
주는 일을 피하는 방법을 소개했다.[19] 트랜스젠더에 대해
긍정적인 병원 정책으로 제시된 것에는 트랜스 환자가 자신을
지칭할 때 어떤 대명사를 사용하는지 반드시 주의를 기울여
들을 것, 환자가 병원에 있는 동안 자신의 젠더를 표현할 수
있도록 가슴 바인더나 패드 같은 유용한 물품을 이용 가능하게
해둘 것 등이 있다. 이와 같은 권고안 중 일부는 입원 환경에
특수한 것이며 일상적인 외래환자 진료에는 적용되지 않으나,
이 보고서는 의사들이 의지만 있다면 트랜스젠더를 위한 의료
서비스의 일부분을 얼마나 간단히 개선할 수 있는지 보여준다.

그런데 트랜스에게 가장 긍정적인 병의원에도 장애물은
존재한다. 서른 살의 법대생인 리아 리오스는 유엔을 비롯한 여러
곳에서 트랜스와 퀴어 옹호 활동을 해왔다. 그는 에스트로겐
주사제의 부족 문제에 대해 알려주려고 내게 연락을 취했다.
이 문제는 자신을 포함한 전국의 수많은 트랜스 여성에게
영향을 주고 있다고 한다. (내 생각에 에스트로겐 주사제의
부족은 성 정체성이 논바이너리이면서 에스트로겐을 투여하는
이들에게도 영향을 미쳐왔을 것이다.) 우리는 사람이 붐비는
카페에서 만났는데 빈자리를 찾을 수가 없다. 그러자 그는 여기

말고 몇 블록 떨어진 자신의 아파트에 가서 이야기를 나누자고
제안한다. 우리는 밝은 거실에 도착해 입고 있던 겨울 코트를
벗고, 리오스는 찻물을 끓인다. 그가 작은 2인용 소파에 앉으러
가는 걸 보며 주위를 둘러보니 다른 의자가 하나밖에 없어서
나는 거기 앉아야 할 것 같은데, 곡선 형태라 엉덩이와 등이 아플
게 분명하다. 그렇지만 리오스가ㅡ직접 만난 것이 처음인ㅡ나를
자신의 집에 초대한 만큼 예의를 갖추고 싶다. 그래서 그냥
감내하기로 하고 아프기 시작하면 그때 자세를 바꾸고 좀
괜찮을지 두고 보자고 생각한다.

리오스는 머그잔에 담긴 차를 한 모금 마시고는 주사제
부족 문제를 풀어놓는다. 캘런-로드커뮤니티헬스센터나 여타 잘
알려진 LGBTQ+ 전문 의료 기관에서도 자신과 같은 여성들이
매일 투여해오던 호르몬 주사제를 구할 수 없게 되었다고 한다.
이 문제는 언론에 보도되기도 했지만 사람들에게 미치는 영향은
여전했다. 그는 부족의 원인이 뭔지 알아보려고 캘런-로드에
문의해보았으나 센터 측에서도 모르는 게 분명해 보였다.

주사제 대신 알약을 투여하는 방법도 있기 때문에
시도해보았지만 같은 효과를 볼 수 없었다고 리오스는 말한다.
말하자면 자기 자신처럼 느껴지지가 않았는데 아마 다른 트랜스
여성들도 비슷한 기분을 느꼈을 것이라고 한다. 전국적인 부족
현상이 지속되는 와중에도 호르몬을 제조한 사기업에 훨씬
더 큰 돈을 지불하고 주사제를 구입하는 것 역시 해결책이
될 수 없었다. 많은 이들이 그만한 비용을 감당할 수가 없다.
게다가 에스트로겐 부족 현상이 있든 없든, 호르몬제 투여가
트랜스젠더들의 건강에 미치는 장기적인 영향은 연구되지

않았다고 리오스는 덧붙인다. 트랜스젠더는 의학 연구가 간과하는 또 하나의 인구 집단인 것이다.

대화를 나누는 중에 내 병력에 대한 이야기가 나온다.

"고관절 문제가 여전히 나를 괴롭히고 있는 게 보일 거예요." 내가 말한다. "그래서 자꾸 이렇게 움직이고 있는 거랍니다." 대화를 하는 동안 가만히 앉아있지 못하는 게 스스로 신경이 쓰여서 말을 하는 내 목소리가 지나치게 밝다.

"자리를 바꿔 앉을까요?" 리오스가 묻는다.

"사실 그래 주면 너무 좋죠." 내가 말한다. "정말 고마워요! 좀 더 일찍 얘기했어야 하는데, 바보 같네요. 그렇지만 자리를 바꿔달라고 부탁하기가 좀 그랬어요. 방금 만난 사이고, 당신이 친절하게도 저를 집까지 초대해줬으니까요."

리오스 자신은 건강에 아무런 문제가 없지만 내가 하는 말을 이해한다. 그는 우리가 겪은 경험에 아마 유사한 점이 있을 것 같다고 말한다. 건강 문제 때문에 편의를 필요로 하지만 폐가 될까 싶어 그런 부탁을 하기가 너무 두려운 것은, 병원에서든 일상에서든 트랜스젠더여서 편의를 필요로 하지만 요청하기가 너무 두려운 것과 아주 비슷한 듯하다. 리오스는 우리가 다른 사람에게 간단한 부탁을 하는 것을 걱정하는 대신 그들이 우리를 친절하게 대해줄 것이라고 기대하기 시작해도 된다고 말한다. 누군가 당신이 통증을 덜 느끼도록 자리를 바꿔주는 것이 너무 좋은 일이라고 생각할 게 아니라 "당신이 방문한 집의 주인이 당신이 편하게 있도록 해주지 '않는다면' 그게 이상한 일"이라는 것이다. 마찬가지로 의사가 평상시와 같이 환자를 대하지 않고 편견이 들어있거나 무례한 언행을 한다면 그걸 이상하게 봐야 한다고 그는 말한다.

┼┼┼

물론 다양한 젠더의 많은 의료 전문가는
환자를 진심으로 배려한다. 대다수의 의사는 자신을 찾아온
사람에게 일부러 해를 가하지 않는다. 그러나 『애틀랜타 저널-
컨스티튜션』이 썼듯이 성직자도 대부분은 강간범이 아니지만
가톨릭교는 성범죄 스캔들로 유명해질 만큼 충분히 문제가
있었고 교활한 은폐가 있었다.

그런데 의사가 윤리적이고 비폭력적이며 친절한 경우에도
환자는 여성 환자의 욕구를 이해하지 못하고 이해하려 노력도
하지 않는 의사들과 건강 연구자들의 역사를 눈앞에서
맞닥뜨리곤 한다. 많은 남성 그리고 일부 여성은 그들이 여성
환자의 경험이 어떤 것인지 잘 안다고 생각하며, 자신들이
만들어낸 생각을 바탕으로 중요한 연구를 수행하고 의료적
결정을 내린다.

"1950~60년대, 그러니까 페미니즘 운동이 일어나기 전의
유방암 관련 문헌을 살펴보면 가슴을 잃는 것에 관한 내용이
너무나 많습니다." 건강 심리학자 트레이시 레번슨이 말한다.
"여성성, 섹슈얼리티, '완전한' 여성 되기 같은 것들로 점철되어
있지요." 지금은 연구자들이 다른 메시지, 즉 "신체 부위가 뭐
그리 대수인가? 나는 오래, 건강하게 살고 싶다"라는 여성들의
말에 귀를 기울인다고 한다.

레번슨은 이것이 유방암에 걸린 모든 여성이 유방절제술을
아무렇지도 않게 생각한다는 얘기는 아니라는 점을 지적한다.

265

그건 확실히 아니다. 그러나 그의 말에 따르면 당시 "의사들은 온통 유방에만 초점을 두었는데" 정작 여성들에게 그들의 삶에서 무엇이 중요한지는 물어보지 않았던 것으로 보인다.

그는 유방암 환자를 위한 리치포리커버리(Reach for Recovery) 프로그램의 자원봉사자들이 수술 직후의 여성들을 만나 "작은 양털 뭉치예요. 당분간은 이걸 가운 안쪽에 붙이세요"라고 말하던 것을 기억한다. 여성들에게 가짜 유방을 지급하며 회복하는 동안 사용하라고 권유했던 것이다. 1980년대부터 페미니스트 연구자들이 증거 기반의 연구를 수행하면서 여성들이 "나는 이런 양털 뭉치를 가운 안에 붙이고 싶지 않다. 나는 유방절제술을 받았고 그 후 병원에 입원해있다. 나는 내 수술 흉터와 내가 살아남았다는 사실을 자랑스러워해도 된다"라고 말하고 있음을 알게 되었다는 것이 레번슨의 설명이다.

오드리 로드는 『암 일지』에서 유방절제술을 받은 후에 겪었던 일을 회상한다.

> 리치포리커버리에서 나를 보러 병원에 찾아온 여성은 물론 그 나름대로 꽤 존경스럽고 인상 깊기까지 했으나 내 경험이나 내가 걱정하는 것에 대한 말은 하지 않았다. 마흔네 살의 흑인 레즈비언 페미니스트인 나는 이런 상황에서 롤 모델이 되어줄 사람이 주변에 거의 없다는 걸 알고 있기는 했다. 하지만 유방절제술을 받고 이틀이 지난 시점에서 나의 주된 관심사가 미래에 어떤 남자를 내 사람으로 만들고 싶은지, 예전 남자친구가 나를 여전히 충분히 매력 있다고 생각할지 같은 것일 리는 없으며 나의

266

두 아이가 친구들 앞에서 나를 부끄러워하지 않을까 하는
걱정은 더더욱 아니었다.
    내가 걱정하는 것은 나의 생존 확률, 그리고 아마도
단축되었을 수명이 나의 일과 내가 우선시하는 것들에
미칠 영향이었다.[20]

이어서 로드는 다음과 같이 쓰는데, 레번슨은 나와 인터뷰를
하면서 아마 이 부분을 떠올렸는지 모른다.

여성에게 작은 양털 뭉치나 실리콘 젤 혹은 둘 다를
잘 삽입하면 수술 전과 "똑같아질" 수 있다고 넌지시
이야기하는 것은 곧 보형물에 강조점을 두는 것이다.
그리고 보형물은 여성에게 비록 모습이 달라졌고
트라우마도 입었겠지만 그래도 자신을 신체적으로나
정서적으로 실제 그대로 대하지 말도록 부추긴다. 이러한
후속 성형 수술의 강조는 여성에 대한 이 사회의 고정관념,
즉 우리는 겉으로 보이거나 드러나는 모습이 전부이며
그렇기 때문에 우리가 신경을 쏟아야 하는 우리 존재의
유일한 측면은 바로 겉모습이라는 관념을 강화한다.[21]

십 대 때 해변에 가던 길에 병원에 들렀다가 백혈병 진단을
받은 여성 에린도 비슷한 이야기를 한다. 담당 의사는 에린에게
가발 제조업자를 연결해주었는데 그는 의사가 자신을 살리는
데 집중해야 한다고 생각했다. 결국 가발을 착용하기는 했으나
에린은 의사가 그런 것에 우선순위를 두는 것이 화가 났다.

1960~70년대 이래로 얼마간의 진보가 이루어지기는
했겠지만 일부 건강 연구자와 의사는 여전히 잘 모른다. 레번슨은
유방을 잃는 것이 실제로 아주 큰일이거나 아니면 남성 파트너가
그걸 큰일로 생각하는 여성들에 대해 이야기한다. 그리고 이어서
유방암에 걸린 동성애자 여성에 관한 연구는 별로 없다고
말한다. 레번슨은 언젠가 레즈비언을 연구에 포함시킨 어느 건강
연구자에게 왜 포함시켰는지 설명해달라고 요구한 적이 있다.
왜냐하면 그들에게 한 질문이 이성애자 여성들에게 한 질문과
조금도 다르지 않았기 때문이다. 연구자의 대답은 이랬다.

"레즈비언을 연구에 포함시켜서 연구비를 추가로
받았거든요."

한편, 미국 질병예방·건강증진국에 따르면 레즈비언은 암
예방 서비스를 받을 가능성이 더 낮다.[22] 그런데 그 연구자는 그
어떤 유용한 정보도 알아보지 않은 채 그저 연구비를 더 받으려고
레즈비언을 연구에 포함시켰던 것이다.

『뉴욕 타임스』는 유방 절제 후 "평평한 가슴으로 사는"
여성들(다양한 섹슈얼리티의 여성이 이를 선택한다)에 관한
기사에서 유방재건술을 받지 않는 쪽을 택했거나 받았지만
감염과 합병증이 잇따라 발생하면서 보형물을 제거하기로 한
여성들을 인터뷰한다. 기사에 따르면 제리 배리사라는 여성은
담당 의사 중 한 명이 보형물을 삽입하지 않겠다는 그의 결정에
매우 부정적인 반응을 보였다.

"그런 모습으로 어떻게 돌아다니려고요? 기형처럼 보일
텐데요." 그에게 의사가 한 말이다. [23]

자가면역질환의 경우 환자의 4분의 3 이상이 여성이다.[24] 일부 질환은 주목을 받고 연구비 지원을 받지만 나머지는 여전히 조사되지 않은 채 '미스터리' 질환들로 가득 찬 벽장 속으로 밀려났다. 문화 평론가와 환자 들이 공히 지적하듯 이 벽장은 히스테리라는 오래된 여성혐오적 관념의 악취를 내뿜는다.

　심리학자 마사 뱅크스와 엘린 캐샤크는 치료사를 위한 핸드북이라 할 수 있는 『가시적·비가시적 장애를 가진 여성들』에서 "여성의 병에 대한 연구는 매우 제한적"이라고 쓴다. 과거에 "서서히 진행되는 마비"라고 불렸던 다발경화증은 "'여성 히스테리'가 원인이 되어 발생하는 정신 이상으로 여겨졌다. 다발경화증이 바이러스와 관련된 자가면역 반응으로 인정된 것은 1996년에 이르러서다."[25]

　섬유근육통은 '히스테리' 탓으로 치부되며 구름에 가려져 있던 또 하나의 질환이다. 섬유근육통이 있는 사람 열 명 중 대략 아홉 명이 여성이다.[26] 2004년 『사회과학과 의학』에 수록된 논문에서 연구진은 이렇게 서술한다.

　"지난 10년간의 다양한 연구에 보고된바 섬유근육통 같은 만성 근육통 및 만성피로 증후군을 앓는 여성들은 의료인과의 만남에서 여러 부정적인 경험을 했다. 그들은 반복적으로 의심을 받았고, 아픈 게 아니라거나 상상의 병에 시달리고 있다거나 정신과적 문제로 분류되는 질환이라는 판정을 들었다."[27] 그런데 그들은 의사들이 자신의 말을 믿게 하기 위한 노력, 즉 "신뢰를 얻기 위해 애쓰기"만 한 것이 아니었다고 연구진은 설명한다. "그들의 이야기는 그들이 환자로서 그리고 여성으로서 자존감과 존엄을 지키고자 어떻게 분투했는지 보여주었다."

또한 주목할 것은 논문의 제목 "'나는 모든 것을 불평하는 그런 여자가 아닙니다': 만성 통증이 있는 여성들의 자아와 수치심에 관한 투병 이야기"이다. 어떤 여성들은 '그런' 여성이 되고 싶지 않아 한다. 그들은 일종의 자기 감시를 수행하면서 정형화된 여성이 되지 않으려 노력한다. 어쨌거나 의사들이 그들의 말을 항상 경청하는 것은 아니지만 말이다. 연구진이 이전에 연구한 여성들 일부는 "의사와 상담할 때 증상이 사회적으로 눈에 보이고, 실재하고, 신체적으로 나타나게 하기 위해 많은 노력이 필요했다"는 것을 보여주었다. "그들은 너무 강하지도 너무 약하지도, 너무 건강하지도 너무 아프지도, 너무 똑똑하지도 너무 조리 없지도 않아 보이도록 그 사이에서 미묘한 균형을 찾기 위해 애썼으며 그러한 균형은 몸과 젠더에 직결되어 있었다." 연구진의 표현에 따르면 이 여성들은 "통증과 젠더를 잘 조직"하여 여성이라는 자신의 젠더와 자신의 몸이 "자신에게 불리하게 작용하는 일"을 막고 싶었다.

만성피로 증후군은 제니퍼 브레아가 테드 강연에서 이야기하는 바로 그 질환이다. 근육통성 뇌척수염, 만성피로 증후군, 전신적 활동 불능병 등 어떤 명칭으로 불리든 간에 연구자들은 이 질환을 오랜 세월 과소평가했다. 2015년에 『워싱턴 포스트』는 과학자 로널드 W. 데이비스에 관한 기사를 실었다. 젊은 사진가인 그의 아들 휘트니 더포가 이 병에 걸리고 더 이상 하루하루를 혼자서 생활할 수 없는 지경에 이르자 그는 이 병을 열성적으로 연구하기 시작했다.[28]

데이비스는 "이건 정말 놀라울 만큼 아무도 모르게 진행됩니다. 이 병을 앓는 사람들은 아파 보이지 않기 때문에 누구도 그들의 말을 믿지 않죠"라고 『워싱턴 포스트』에 말한다. 그리고 이 질환을 진단받은 사람의 대부분은 여성이다.

데이비스는 그의 연구에 대해 "우선 우리가 찾아내려 하는 것은 생체표지자, 그러니까 특유하게 잘못된 무언가를 분명히 나타내는 지표입니다"라고 말한다. 그러면 "환자들에게 많은 도움이 될 것"이라고 한다. "그걸 찾게 되면 의사들이 더 이상 그들이 아프다는 사실을 부정할 수 없을 겁니다."

그런데 데이비스는 유명한 과학자임에도 불구하고 『워싱턴 포스트』가 기사를 실은 시점에 아직 이 질환을 연구하기 위한 NIH의 지원금을 확보하지 못한 상태였다.

2016년에 연구자 45명이 연대해 "연구 영향 평가에 젠더를 포함시키기 위한 전 세계적 행동 요청"을 작성했다.[29] 『건강 연구 정책과 시스템』 저널에 실린 이 문서에서 저자들은 중요한 연구에서 여성과 여성의 건강 문제가 간과되는 여러 방식을 상술하며 "젠더 편향이 생체의학과 건강 연구 과정의 모든 단계에서 발생할 수 있다는 증거가 있다"라고 쓴다. 특히 그들은 건강 연구의 연구자와 연구 참여자 양쪽 모두 "여성이 현저히 과소 대표되는 경향이 있다"는 것을 밝혀냈다. 연구를 하는 쪽을 보면, 2013년 미국 의과대학 입학생 중 여성의 비율은 47퍼센트에 이르렀으나 교수로 재직하는 의사 및 과학자 중 여성은 38퍼센트에 불과했다. 그리고 영국에서 후자의 비율은 더 낮은 28퍼센트에 머물렀다.

생체의학 연구 참여자의 경우 상황은 더 암울하다. 저자들은 "예를 들어 여성은 HIV 보균자의 약 절반을 차지하지만 HIV 항레트로바이러스 약물에 대한 임상 연구에서는 과소

271

대표된다"라며 연구 대상의 19퍼센트에 불과한 것으로
나타났다고 서술한다. 또한 성별 비특이적 암에 관한 이른바
영향력이 큰 연구들에서도 여성은 과소 대표된다.

그뿐만이 아니다. 저자들에 의하면 여성 과학자는 남성에
비해 연구비를 적게 받는 경향이 있다. 연구 자금을 확보한
이들이 어떤 유형의 질환을 어느 인구 집단을 대상으로 연구할
것인지 결정하게 되는 분야에서 이는 중요한 문제다. 또 여성은
의학 저널에 수록되는 논문 저자로서도 과소 대표된다. 일부
저널에서 연구의 제1 저자―페이지의 맨 위에, 나머지 저자들보다
앞에 이름이 나오는 연구자(로서 대개의 경우 나머지 저자들을
총칭하는 '외'라는 말과 함께 이름이 언급되는 사람)를 의미한다―
가운데 여성이 차지하는 비율은 "최근 들어 정체 상태에 있으며
감소하기까지 했다".

그리고 건강 연구자들이 남성과 남성의 질병 경험에 주로
초점을 맞추는 것은 유해할뿐더러 여성에게는 치명적일 수
있다고 저자들은 쓴다. 가령 지금까지 의학 연구자들은 주로
남성의 심장발작 증상을 연구했다. 따라서 이들의 연구는
여성에게서는 심장발작 증상이 다르게 나타날 수 있다는 점을
인지하지 못했다. 의사들은 이 연구들을 보고 배웠다. 그래서 남성
환자에게 나타난다고 기록된 증상과 비슷한 증상이 있는 여성
환자를 보면 남성에게 하는 것과 동일한 유형의 진단을 내리고
치료를 제공했다. 그러나 남성과 다른 증상을 보이는 여성을
진료하는 경우 의사들은 증상을 제대로 파악하지 못하거나
적절한 치료를 해주지 못했다. 결과적으로 그 여성들 중 다수가
사망했다.

    2015년에『워싱턴 포스트』가 언급했듯이 미국 회계감사원의
보고서는 "NIH는 연구자들이 남성과 여성이 시험 중인 약물의
영향을 다르게 받는지 알아보기 위해 성별에 따른 결과를
검토하는지의 여부를 여전히 의회에―아니 누구에게도―
보고하지 못하고 있다"라고 밝혔다.[30] 보통 과학자들은 성별
연구 결과 분석을 요구받기는 하나 NIH는 그러한 정보를
효과적으로 수집하기 위한 절차를 마련해놓지 않았다. 어떤
약물이 남성에게 작용하는 방식과 여성에게 작용하는 방식이
다른지 알아볼 표준화된 방법이 없는 것이다.『워싱턴 포스트』는
수면제 앰비엔을 예로 들며 이 약의 예전 권장 복용량은 "여성의
체내에서 빠져나가는 데 더 오래 걸렸고 복용 다음 날 아침에
위험을 일으킬 수 있었다"라고 전한다. 후에 FDA는 앰비엔에
대한 남성과 여성의 반응 차이를 인지하고 그러한 건강 위험을
완화하기 위해 권장 복용량을 줄이도록 조치했다. 약 개발 과정의
초기에 임상시험으로 위험을 파악하는 데 실패할 경우, 정부
기관에서 알아냈을 때는 이미 너무 늦은 시점이 될 수 있다.
    그렇지만 지난 몇십 년간 규정이 개선되기는 했다.『워싱턴
포스트』의 설명에 따르면 1977년의 FDA 지침은 "가임 연령
여성"이 약물 시험에 참여하는 것을 전면 금지했다. 임신한
여성이 아니라 임신이 가능한 것으로 여겨지는 연령대의 모든
여성이 약물 임상시험에 참여할 수 없었다. 이 금지 규정은
1993년이 되어서야 해제되었다.[31]

뉴욕 마운트시나이 의대의 신경과학자 디나 워커는 뇌의 성별
차이를 연구한다. 그는 여성을 간과하는 연구의 문제를 자신의

실험실이 어떻게 거들었는지 처음 깨닫기 시작한 이야기를 내게 들려준다. 원래 워커는 생식기 암 생물학자로 출발했기 때문에 암컷 설치류에 관한 연구를 했다. 그러다가 신경과학으로 분야를 바꾸었을 때 새로 들어간 실험실을 운영하던 과학자가 그에게 이런 지시를 내렸다.

"첫 실험은 수컷으로 하라고 하더군요. 그게 더 쉬울 거라면서요." 워커가 말한다. "그리고 저는 그게 무슨 뜻인지 깊이 생각해보지 않았습니다. 그러고 보면 얼마나 많은 과학자가 수컷에만 초점을 두는지에 대해 제대로 숙고해본 적이 없었죠."

수컷 설치류─또는 인간─는 배란과 관련한 호르몬 주기가 없기 때문에 연구하기가 더 쉽다는 생각은 현재의 건강 및 과학 연구에서 "정말로 널리 퍼져있는 사고방식"이라고 워커는 말한다. 당연하게도 연구자들은 늘 변수를 줄일 수 있는 방법을 찾는다는 것이다. 그런데 실험 대상이 생식 주기를 겪는 경우에는 호르몬을─호르몬은 수컷과 암컷 설치류 모두에게 존재하지만─ 반드시 고려해야만 한다. 난소를 가진 인간은 그 주기가 대략 28일이나 설치류는 4~5일이다.

워커는 과학자들이 수컷만 사용하고 암컷은 그저 "작은 수컷"이라고─따라서 연구의 결과나 효과는 암컷에도 똑같이 적용될 것이라고─생각하는 것은 전통적으로 모든 종류의 실험에서 있어온 일이라고 이야기한다. 그런 생각은 어쨌든 가정이었다.

"그건 사실이 아니라고 하실 것 같은 느낌이 드는데요." 내가 워커에게 말한다.

"그리고 이제 우리는 그게 사실이 아니라는 걸 밝혀내고 있죠!" 내 말이 끝나자마자 그가 말한다.

그런데 그런 사고방식을 만들어낸 사회 문화적 힘은 복잡하게 얽혀 있다고 워커는 지적한다. 한편으로 초기 페미니즘은 성별에 따른 차이란 전혀 존재하지 않는다는 생각과 흔히 결부되어 있었다. 하지만 다른 한편으로 "남성과 여성이 다르다고 말한다고 해서 제가 양쪽 성에 대한 가치판단을 하는 것은 아니죠"라고 워커는 말한다. "여성은 자신의 호르몬 변화를 알기 때문에 [실험실 연구에 있어] 다르게 접근할 수 있어요. 그러나 이것이 남성의 접근 방식이 더 낫거나 나쁘다는 뜻은 아니에요. 제 말은 남성과 여성 간에 실제적인 차이가 존재하며 그 차이는 대개 호르몬의 지배를 받는다는 뜻일 뿐입니다."

그래서 페미니스트로서 워커는(나는 워커에게 "당신을 페미니스트라고 칭해도 되나요?"라고 묻고, 그는 "네, 그럼요. 그래 주세요!"라고 답한다) 몸과 뇌의, 그리고 인체를 흐르는 화학물질의 성별 차이를 완전히 지워버릴 경우 연구자들은 서로 다른 신체에서 다르게 나타나는 건강 문제를 간과하게 되므로 직관과는 정반대로 페미니즘에 역행하는 결과에 이른다는 것을 보여주고자 한다.

"예를 들면요?" 내가 묻는다.

워커는 구체적인 예를 제시한다. 설치류는 호르몬이 배란을 유도하면, 짐작건대 교미 상대나 짝을 찾는 데 좀 더 흥미를 느끼는 방향으로 행동이 변한다고 한다. 배란기 동안 화학물질의 변화로 인해 그 설치류는 덜 불안해하고 탐험에 더 적극적으로 나서게 된다는 것이다. 호르몬은 또한―교미와 같은―보상을 더 두드러지게 만든다. 그러나 교미가 전부는 아니다. 물질 역시 배란기의 설치류에게 더 큰 보상으로 느껴지게 된다. "[설치류] 암컷은 배란 중에 코카인에 더 강한 반응을 보이거나, 알코올에 더 강한 반응을 보일 것"이라는 점이 중독 연구 분야에서 밝혀졌다고 워커는 설명한다.

이건 설치류 얘기다. 그렇다면 인간은?

워커의 말에 따르면 몇십 년 전까지 의사들은 여성 환자가 물질 남용에 대해 거짓말을 한다고 생각했다. 여성(여기서 워커가 말하는 여성은 시스젠더 여성이다)들은 병원에 와서 코카인을 한 지 몇 달밖에 안 되었는데 이미 상당히 중독되었다고 말하곤 했다. 그러면 의사들은 연구 논문에서 배운 지식을 떠올렸다. 남성 환자를 진료하면서, 그리고 실험실에서 수행된 연구들을 통해 그들이 알기로 중독이 되려면 몇 달 정도가 아니라 더 오래 걸려야 했다. 그러니 여성 환자는 모두 약물 사용 내력에 대해 정직하게 말하지 않는다고 일축해버린 것이다. 그 여성들은 사실 중독된 것이 아니거나, 실은 약물 사용을 훨씬 더 일찍 시작했다는 쪽으로 생각이 흘렀다.

어느 시점에 이르자 마침내 과학자들은 암컷 설치류를 실험실 실험에 도입했다고 워커는 말한다. 그리고 놀랍게도 실험 결과들은 빠른 중독에 대한 여성들의 주장이 전혀 거짓이 아님을 보여주었다. 난소가 있는 여성은 난소가 없는 사람에 비해 약물에 더 강하게 반응했으며 더 빠르게 중독되었다. 그러나 암컷을 대상으로 한 이런 연구들이 나오기 전까지 편견은—즉, 여성 환자는 믿을 수 없고 뭔가 꾸며내거나 둘러댄다는 선입견은— 끈질기게 남아있었다.

지금은 어떨까? 이성, 논리, 과학에서 여성혐오와

성차별주의는 여전히 셀 수도 없이 많다. 하지만 그나마도 나아진 것이다.

지난 10년 동안에도 워커는 과학자 중 암컷 설치류를 연구하는 다소 특이한 케이스였다. 겨우 몇 년 전에야 NIH는 과학자들로 하여금 실험에 암컷을 포함시키도록 의무화했다. 그러나 이 의무화도 완벽한 해결책은 아니다. 워커의 말에 의하면 과학자들은 반발하면서, 연구 대상의 수를 두 배로 늘려 양성 모두를 설명하기를 원한다면 연구 지원금이 훨씬 더 많이 필요할 것이라는 점을 NIH에 상기시켰다고 한다. NIH는 그만큼의 지원금을 당장 할당할 계획이 없었고, 그 대신 요구사항 충족에 관한 지침을 다소 모호하게 제시했다. 워커는 암컷을 다루기 "힘든" 실험 대상으로 간주해 그냥 무시해버리는 것이 아니라 이제는 의무적으로 실험에 포함시켜야 하게 되어 매우 기쁘지만, 한 가지 문제가 있다고 말한다. 그것은 새로운 규정을 따르게 할 지원금이 없는 상태에서 규정만 만들면 과학자들은 단순히 실험에 포함시키는 수컷의 수를 반으로 줄이고 암컷을 추가할 것이라는 점이다. 결과적으로 성별 차이를 입증하기에는 각 집단의 표본 크기가 너무 작을 가능성이 높다.

나는 암컷 설치류를 연구하기 시작했던 그 중독 연구자들을 언급하면서, 그들이 마침내 암컷을 살펴볼 때가 되었다고 판단한 계기가 무엇이었는지 묻는다.

워커는 이 질문에 대한 답을 주기 위해 나를 질 베커에게 연결해준다. 베커는 중독에 관한 암컷 설치류 연구를 개척하는 데 이바지한 미시간대학교 연구원이다. 그는 30년 넘게 난소에서 나오는 호르몬인 에스트라디올과, 동기부여에 중요한 역할을 하는 특정 뇌 신경계통에 이 호르몬이 미치는 영향을 연구해왔다고 한다.

"1990년대 초에 저는 에스트라디올과 여성의 동기부여에 대해 연구했습니다." 베커가 말한다. "그러면서 에스트라디올이 파트너에 대한 동기를 강화하고 보상 체계에 직접적으로 작용하는 효과가 있음을 확인했죠. 정말로 좋아했고 가장 열정을 쏟은 일이었습니다… 그런 연구를 통해 성적 동기를 이해하고자 했어요. 성적 동기는 중요하다고 생각합니다. 이건 완전히 또 다른 이야기죠. 그런데 그 이야기 중 짧은 부분에 관심을 갖는 사람은 아무도 없어요. 연구 자금 제공자가 주로 남성이니까요. 그리고 여성이 섹스를 원하지 않든 어쩌든 아무도 크게 신경 쓰지 않습니다. 어쨌거나 할 수는 있으니까요."

그는 시스젠더 여성들 그리고 질을 가진 다른 사람들은 꼭 흥분을 해야 섹스를 하는 건 아니라고 말한다. 그렇기 때문에 의사나 연구 자금 제공자는 여성의 흥분 또는 흥분 결핍에 대한 연구에 별다른 노력을 기울이지 않는다는 것이다.

베커는 남성 동료 평가자들과 연구 자금을 보유한 이들이 그것 말고 관심을 가질 만한 게 무엇인지 찾기 시작했다. 무엇을 탐구하면 과학자로서 그 자신이 여전히 흥미를 느끼되 권력을 가진 남성들에게도 충분히 중요해 보일 것인가? 그는 에스트라디올을 비롯해 성적 동기와 짝 찾기에 영향을 주는 호르몬의 신경생물학에 대해 생각해보았고, 동일한 신경계통으로 인해 난소를 가진 이들이 아마 중독도 더 쉽게 될 수 있겠다는 걸 깨달았다.

"그래서 보조금을 받으려고 연구 제안서를 냈어요." 그가 말한다. "그러고 나서 처음 받은 평가들은 이런 식이었습니다. '제정신이 아니군요. 중독자는 남자가 많다는 건 누구나 아는 사실입니다. 여자들은 사실 중독이 안 되죠. 그러니까 이 연구는 적절하지 않아요.'"

그게 1990년대였다고? 베커가 그렇다고 확인해준다. 1990년대에 그의 동료들은 암쥐를 연구하려는 베커의 시도를 비웃었고 여성은 "사실" 약물에 중독되지 않는다고 말했다.

얼마 후 베커는 다른 과학자가 숫쥐보다 암쥐가 코카인을 더 많이 섭취했음을 보여주는 연구를 발표했다는 사실을 알게 되었다. 미네소타대학교의 매릴린 캐럴이라는 여성 과학자였다. 캐럴의 연구 결과는 베커의 앞선 가설에 신뢰성을 부여했고, 그리하여 베커는 그 데이터를 인용해 제안서를 다시 제출하고 연구비를 따냈다. 그런 다음 실험실에 암컷 쥐들을 들여왔다. 그는 암컷 설치류가 생식 주기의 어느 시점에 있든 수컷보다 약물 섭취를 더 적극적으로 하려 한다는 것을 발견했다. 그리고 배란 직전에 자연적으로 분비되는 호르몬인 에스트라디올 수치가 증가할 때 중독의 성별 차이는 한층 더 두드러졌다. 베커는 이를 "주관적인 쾌락의 맛" 요인이라고 일컫는데, 생식 주기 중 약물이 가장 맛있게 느껴지는 때를 뜻한다.

"지금은 다들 옳다고 알고 있는 그 가설을 처음 떠올렸을 때, 그런데 동료들은 그걸 '제정신이 아닌' 생각으로 간주했을 때 기분이 어땠어요?" 내가 묻는다. "그러니까 과학자로서 어떤 기분이 들었나요?"

베커는 웃는다. "저는 평생을 시스템에 맞서왔어요. 그러니 그것도 그런 저항 중 하나였을 뿐이죠. '나는 내가 맞는다는 걸

알아. 그러니까 보여주면 돼' 하고 생각했어요." 하지만 "제가
'글쎄요. 암컷을 조사해봤나요?'라고 물을 때마다 그들은 늘 이런
식이었죠. '음. 암컷은 너무 '복잡'해서요.' 이런 대답을 지금까지
거의 40년간 듣고 있어요"라고 그는 말한다.

이건 동료 과학자들의 반응이다. 그럼 의사들은 어떨까? 여성
환자의 말을 믿지 않는 의사들 말이다.

베커가 1990년대 후반에 뉴욕에서 중독의 성별 차이에 대한
강연을 했을 때 청중석에서 한 의사가 일어나 이렇게 말했다.
"저는 여성 환자를 진료할 때면… 이 여성은 외부의
도움에 의존하는 자녀를 두고 있어서 응급실에 왔나 보다 하고
생각합니다. 그리고 코카인을 한 지 6주밖에 안 됐다고 얘기하면
거짓말이라고 여겨요." 그는 시인했다. "왜냐하면 남성 환자는
그런 경우가 없거든요."

그런데 베커의 연구에 대해 듣고 나니 다시 생각해봐야
할 것 같다고 했다. 베커가 기억하기로 그 의사는 "여성들이
자신에게 거짓말을 하는 게 '아니며', 혈중 약물 농도가 아주 높게
나오더라도 약물을 한 기간은 실제로 정말 얼마 안 된다는 사실을
이제부터 잘 생각해보겠다"라고 말했다.

나는 그 의사가 자신의 잘못된 생각뿐 아니라, 아이가 있고
복지 혜택이나 기타 원조를 받는 여성에 대한 편견도 드러냈다는
점에 주목한다. 아마 지금쯤은 그런 고정관념을 어느 정도
떨쳐냈으리라.

나는 베커에게 건강 연구 지원금과 관련해 여전히 편견을
마주하는지 묻는다.

"남성과 여성 모두가 중요한 연구 대상이라는 걸 마침내

'이해했다'고 생각되는 곳에 지원금을 신청해도 번번이 거절당해요." 그가 말한다. "그래서 제가 느끼기에는 남성과 여성 모두를 연구하는 것을 당연하게 만들 필요가 있을 것 같습니다. 이제는 양성 모두를 연구하는 것이 '마땅하다'는 분위기가 형성되기는 했지만요."

새로운 NIH 지침이 생겼든 말든 연구자들은 남성이라는 하나의 성 너머를 보는 것의 중요성을 계속해서 부인하고 있다고 그는 말한다.

╬

컬럼비아대학교의 사회과학 학과장 알론드라 넬슨을 찾아갔을 때 그와 나는 임상시험과 건강 연구에 대한 이야기를 나누게 된다. 우리는 그것이 얼마나 왜곡되어있는지, 즉 백인 시스젠더 남성 쪽으로 얼마나 극단적으로 쏠려있는지 논한다. 심장발작으로 사망하는 여성의 수가 불균형하게 많은 현상에 원인을 제공한 연구들이 바로 그 예다.

"어느 정도까지 우리는 주변화된 공동체의 경험을 보편적인 것으로, 혹은 세상에 관한 무언가를 밝혀주는 중대한 이야기로 이해하고 있을까요?"

넬슨이 묻는다. 대체로 우리는 그러지 못한다는 것이 그의 말이다. 이제는 조금씩 나아지고 있지만 임상시험은 역사적으로 백인 남성이 나머지 모든 사람을 대신할 수 있음을 시사했다.

반면에 다른 인구 집단에 속한 사람은 어느 누구도 더 큰 집단을 대신한다고 여겨지지 않는다고 넬슨은 말한다.

"유색인 여성이나 가난한 유색인에 관한 이야기는 궁금하고 기묘하고 특수한 것으로, [즉] 일반화할 수 없는 이야기[로 간주되]죠."

사실상 과학적인 관점에서 보면, 가령 전원이 라틴계 여성인 집단과 전원이 백인 남성인 집단은 비슷하게 왜곡되어있다.

"둘 다 지나치게 동종 친화적인 집단이라는 문제가 있습니다."

그가 말한다. 그런데 문화적으로 우리는 라틴계 여성 집단의 경우 모든 인간으로 일반화하기에는 지나치게 특수하다고 보는 반면에 백인 남성 집단은 최적의 표준으로 간주한다.

건강 연구에 관한 한 배후의 많은 것들이 결과에 영향을 미친다. 나는 연구자 케이티 헤일-재러스와 대화를 나눈다. 그는 수감자 공동체, 성 노동자, 위해감축(harm-reduction) 단체를 연구하며, 그의 연구는 대개 여성에 초점을 맞춘다. 우리는 지원금을 받거나 받지 못하는 연구의 종류에 대해, 그리고 실세들이 그들 생각에 주변화된 집단에 도움이 되는 ─ 실제로는 그렇지 않더라도 ─ 어느 한 분야에 집중하기로 결정하는 일이 얼마나 흔한지에 대해 이야기한다. 헤일-재러스가 예를 하나 든다. 그의 말에 따르면 성 노동자의 건강을 둘러싼 연구의 다수가 콘돔 사용에 관한 것이다. 그렇지만 콘돔 사용은 일관적이다. 즉, 많은 성 노동자가 손님을 대할 때 콘돔을 자주 사용한다. 따라서 그들에게 콘돔 사용을 장려하는 연구와 단체의 지원 활동은 좋은 의도이겠으나 핵심을 벗어난다는 것이 그의 말이다. 콘돔 사용이라는 건강 행동은 이미 행해지고 있기 때문이다. 다만 데이터를 보면 성 노동자가 단골 손님을 상대하는 경우에는 콘돔 사용률이 약간 떨어지며, 자신의 연애 상대와 성관계를 가질 때는 더 떨어진다.

"그러니 개입을 한다면, 사실 성 노동자와 그들의 연애 상대를 중심으로 이뤄져야 하는 거죠." 헤일-재러스는 말한다. 그런데 위해감축이 여기에 중점을 두는 경우는 드물다. "보다 적절한 질문을 던지지 못하면 정작 개입이 필요한 다른 측면은 놓치고 말아요." 그가 설명한다.

또 다른 예로 헤일-재러스는 워싱턴시 성 노동자의 의료 서비스 접근성을 조사하던 때의 이야기를 들려준다. 그는 우선 그들이 의료 서비스를 이용하고 있는지 알고 싶었고, 이용한다면 HIV 감염 위험을 줄이는 방법을 알고 있는지 궁금했다. 그와 그의 팀은 조사 참여자들에게 HIV 약을 예방적으로 복용해 감염 확률을 낮추는 요법인 프렙(PrEP, 노출 전 예방)에 대해 아는지 물었다.[32] 그가 말하기를 워싱턴시와 같은 도시들에서 프렙 약은 대대적으로 출시되었고, 따라서 보건 관계자들이 지원 활동을 잘하고 있다면 고위험 집단에 속한 사람들은 지금쯤은 그런 약에 대해 들어본 적이 있어야 한다. 워싱턴시의 HIV 고위험 집단에는 성 노동 종사 여부와 관계없이 저소득 유색인 여성들이 포함된다고 그는 말한다.

헤일-재러스가 실시한 설문에는 성 노동자 서른두 명이 참여했는데 대부분 트랜스 및 시스 여성이었고 나머지 소수는 남성이었다. 그는 이들에게 지난 12개월 동안 어떤 형태든 의료 서비스를 받은 적이 있는지 물었다. 응답한 사람의 97퍼센트는 그렇다고, 받은 적 있다고 답했다.

또 그는 참여자들에게 HIV 또는 성매개감염병 검사를 받았는지 물었다. 역시 90퍼센트 이상이 그렇다고 답했다.

그런 다음 프렙에 대해 들어봤는지 물었다. 그렇다고 응답한 사람은 약 53퍼센트에 그쳤다. 자신이 프렙 대상자라고 생각하느냐는 질문에는 참여자의 13퍼센트 정도만이 그렇다고 답했다. 그리고 프렙에 대해 들어본 이들도 그게 뭔지는 모르는 경우가 많았으며 참여자의 상당수는 지역 직업기술 프로그램이라고 생각했다.[33]

그들은 의료 서비스 제공자를 만나고 필요한 치료를 받고 있었다고 헤일-재러스는 말한다. 검사도 받고 있었다. 그러나 전국에서 대규모로 생산 중인 중요한 약을 그들에게 연결해주는 대화는 전혀 일어나지 않고 있었다.

헤일-재러스는 프렙 마케팅이 시스젠더 백인 동성애자 남성이 약을 복용하게 하는 데 초점을 맞춘다고 말한다. 그러니 워싱턴시에서 흑인 여성과 마주 앉은 의료인은 이 환자가 속한 인구 집단에게―이 환자는 통계적으로 가장 위험도가 높은 부류에 드는데도 불구하고―프렙을 처방할 생각은 하지도 않을 거라고 상상해볼 수 있다.

"이것도 젠더 편향으로 되돌아가는 문제라고 봅니다." 그가 내게 말한다. "여성 환자와 섹스에 대한 이야기를 하고 싶지 않고, 여성을 HIV 감염 위험이 있는 사람으로 간주하고 싶지 않은 거죠. 워싱턴시에서 현재 가장 위험도가 높은 부류가 유색인 시스 여성인데도 말이에요."

그의 말에 따르면 우리가 이야기를 나누는 시점인 2016년에 이 지역 단체들은 프렙 약의 타깃을 시스젠더 동성애자 남성에게 맞추려는 노력을 상당히 해왔음에도 시스젠더 여성, 특히 유색인 시스 여성을 타깃에 포함시키는 것과 관련해서는 한 것이

별로 없고, 유색인 트랜스젠더 여성에 대해서도 마찬가지이며, 성 노동자에 대해서는 거의 아무것도 한 것이 없다. 미국 주요 도시의 HIV 감염 위험이 있는 수많은 유색인 여성에게 도움이 될 수 있는 약이 거의 전적으로 남성만을 겨냥하고 있는 것이다.

헤일-재러스는 퀴어 여성 또한 크게 간과된다고 말한다. 여성과 성행위를 하는 여성은 HIV 감염률이 낮다고 주장하는 이들도 있겠지만 이 문제는 좀 더 자세히 들여다봐야 한다. 헤일-재러스가 성 노동에 종사하는 여성들을 대상으로 포커스그룹 인터뷰를 수행하면서 알게 된 사실은 다수의 성 노동자가 성 소수자—퀴어, 양성애자, 동성애자 등—로 정체화하고 있으면서도 일할 때는 남성과 성행위를 한다는 것이었다. 많은 사람이 여성 성 노동자는 일로 상대하는 사람이 대개 남성이기 때문에 이성애자라고 추정한다. 그렇지만 헤일-재러스의 한 연구에서 드러난 바에 의하면 참여자의 약 50퍼센트만이 이성애자라고 밝혔는데 이는 곧 나머지 50퍼센트는 퀴어일 확률이 높다는 뜻이다.[34]

여성 환자가 퀴어 또는 레즈비언이라고 밝힌다면 의료 서비스 제공자는 아마 프렙이나 기타 HIV 예방법에 대해 굳이 말하지 않을 것이다. 그러나 헤일-재러스가 지적하듯 이 환자는 사생활에서는 여성을 연애 상대로 선택하거나 아니면 전적으로 레즈비언으로 정체화할지도 모르지만 성 노동을 하면서 남성과 잘 수도 있다.

"의사나 검사자는 이런 질문을 꺼내기 껄끄러워한다는 걸 새삼 깨달아요." 헤일-재러스가 말한다. "그래도 추정만 하고 정보를 제공하지 않거나 아예 제공할 준비가 되어 있지 않은 것은 정말 문제라고 봅니다. 그냥 진료를 보는 모든 사람에게 프렙에 대해 알려주는 의료인이 있다면 굉장히 급진적으로 여겨지겠죠."

만일 의료 서비스 제공자가 모든 환자에게 프렙에 대해 이야기한다면, 가령 동성애자라고 밝히는 여성에게 혹시 성 노동에 종사하면서 남성과 관계를 가지는지 묻는 두려움을 극복해야 할 필요가 없을 것이다. 젠더, 성 정체성, 직업에 관계없이 그냥 찾아오는 환자마다 프렙에 대해 물어보면 될 테니까. 이러한 열린 접근은 낙인을 부여하는 질문과 잘못짚은 대화를 없애는 데 도움이 될 수 있다. 그리고 의료인은 HIV 고위험군인 시스젠더 흑인 여성들이—너무나도 흔히 시스젠더 동성애자 남성만을 타깃으로 하는—정보를 얻게끔 도와주게 될 것이다. 헤일-재러스는 사회복지계에서 아는 것과 연구계에서 주목하는 것 사이에는 단절이 있다고 말한다.

나는 그에게 수감된 여성에 관한 연구에서는 어땠는지 묻는다. 미국 교도소의 의료 상황이 좋지 않은 것은 알지만 어느 정도로 나쁜지 궁금하다. 게다가 이 나라의 수감 인구 중 여성은 그 수가 가장 빠르게 증가하는 집단으로, 수감자와 가석방자를 아울러 현재 약 120만 명의 여성이 교도소 시스템 안에 있다.[35] 이 많은 숫자에는 건강 문제와 장애가 있는 젊은 여성도 포함되어 있다.

헤일-재러스는 성 노동자에 관한 건강 연구가 열악한 것 같다면 수감된 여성에 관한 건강 연구는 처참한 수준이라 보면 된다고 말한다. 가령 2015년까지도 교도소 안에서 임신을 하거나 중절 수술을 받은 여성의 수에 대한 통계 자료를 구할 수 없었다고 한다. 우리 사회가 여성의 건강을 얼마나 간과하는지 보여주는 또 다른 예다. 그런데 교도소 시스템 내의 의료 서비스 접근성이 대개 최악 수준이긴 하지만, 헤일-재러스가 조사한 여성 중 다수는 교도소에 오고 나서야 처음으로 HIV 검사와 진단을 받았다.

한편, 집단으로서의 우리는 여성과 여성의 기본적인 의료적 필요 및 증상을 이처럼 적극적으로 외면하면서도 동시에 여성과 여성의 몸을 뜯어본다. 의료 서비스와 건강 연구에 이토록 불균형이 넘쳐 남에도—그리고 기관들이 유색인 여성, 젊은 여성, 트랜스 여성, 나아가 여성 전체를 간과함에도—우리 사회는 여성을 자세히 관찰할 것이라는 기대 또한 존재한다.

의료사회학자이자 인류학자 퍼트리샤 A. 카우퍼트는 유방 촬영이나 자궁경부 세포진 검사 같은 검사는 "모든 여성의 삶에서 계속되어야 하는 것으로, 그들의 몸이 감시당하고 있음을 해마다 상기시켜준다"라고 쓴다.[36] 그는 검사가 여성에게 지우는 그 의무에 가까운 것에 대해 이렇게 서술한다. "최고의 예방—혹은 최고의 예방이니 따르라고 여성들에게 강력히 충고되는 것—은 실제적이거나 잠재적인 병과 쇠락의 징후에 대한 정기적인 신체 검진에 동의하는 것이다. 검진을 받는 것은 의무이며, 의무의 회피는 무책임한 행동이자 도덕적 태만으로 간주된다."

그렇다면 건강 전문가들이 여성에게 정기 검진을 반드시 받아야 한다고 말하면서 정작 본인들은 여성의 건강 문제를 남성의 건강 문제만큼 많이 연구하지 않는다는 것은 분명 아이러니한 사실이다.

건강 연구가 백인 시스젠더 남성에 불균형하게 집중하는 현상은 바라건대 계속 변화할 것이며 여성과 유색인을 더 많이 포괄하게 될 것이다. 그렇지만 그 동안에도 많은 젊은 여성은 의사로부터 차별이나 유린 또는 그냥 아예 무시를 당할까 계속 두려움에 떨 것이다. 내가 만난 여성 다수는 담당 의사가 전부 여성이었으면 좋겠다고 말했다. 그리고 몇몇은 반드시 여성 의사만 골라서 찾아간다고 했다. 나도 그렇고 다른 젊은 여성들도 그게 항상 바람대로 되지는 않는다. '그리 나쁘지는 않았던' 사건이지만 의사한테 성희롱을 당한 후 나는 남자 의사와 단둘이 진료실에 있는 것이 무서워졌다. 그러나 갑상샘암 진단을 받게 되자 꼭 원하는 대로 선택할 수가 없었다. 외과 의사를 빨리 찾아야 했고, '핵의학 의사'라는 으스스한 직함의 의사도 필요했다. 그들은 남성이었다. 그냥 믿는 수밖에 없었다.

아니, 믿으려 노력해야 했다. 여건상 또는 보험 때문에 남성 의사밖에 선택의 여지가 없을 때, 나는 나도 모르게 헐렁한 셔츠를 입거나 스카프를 둘러 가슴을 가리려고 한다. 통계적으로 대부분의 의사는 환자를 해치기는커녕 좋아지게 도와주려 한다는 걸 알고 있다. 하지만 여성은 이전까지 안전하다고 느꼈던 상황에서 안전하지 못한 일을 한번 겪고 나면 다시 신뢰감을 가지기가 매우 힘들다. 의사에게 진료를 받으러 가는 날이면 품이 낙낙한 셔츠나 스웨터를 찾다가 나 자신에게 화가 나곤 한다. 우리 페미니스트들은 저 진저리 나는 피해자 탓, '그 여자가 자초한 일'이라는 프레임에 맞서 싸운다는 생각에 나는 동조하지 않는 건가? 그건 아닐 거다. 환자가 어떤 옷을 입고 있든 의사는 환자에게 성희롱이나 성폭력을 가하면 안 된다는 것을 나는 확실히 잘 알고 있다. 그러나 나도 완전히 의식하지 못한 상태에서 그와 같은 행동의 변화가 생겼다. 그건 내 뇌의 어떤 부분이 내가 안전하기를 바라면서 작동시킨 자기 방어 조치에 가까울 것이다.

5

대니엘이 자신의 장기를 떠나보내는 상상을 했던 것은 대학을 졸업한 지 겨우 1년이 됐을 때였다.

대니엘은 부인 종양학 의사가 되기 전에—환자의 아프다는 말을 항상 믿지는 않는다고 인정했던 그 의사다—어머니가 삼십 대 초반에 유방암에 걸렸다는 사실을 알고 있었다. 할머니도 4기 유방암을 앓았고, 돌아가셨다. 대니엘은 유방암 발생 위험을 80퍼센트까지 높이는 BRCA 유전자 돌연변이가 자신에게도 있다는 것을 스물두 살 때쯤 알게 되었다. 이 유전자 돌연변이를 가진 다른 많은 시스젠더 여성이 그랬던 것처럼 그는 암 예방을 위해 서른이 되기 전에 유방을 절제하기로—그리고 서른다섯 전에 난소를 절제하기로—마음먹었다. 이는 곧 신체의 일부를 잃게 되는 무서운 일을 예상해야 할 뿐만 아니라 엄마가 되려면 서둘러야 한다는 것을 의미했다.

만일 그런 의학적 처치를 조만간 받아야 하는 상황이 아니었다면, 만일 난소를 지킬 수만 있었다면, "남편과 저는 5년 내로는 아이를 갖지 않았을 거라 백 퍼센트 확신해요"라고 그는 말한다. 하지만 시간이 얼마 없음을 알았던 대니엘은 스물아홉 즈음에 임신 준비를 시작했다. "5년 안에 아이를 가져야 한다는 '압박'을 느꼈죠." 그가 말한다. 그는 직접 임신을 하고 싶었고, 자신의 아이에게 암을 유발하는 BRCA 돌연변이는 물려주고 싶지 않았다. 그래서 그와 남편은 시험관 아기 시술, 즉 대니엘의 난자와 남편의 정자를 실험실에서 결합시키는 체외 수정을 시도했다. 그러고 나면 수정된 배아를 실험실에서 검사하는데, 첫 시도에서는 모든 여성 배아가 돌연변이 유전자를 가진 것으로 확인되었다.

"엄마는 제가 미쳤다고 생각해요." 대니엘이 말한다. 생식력 검사에 대한 이야기다. "엄마는 '그 돌연변이가 있다고 죽는 것도 아닌데'라고 하시죠." 그렇지만 대니엘은 그의 가족력을 알고 있고 병에 대비한다는 것이, 양측 유방절제술에 대비한다는 것이 어떤 것인지 알고 있다. "제 딸에게 이 유전자 돌연변이가 생기는 걸 막을 방법이 있는데 적어도 시도는 해봐야죠." 그가 말한다. "안 그러면 마음이 안 좋을 것 같아요."

그로부터 1년 후 나는 대니엘을 다시 만나 이야기를 나눈다. 그는 그동안 실험실에서 더 많은 배아를 검사했고 BRCA 돌연변이가 없는 몇몇을 포함해 일부를 냉동해두었다. 이제 앞으로 몇 년 내에 아이를 갖기로 결정하면 그 배아들 중 하나를 자궁에 이식해 직접 임신을 하게 될 것이다. 나는 그런 모든 검사를 거친 것에 대해 어머니는 지나치다고 생각할지 몰라도 스스로는 만족하는지 묻는다.

"재정적인 면에서 후회될 때가 가끔 있어요." 그가 말한다. "비용이 엄청나게 들었거든요. 큰돈을 벌지 못하는 젊은 부부에게는 특히 부담이 되죠. 우리는 저축해둔 돈의 정말 많은 부분을 여기에 쏟아부었습니다." 그렇긴 해도 그와 남편 둘 다 일을 하고 있으니 몇 년 후면 재정적으로 안정이 될 것이라고 덧붙인다. "안정적인 직업을 갖지 못했더라면 아마 훨씬 더 어려운 결정이 되었을 겁니다."

저축한 돈이 날아갔고 배아를 동결해두었지만 대니엘은 언제쯤 아이를 가질 마음의 준비가 될지는 아직 모르겠다고 한다.

‧‧‧‧

헌터칼리지에서 만났던 건강 심리학자
트레이시 레번슨은 백혈병을 앓은 청년들에 관한 연구에서
이 여성들은 대개 그와 같은 임신 선택권을 갖지 못한다는
사실을 발견했다. 백혈병 환자는 보통 증상이 나타났을 때 병원을
찾아가고, 곧이어 즉각 응급 처치를 받아야 살 수 있다는 걸 알게
된다.

"급성 백혈병에 걸리면 목숨을 구하기 위해서는 그날 바로
병원에 입원해야 합니다." 레번슨이 말한다. 그가 인터뷰한 많은
젊은 여성은 의사에게 임신에 대해 물었을 때 "당장은 병원에
계셔야 합니다. 미안하지만 저는 당신의 생명을 구해야 합니다"
같은 식의 대답을 들었다고 이야기했다.

이 경우에는 환자의 난자를 채취할 시간 자체가 없는 것이다.
그렇기는 하지만 레번슨의 말에 따르면 연구에 참여한 젊은 여성
다수가 의사들이 임신과 관련해 어떤 선택을 할 수 있는지에
대해 아예 알려준 것이 없다고 토로했다. 그나마 심하게 급박한
상황은 아니어서 조치를 취할 여유가 며칠은 더 있었던 여성들도
마찬가지였다. 대개의 경우 "아무도 그런 것에 대해 굳이 말을
꺼내지도 않았던 거죠"라고 그는 말한다. "남성들은 처치에
들어가기 전에 즉시 정자를 냉동할 수 있는" 반면에 난소를 가진
이들은 좀 더 복잡한 과정을 거쳐야 한다. 따라서 그의 연구가
시사하는바 백혈병이나 림프종을 앓은 젊은 여성은 앞으로의
생물학적 임신 능력에 불확실성이 생긴다. 많은 이십 대에게
아이를 낳는 것은 현재의 관심사가 아니었다. 대부분 파트너를

찾거나 일을 시작하는 것에 골몰하고 있었다. 그런데 진단 후 초기에 의사들이 임신에 대한 이야기를 하지 않은 일을 겪고 난 지금 "그들은 뭔가를 빼앗긴 기분"을 느낀다.

특히 젊은 여성에게서 나타나는 또 하나의 문제는 이십 대의 경우 가령 사십 대보다 부모님이 그들의 자녀 출산 결정에 더 많이 관여할 수 있다는 것이다. 레번슨은 곧 응급 처치를 받게 될 스물세 살 여성 환자를 담당했던 의사와 나누었던 이야기를 들려준다. 진단을 받을 때 그 젊은 여성의 남편이 병원에 같이 왔고, 친정과 시가 부모님도 대동했다고 한다. 대단한 장면이 펼쳐졌다. 양가 부모들이 의사에게 외쳤다. "그 애의 난자를 보관해주세요! 우린 손주를 보고 싶어요!" 그리고 남편은 자신에게 가장 절박한 것에 매달렸다. "아내를 살려주세요."

정작 방금 진단을 받은 당사자인 환자 자신은 그저 충격에 휩싸여 있을 뿐이었다.

건강 문제가 있든 없든 많은 여성이 아이를 가지지 않는 쪽을 선택한다. 그리고 나 역시 그런 여성 중 하나다. 나는 내 자궁에서 아이를 키울 일은 없을 거라고 확신하는 편인데 내 몸이 이미 많은 일을 겪었기 때문이라는 이유가 크다. 이십 대 초반에 또래들이 누린 그 천하무적의 기분을 누리지 못한 나는 그나마 지금 내가 가질 수 있는 한 조각 자율성을 포기하는 것을 상상할 수 없다.

자신의 몸에 대한 자율성을 가지는 사람은 사실 우리 중 아무도 없다. 젊을 때는 가진다고들 생각하기 쉬울 따름이다. 자신의 몸을 스스로 통제한다고 생각하는 또래 젊은이들의 믿음이 모두 틀렸다는 것을 나는 의학적 위기들을 겪으며 확실히 알게 되었지만, 그럼에도 10년 전 그들이 누렸던 걱정 없는 마음 상태를 조금이나마 느껴봤으면 싶기는 하다. 친구들은 임신을 하면 허리 통증, 피부 트러블, 당뇨병, 방광 문제, 자간전증 따위가 생긴다고 내게 말한다. 한 친구는 임신이 고통스럽지 않고 아름답고 빛나는 경험이었다고 말하면서도 임신은 자기에게 '일어난' 일이라는 것—몸이 부풀어 오르고 변화하고 커지는 동안 자신은 사실 아무것도 통제할 수 없었다는 것—을 인정한다.

나는 무엇이 됐든 내 몸을 내가 통제할 수 있는 부분이 있다면 그 통제권을 놓치지 않고 싶다. 여러 병이 아무런 경고 없이 내 안에서 계속 자라난 이후 처음으로 나는 나에게 한 가지 선택권이 있음을 깨닫는다.

그리고 내가 인터뷰한 여성 중 일부는 아이를 정말로 몹시 원하면서도 아이를 가지면 자율성을 한층 더 잃게 되리라는 점을 잘 의식하고 있었다.

내털리라는 작가는 내게 그의 생각을 글로 써 보낸다. 그는 이성애자 시스젠더 여성이며 라임병, 관절염, 신경 장애 등 여러 질환을 앓고 있다. 자신의 몸이 겪고 있는 여러 문제를 열거하며 그는 말한다.

> 대체로 저는 제가 심각한 건강 문제를 앓고 있는 사람이라고 생각합니다. 물론 그로 인해 일상생활을 수행하는 능력에 지장이 있다는 사실 자체가 근본적으로 장애의 요건에 들어맞는다는 건 잘 알고 있습니다. 구별 짓기가 까다로운 문제이기도 하죠. 실제로 사람들이

보는 '장애'와 정부나 보험회사에서 보는 '장애'가 따로 있으니까요. 그래서 저처럼 뭐랄까 양쪽에 걸쳐 있는 사람들은 자신이 어디에 속하는지, 자신의 문제를 장애로 간주할 것인지 결정하기가 어렵습니다. 저희는 그래도 생활은 대체로 해나갈 수 있지만 보통 공식적으로 장애 수당을 받지는 못하거든요.

그렇지만 그는 행동과 활동을 조정해야 하며, 예전에는 할 수 있었지만 지금은 못 하는 일들이 있다고 덧붙인다. "그런 점에서 생각한다면 '장애'라고 봐야겠죠"라고 그는 쓴다.

자신의 질병 경험을 어떻게 정의하든 간에 그는 오랫동안 아이를 원했다는 걸 스스로 잘 안다. 그는 남성 파트너를 만나 직접 아이를 배고 낳아서 함께 키우기를 간절히 원한다. 그런데 몇 년 전 임신한 친구에게 그런 바람을 이야기했더니 친구가 이렇게 말했다.

"넌 건강 문제부터 해결해야지."

친구의 말은 현실이기에 그는 한 대 맞은 기분이었다.

아시다시피 만성적인 의학적 문제를 안고 있는 경우— 그리고 저는 그런 문제가 여럿 있습니다—그 문제들은 사실 결코 '해결되지' 않습니다. 임신을 하면 제가 이미 상시 대처하고 있는 것보다 더 심한 통증이 생길 테고 저는 엄청난 타격을 받을 겁니다. 저는 누구든 저처럼 매일 통증으로 고통받기를 원하지 않을 거예요. 특히 제 아이라면, 특히 저 때문이라면 더더욱 그렇겠지요. 또한

아이를 돌보는 일이 제 책임인데 아이가 저를 돌봐야 하는
상황을 원하지 않을 것이고, 제가 함께할 수 없는 어떤
경험과 활동을 아이가 놓치는 것을 원하지 않을 거예요.
　　하지만 이런 온갖 염려에도 불구하고 저는 가족을
꾸리고 싶어요. 그리고 임신 기간에 통증이 더
심해지더라도 무사히 가능하기만 하다면 저는 직접 아이를
임신해서 만삭까지 품고 싶습니다.

아이에게 해가 생기지만 않는다면 그러고 싶다는 것이다. 정 안
되면 입양을 하려 한다.
　　내털리는 바로 얼마 전에 그의 질환 중 일부를 치료하는 데
도움이 되는 면역글로불린 정맥주사 치료를 한 차례 받았다고
언급한다. 나는 그에게 임신 중에는 치료나 약을 끊어야 하느냐고
묻는다. 그렇기 때문에 임신 기간의 통증이 더 걱정되는지, 아니면
복약 중단과 상관없이 임신 자체가 고통스러울 수 있기 때문에
그냥 걱정이 되는지 질문한다.
　　"와. 저 정말 바보 같네요." 그가 답한다. "하하하. 그 생각은
하지도 못했지 뭐예요!"
　　"아, 저런!" 내가 말한다. 불안감을 주려는 의도는 없었다.
나는 그가 아이와 자신의 건강에 얽힌 문제를 몇 년간
고민해왔으니 그것도 이미 알아봤을 거라고 생각했다.
　　"아니에요, 괜찮아요." 그가 답장을 보낸다. 지금이라도
알아서 다행이라고 하면서. 그래서 찾아보니―약간 겁에 질려
구글 검색을 해보지 않았을까 상상한다―계속 복용해도 되는
약도 있지만 안 되는 약도 있는 것 같다고 한다. 매일 먹는

신경통 약과 과민 대장 증후군 약을 포함해 대부분은 안전한 것으로 여겨지지 않아 끊어야 할 것이다. "일반적인 임신 통증도 찾아오겠지만" 그런 변화가 생기면 "제가 원래 겪고 있는 통증과 불편도 분명 더 커질 것"이라고 그는 말한다. 그나마 좋은 소식은 면역글로불린 정맥주사는 임신 중에 오히려 도움이 되는 것으로 간주된다는 사실이다.

새로 알게 된 이 모든 정보를 고려하더라도 그는 아마 아이를 가질 것이라고 말한다. 더 큰 통증이 따른다고 해도 그러고 싶으며, 다만 먼저 그 온갖 약을 복용하지 않으면 몸이 어떤 상태가 되는지 시험해볼 것이다. "과연 얼마나 통증을 느낄지 한번 보려는" 것이다. 그리고 통증의 정도는 "결정을 내리는 데 주요한 영향을 미칠 것"이다.

몇 년 전에 그의 임신한 친구가 그랬던 것처럼 나도 내털리를 현실로 또 한 번 가격한 것 같아 마음이 좋지 않다. 그런데 여성이—임신 계획이 있는 시스젠더 여성이라면—자신의 건강을 위해 어떤 약을 먹어야 하는지와 어떤 약을 먹으면 태아에게 해로울 수 있는지를 두고 그러한 고민을 한다는 이야기는 심심찮게 나온다. 오스트레일리아의 한 열여덟 살 여성은 연구자들에게 이렇게 말한다.

"루푸스가 [유전이 되는지] 확실히 밝혀지지 않았다는 건 알지만, 유전이 안 된다고 해도 아이는 저에게서 신장병과 뇌 질환 [등] 각종 문제를 물려받을 수 있어요. 그래서 저는 체외 수정을 하고 대리모를 통해 아이를 낳고 싶어요. 설령 아무 문제도 유전되지 않는다고 해도 제가 복용하는 약이 새로 태어날 아이에게 해가 될 텐데, 누가 그런 위험을 자기 자식에게 안기고 싶겠어요."[1]

같은 연구에서 또 다른 스물여섯 살 여성은 다음과 같이 말한다.

"저는 메토트렉사트를 복용 중인데 임신을 하게 되면 이 약은 정말로 아이를 죽일 수도 있고, 그게 너무 무서워요."

다낭성 난소 증후군(PCOS)과 자궁내막증을 앓고 있는 여성 티나―의사가 결혼 여부로 차별 대우를 했던 그 여성―를 만났을 때 그는 이미 임신을 하고 있었다. 임신이 되기까지 갖은 노력을 했고 앞으로도 갖은 노력을 기울여야 하는 상태였다.

PCOS와 자궁내막증은 난임을 초래할 수 있다. 티나가 겪었듯 PCOS는 배란을 방해할 가능성이 있으며, 자궁내막증 역시 가임력에 영향을 끼칠 수 있다. 자궁내막증은 자궁내막과 유사한 조직이 몸 안의 다른 곳에 나타나고 장기들이 유착되기도 하는 질환으로 극심한 골반통 및 기타 여러 증상을 일으킬 수 있다.

티나는 의사들의 말을 통해 "임신을 할 수 있는 최적의 기회는 제가 수술을 받은 후, 그러니까 제 몸속이 완전히 말끔해진 후"라는 것을 알게 되었다. 그래서 그는 장기와 나팔관을 "잡아떼는" 수술을 받고 나서부터 건강 문제가 다시 나타나기 전까지 6~12개월의 기간에 임신을 시도했다.

PCOS가 있으면 유산할 확률이 높다는 설도 있어서 그는 유산이 걱정된다. 하지만 만삭까지 태아를 무사히 품을 수 있다고 해도 벌써 걱정스러운 것이 티나는 모유 수유를 원하는데 그러려면 그의 질환을 억제하는 데 도움이 되는 약을 끊어야 한다는 점이다.

"가장 큰 걱정은 호르몬 피임제를 복용할 수 없게 된다는 거예요." 그가 말한다. "자궁내막증 재발을 억제해줄 약을 아무것도 못 먹게 된다는 뜻이에요." 유착이 형성되면 "물집 같은 게 생겨요"라고 그는 설명한다. "자궁내막 세포가 자궁 밖의 다른 곳으로 빠져나가면 그 부위에 작은 월경 같은 게 일어납니다. 자궁 안쪽에 쥐가 나는 듯한 그 느낌을 저는 나팔관과 장에서도 느꼈죠."

아기의 성별에 관한 티나의 생각은 대니엘의 생각과 맞닿아 있다.

"마음이 왔다 갔다 해요." 티나가 말한다. "그런데 이렇게 말하는 것도 찜찜하지만, 남자 아기였으면 좋겠어요. 아들이기를 바라는 이유는 딸한테 이 모든 골칫덩이를 물려주고 싶지 않기 때문인 게 크죠. 유전성이 강한 병이거든요. 한편으로는 또 이런 생각도 들어요. 그냥 그게 더 편하니까! 남자로 사는 게 더 편하니까요."

대니엘은 암과 연관이 있는 유전자 돌연변이를 물려주는 것을 피하려고 사전에 배아 검사를 했지만 티나는 그런 과정 없이 임신을 했고 어떻게 될지 두고 봐야 하는 상황이다. 아기의 성별이 무엇인지, 아이가 만약 어떤 문제를 물려받았다면 그게 무엇인지 아직 모른다.

"정말이지 딸은 아니었으면 좋겠어요." 그가 말한다. "딸이 아니면 제가 겪는 일들을 겪지 않아도 되잖아요."

한편, 의료계는 특정 유형의 환자들을 대할 때 임신과 관련해 어떤 선택을 할 수 있는지에 대해 다른 환자들에게 하는 것보다 더 많이 이야기하는 편향성을 보인다.

"난자 냉동은 백인 여성만을 위한 것인가?"라는 제목의 『뉴욕타임스』 기사에서 레니콰 앨런은 가족의 친구인 로잘리 씨에 대해 쓴다. 앨런보다 나이가 많은 이 여성은 앨런에게 "아이를 낳을 수 있는 시간이 자꾸만 조금씩 흘러가고 있다"는 사실을 상기시킨다.[2]

"몇 달 후, 놀랍지 않은 이별을 겪고 나서 나는 내 배를 가로지르는 수술 흉터를 바라보았다. 희미해지고 있는 이 흉터는 8년 전에 자궁섬유종을 제거하고 자궁내막증을 치료하기 위해 받은 수술이 남긴 것이었다." 앨런이 쓴다. "그걸 보며 나는 로잘리 씨의 충고를 귀담아들을 때가 되었음을 깨달았다. 그리고 난자 냉동에 대해 생각해보기 시작했다."

그런데 난자 냉동이 점차 더 대중화되고 더 흔하게 논의되고 있음에도 "흑인 여성에게 맞춰진 논의는 거의 없다"라고 앨런은 쓴다.

자궁섬유종의 경우, 연구에 의하면 흑인 여성은 섬유종이 크고 자궁절제술을 받아야 하는 사례가 더 많기 때문에 더 안 좋아질 수 있다.[3] 게다가 병이 있는 여성이라는 것만으로도 의사가 임신 관련 선택에 대한 이야기를 꺼낼 가능성이 실제로 낮아질 수 있다. 연구자들은 2007년과 2008년에 암 진단을 받은 청소년 및 청년 459명을 조사했다. 『암』 저널에 실린 이 연구진의 2015년 연구 결과 "남성 환자가 여성 환자보다 생식력 보존 옵션에 대한 상담을 했다고 보고할 확률이 두 배 이상 높은" 것으로 나타났다.[4]

그런데 또 우리 여성들은 여자라면 모름지기 아이를 원해야 하고 원하지 않는다면 분명 뭔가 잘못된 것이라는 생각을 일상에서 수도 없이 마주한다. 수많은 여성이 내게 "나이가 더 들면 마음이 바뀔 거야"라거나 "아, 나도 예전에는 그랬지. 하지만 두고 봐. 서른다섯이 되면 다 바뀔걸" 혹은 "그래도 엄마가 되고 싶은 마음은 있지 않니?" 그리고 그 밖에도 나를 판단하는 갖가지 말들을 했다. 하지만 내게 왜 아이를 원하지 않는지 자꾸 물어보는 사람은 보통 그 질문에 대한 답을, 그러니까 내 몸속이 내 것처럼 느껴진 적이 없다는 이야기를 진지하게 들어볼 생각이 없다.

    나는 같은 기분을 느끼는 다른 젊은 여성을 더러 만났다. 그들은 아이를 낳는 것에 대해 생각할 때면 웃음을 뱉는다. 나처럼 건강 문제를 한가득 안고 있는 한 여성과 나는 "그런 일을 겪고 난 후에는 어림도 없죠"라며 농담을 했다. 이건 사실 농담이 아니지만, 우리가 임신과 출산을 비틀어 어떤 뒤틀린 농담을 짜내는 것은 사실인 듯하다. 아홉 달간 '빛남'(glow, 임신 기간에 호르몬 변화 등으로 피부가 매끈해지고 광이 나는 현상을 빗대어 한 말—옮긴이) 뒤 생명을 탄생시켜야 한다는 압박에 대처하기 위해 우리가 사용하는 전략인 셈이다. 나는 아이를 갖는 것이 어른이 되는 전제 조건이라는 관념을 늘 거부해왔다. (혼자 살기를 선택하는 사람들과 비슷하게 아이가 없는 삶을 선택하는 사람들도 낙인과 더불어 아이가 없으니 진짜 어른이 아니라는 그릇된 관념을 직면한다.) 그리고 나의 각종 건강 괴물들이 쿵쾅거리며 내 몸속으로 전진해 들어오자 임신에 대한 생각은 더더욱 없어졌다. 친구들은 아기가 갈비뼈를 밀고 골반을 넓히고, 건강 걱정이 없던 몸도 여기저기 아프게 한다는 이야기를 했다.

나는 인간의 면역계가 임신 중에는 태아를 공격하지 않도록 억제된다는 사실을 알고서 움찔했다.[5] 그렇지 않아도 수차례 고장을 일으킨 나의 부실한 면역계에 나를 위해 또 하나 부탁을 들어달라고 요구하는 것을 도무지 상상할 수 없다.

건강과 무관하게 여성들은 종종 나에게 아이를 꼭 가지려는 생각이 없는 사람을 만나니 마음이 편하다고 털어놓곤 했다. 파티에서, 서점에서, 심지어 태어날 아기를 축복하기 위해 모인 베이비 샤워 자리에서 그렇게 고백했다. 나는 사람들이 보통 그런 이야기를 터놓기 두려워한다는 걸 잘 안다. 그래서 다발경화증이 있는 영화 제작자 에밀리와 이메일을 주고받을 때 그 병이 아이를 갖고 싶은 욕망에 영향을 미쳤는지, 혹은 어떻게 미쳤는지 물으면서 이상하게도 선을 넘는 것 같은 기분이 든다. 화면에 쓰인 그 질문은 삭막해 보인달까, 직접 만나서나 전화로 묻는 것보다 더 딱딱하게 느껴진다.

"아이를 원하나요?" 나는 쓴다. 그리고 질문을 좀 부드럽게 만들려고 괄호 안에 이렇게 덧붙인다. "저는 원하지 않는데요, 젊은 여자가 이런 말을 하면 사람들이 깜짝 놀라는 것 같아요. 아무튼 그래서 저는 당신의 대답이 어느 쪽이든 절대 판단하지는 않을 거예요."

"아이를 원하지 않아요." 에밀리가 답장한다. "그런데 다발경화증에 걸리기 전부터 저는 원하지 않는다는 걸 알고 있었어요. 아이를 원하지 않는다는 사실에 사람들이 종종 깜짝 놀란다는 걸 알아서 때로는 그냥 다발경화증 때문이라고 말하곤 합니다. 다발경화증이 어떻게 발생하는지, 유전성 질환인지 아직 정확히 밝혀지지 않았지만 만약 유전성이라고 한다면 훌륭한

305

'변명거리'가 되니까요."

　건강 문제를 자신의 결정을 정당화하기 위한 방패로 사용하면서 아이를 가지라는 사람들의 압박에 대응하는 여성은 에밀리만이 아니다. 레딧(Reddit)에 "아이를 갖느니 차라리 루푸스를 앓겠다"라는 제목의 글을 올린 어느 여성은 "나는 루푸스와 임상 우울증을 내가 아이를 가질 수 없고 가지지 않는 큰 이유로 들 때가 많다"라고 쓴다.[6]

　이 게시글 아래에 달린 몇몇 여성의 댓글은 복합적인 이유에 초점을 맞춘다. 그중 하나는 "삼십 대 중반 여성입니다"로 시작한다. "저는 류머티즘성 관절염이 있습니다… 진단을 받기 전에는 경력을 쌓고 싶어서 아이를 안 가졌어요. 그리고 류머티즘성 관절염 때문에 경력 쌓기가 물거품이 된 지금은 더 아이를 가질 생각이 없어요. 허. 증상이 갑자기 악화되는 기간에 아이를 봐야 하는 건 상상도 못 하겠어요. 절대로요. 죽어도 안 될 일이죠."

　또 다른 여성은 이렇게 쓴다. "어떤 자가면역질환이든 이 질환이 있는 사람이 아이가 없다고 말하면 진지하게 받아들여야 한다고 봐요. 근데 또 애초에 사람들이 아기니 아이니 그냥 그만 좀 집착할 필요가 있죠." 다시 말해 건강 문제가 있든 없든 상관없이 우리는 여성들에게 그들의 삶을 어떻게 살아라 마라 하는 걸 그만둘 수 있어야 한다. 그러면 정말 좋을 것이다.

　에밀리처럼 다발경화증을 앓고 있는 비타는 아이를 가지는 것이 이 병이 있는 사람에게는 사실 도움이 될 수 있다고 내게 말한다. 기본적으로 임신은 산모가 태아를 거부하지 않도록 산모의 면역계 작동을 둔화시키기 때문에, 의사들의 말에 따르면 다발경화증 환자의 경우 임신을 한 여성은 하지 않은 여성보다 다발경화증 관련 장애를 덜 겪는 경향이 있다는 것이다. 그러나 한 의사는 그렇다고 해서 다발경화증이 아이를 가질 이유가 되는 건 아니라고 인정했다. 비타는 끄덕이며 생각했다. '맞아, 18년 동안 키워야 한다고 생각하면 아이를 갖지 않을 이유는 많지!' 우스개로 하는 말이고, 어쨌든 그는 언제나 아이를 낳고 싶은 마음이 있었다. 기력이 따라줄까 걱정되기는 하지만 힘이 되어줄 파트너를 만나기를 소망하며, 그의 표현에 따르면 귀엽고 작고 급진적인 아이들을 키우는 꿈을 꾼다.

┼┼┼

HIV를 가지고 태어나 자란 과학자 소피는 내게 성장기를 함께한 양어머니가 얼마나 그를 과잉보호했는지 이야기해주었다.

"엄마는 제가 수영하러 가는 걸 절대 허락하지 않았어요. 수돗물도 절대 못 마시게 했죠. 세균 때문에 그랬지 싶어요. 엄마는 항상 제 건강 상태를 [저의 활동을 제한하는] 이유로 들었습니다. 수영부에 들어가고 싶었는데 그것도 안 된다고 했죠."

어머니의 주장 중에는 우스운 것도 있었다. 소피가 맨 처음 문신을 하고 싶어 했을 때 엄마는 말리면서 의사한테 물어보라고 했다. 의사는 괜찮다고 말했다. (지금 그에게는 문신이 여섯 개 있다.) 어쩌면 엄마가 우려한 게 꼭 건강만은 아니지 않았을까 하며 소피와 나는 농담을 주고받는다.

우리가 이야기를 나누던 어느 날, 소피는 방금 병원에 갔다

왔다고 했다. 곧 있으면 스물일곱인 그는 여러 병원에 다닌다. 조금 전에 간 병원에서 그는 정기적으로 수영을 해도 괜찮은지 물었다. 의사는 수년 전의 어떤 엄마와는 달리 수영도 하라고 했다.

"괜찮아요." 의사는 소피에게 말했다. "하고 싶은 건 하면서 살아도 돼요. 다른 사람들이 하는 걸 당신도 다 할 수 있어요."

뭐든지 다. 소피는 앞서 내게 생물학적 자녀를 가지는 것이 가능하다고 언급했었다. 1989년에 HIV를 가지고 태어나 두 살을 못 넘길 것으로 생각되었던 아기가 이제는 자신의 아이를 낳을 수 있는 젊은 여성이 된 것이다.

그런데 가능하다고 해도 그의 건강이 아이를 낳고 싶은 마음에 영향을 주진 않는지 궁금하다.

"그러니까 저는 마음이 왔다 갔다 하는 것 같아요." 그가 말한다. "아이를 분명 원하기는 해요… 저는 말하자면 동화에 나오는 것처럼, 적어도 아이 둘과 좋은 남편과 행복한 삶을 살고 싶거든요. 제가 원하는 건 바로 그런 삶이에요."

잠시 후에 그는 무엇이 그를 머뭇거리게 하는지 설명한다.

"아이는 항상 갖고 싶었습니다. 문제는, 그러니까 진짜 질문은 '나는 아이를 입양하기를 원하지 않았나? 그러지 않고 내 아이를 낳을 것인가?'라는 것입니다. 제가 기억하기로 저는 정말 오랫동안 아이를 입양할 거라는 말을 계속 했거든요."

십 대 때 소피는 사람들이 그에게 아이를 낳는 것이 가능하다고 말을 해도 혹시나 아이에게 HIV가 전해질까 걱정이 되었다.

그리고 그 자신이 입양 가족에게 환영받으며 자란 만큼

입양은 그에게 의미가 크다. 어릴 때 자신이 누군가가 원하는 존재라는 느낌을 받았던 것처럼 다른 아이들도 그런 것을 느꼈으면 좋겠다고 그는 내게 말한다.

그럼에도 "간단히 답하자면 맞아요, 저는 제 아이를 임신할 수 있기를 바랍니다. 그러고 싶어요. 제가 입양되었기 때문에 제 혈육이 생기는 것에 대한 로망이 있어요. 혈연 조카가 태어났을 때 저는 정말 들떴죠. '나와 핏줄로 이어진 친척이야'라고 말하면 뭔가 뭉클한 게 있어요"라고 한다. 아무래도 입양 가족이 그에게 더 중요하기는 하지만 말이다. 그렇지만 소피는 임신과 출산을 하려면 얼마나 많은 노력이 필요할지, 임신을 하는 다른 사람들보다 얼마나 더 많은 것을 감당해야 할지 알고 있다.

"약을 '더' 먹어야 해요." 그는 자신의 습관에 대해 솔직한 것 같다. "저는 약 챙겨 먹는 걸 안 그래도 잘 못하거든요"라고 소피는 인정한다. 그러니 더 많은 알약 무더기를 매일 삼킬 생각을 하면 조금 겁이 난다.

"그래서 저는요." 이어서 그가 말한다. "우연히 임신을 하게 되는 상황은 절대로 [일어나지] 않기를 간절히 바랍니다. 어떻게 해서든 제가 원하기 전에 임신이 되지 않도록 온갖 노력을 해요. 아이를 갖기 전에 결혼부터 하고 싶고요. 그게 꼭 마음대로 되지는 않는다는 걸 알지만요."

HIV를 가지고 있을 뿐만 아니라 과학자로서 HIV를 연구해온 소피는 그와 그의 아이가 겪어야 할 또 다른 상황들 몇 가지를 줄줄 이야기한다.

"아기도 약을 섭취하게 되리라는 걸 알고 있죠." 그가 말한다.

"모유 수유는 불가능할 거고요, 제왕 절개를 해야 할 거예요…"

그렇지만 "만일 제가 꿈꾸는 남자를 만난다면 모든 게 조금 더 쉽지 않을까 생각해요"라고 그는 말한다.

소피는 굉장히 실용주의적이고 과학적이다. 그는 병을 가지고 있으면서 그 병을 연구하는 사람이다. 동시에 그는 "백마 탄 왕자"라는 표현을 자연스럽게 사용하는 여성이기도 하다. 그런 완벽한 파트너, 그런 "왕자"가 어떻게 모든 걸 달라지게 할지 그는 잠시 생각해본다.

만약 백마 탄 왕자 같은 안정적인 파트너를 만나지 못한 상태에서 임신을 하게 된다면 임신중지를 할 것이다. 그 결정은 "아마도 제가 HIV 양성인 것과 관련이 있겠죠"라고 그는 말한다. 그의 가족과 종교 커뮤니티는 임신중지라는 결정에 눈살을 찌푸릴지 모르지만, 챙겨주는 파트너가 없다면 그는 자신의 건강과 임신을 둘러싼 복잡한 문제를 혼자 감당할 마음이 나지 않을 것 같다. HIV 보균자인 그에게는 모든 과정이 평상시보다 더 많은 에너지와 더 많은 의학적 개입을 요할 것이라는 점을 소피는 다시 한번 강조한다.

"약을 더 복용하는 것이 내키지 않아요." 그가 말한다. "그리고 무서워요. 배를 가르게 될 거라는 사실, 많은 사람이 제왕 절개로 아이를 낳는다는 사실이―"

"질 분만은 왜 안 되나요?" 내가 묻는다.

"아기가 건강하다고 합시다." 그렇다면 태아는 HIV 음성일 것이다. 하지만 태아가 산도를 빠져나올 때 점액과 혈액이 잠재적으로 바이러스를 전염시킬 수 있다고 그는 설명한다.

"문제는 그런 위험을 감수하고 싶으냐는 것이죠." 그가 말한다. "세상의 모든 돈을 다 가지고 있다고 해도" 아이가 HIV를 가지고 태어날 가능성은 여전히 존재한다는 것이 그의 말이다.[7]

건강 문제나 장애는 아이를 키울 수 있는 가능성에 다른 방식으로도 영향을 미친다. 일식당에서 만난 전국LGBTQ태스크포스의 변호사 빅토리아 로드리게스-롤단은 그와 그의 아내는 아이를 가지고 싶어 한다고 내게 말한다. 로드리게스-롤단은 트랜스젠더이고 자궁이 없기 때문에 임신을 할 수 없을 것이다. 논바이너리로 정체화하는 그의 아내는 자궁이 있으나 결합조직 증후군을 앓고 있어서 임신을 유지하기가 쉽지 않을 수 있다. 따라서 이 커플은 입양을 해야 할지도 모른다. 그러나 그는 입양도 아마 지독히 힘들 거라며 걱정한다. 입양 기관에서 로드리게스-롤단의 양극성장애 병력을 찾아내면 "저희에게 아이를 주지 않을 것"이라고 그는 말한다.

그렇다면 이런 질문은 어떨까. 아이를 갖기로 선택한 사람은 어느 정도까지 아이 곁에 있어줄 '능력'이 될 것인가? 건강 문제나 장애—로드리게스-롤단처럼 정신건강과 관련된 것이든 아니면 루푸스와 관절염 급성 악화에 대해 쓴 여성들처럼 신체 건강 문제로 간주되는 것이든 간에—가 있는 여성이 어떻게 아이를 키울 것인가를 문제 삼는 사람들의 발언은 모욕적이고 차별적일 수 있으며 심지어 우생학적인 색깔을 띠기도 하지만, 어떤 여성들은 스스로 그런 고민을 한다. 그들은 미래의 아이를 보살피기에는 너무 피곤하거나 자기 몸 챙기기도 벅찬 상태가 될까 걱정스러워한다. 이건 까다로운 주제다. 각 여성이 자신의

몸과 미래에 대한 결정을 내리는 것은 매우 개인적인 일이나,
어느 쪽이든 갖가지 사회적 압력이 작용하는 것 또한 의심할 여지
없는 사실이다.

『그늘에서 나오는 목소리』에서 귀네스 퍼거슨 매슈스가 만난
모이라는 여성은 휠체어를 사용하고 두 아이가 있다.[8] 모이라는
다른 여성이 아기를 빼앗아 가면서 그에게 당신은 젖먹이를 돌볼
능력이 없다고 말하는 악몽을 꾸곤 했다고 시인한다. 그렇지만
또 아기가 있으면 그냥 다 하게 된다고 얘기한다. 적응하게
된다는 것이다.

"휠체어를 밀어야 하니 손에 아무것도 없어야 해요." 그가
매슈스에게 말한다. "그래서 속싸개에 아기를 싸고 이로 물어
안고 다녔습니다. 무릎에 아기 몸을 뉘고 속싸개를 입에 문 채
휠체어를 운전했어요. 그런 식으로 아기를 데리고 장도 봤죠.
카트에 앉힐 만큼 자랄 때까지는 그렇게 다녔습니다. 집에
올 때도 짐은 휠체어 뒤에 걸고 그 상태 그대로 아기를 데리고
왔습니다."

본인도 휠체어 사용자인 매슈는 그 방법이 "꽤 훌륭한
해결책"이라고 생각했다고 쓴다. 그러나 모이라는 생각에 잠기며
인상을 찌푸렸다.

"다른 사람들은 그렇게 생각하지 않았어요." 모이라가
말한다. "사람들은 저한테 고양이가 새끼 고양이를 물고 다니는
건 괜찮지만 사람은 엄마가 아기를 그렇게 데리고 다니면
안 된다고 말했어요."

하지만 모이라는 제삼자의 눈에 보이는 것과 달리 아기에게
필요한 보살핌을 주는 데 남보다 더 신경을 쏟았다. 그는 해야

한다고 알고 있는 건 다 했다. 장애가 없는 이들에게 일종의 감응을 주려고 한 것도 아니지만, 그의 방법을 못마땅하게 보는 이들의 무례한 시선을 받으려 했던 것도 아니다. 그는 그저 자신의 아이를 자신에게 맞는 방법으로 돌봤을 뿐이다.

　내가 인터뷰한 여성 다수도 마찬가지다. 그들은 어떻게 하면 자신에게 맞는 방법으로 아이를 가지거나 가지지 않을지 고민한다. 일부는 자신의 몸이 건강과 관련해 어떤 일을 겪게 될지, 자신이 꿈꾸는 삶이 어떤 모습인지와 상관없이 가족이나 문화적 규범으로 인해 아이를 가져야 한다는 압박을 느낀다. 또 일부는 아이를 원하지만 건강 때문에 아이를 갖는 건 '피해야' 한다는 압박을 받는다. 내가 만난 여성 대부분은—누가 부모가 되어야 하고 되지 말아야 한다는 사람들의 기대가 그들 곁에 계속 따라붙어도—어떤 삶이든 자신이 원하는 삶의 편에 섰다.

6

멕은 스물다섯에 눈썹이 없어졌다.

그는 고등학교 때 탈모증이 모낭을 공격하기 시작하면서 머리에 이미 부분 탈모가 나타났다. 친구들이 남자애들 곁을 우쭐대며 지날 때 그는 머리를 가리거나 만지며 빠진 부분이 안 보이게 했고, 바람 불 때 걷는 것과 빨리 뛰는 것을 두려워했다. 처음에 걱정했던 건 외모였으나ー모두의 눈에 머리카락이 듬성듬성 빠진 여자로 보이는 게 걱정이었지만ー시간이 흐른 지금 멕이 걱정하는 것은 자존감이다. 그는 고등학교 시절 다른 여자애들과는 달라 보였던 것, 그리고 이제는 대머리 젊은 여성의 모습으로 어딘가에 걸어 들어가는 것이 자신의 가치에 대한 감각에 영향을 끼쳐왔다고 말한다.

내가 멕을 만났을 때 그는 몇몇 친구들과 함께 바에 나와 놀고 있다. 그는 항상 대화의 분위기를 돋우고, 이야기를 들려주다가 결정적인 부분에 이르면 장난기 가득한 미소를 짓고, 친구들을 웃게 만드는 그런 사람이라는 게 눈에 보인다. 하지만 그의 몸이 체모를 공격하기 시작하면서 그는 다른 사람이 되었다고 말한다. 그 모든 변화가 일어나기 전에는 주변의 세상에 호기심이 많았다. 자라나는 여느 아이와 마찬가지로 여러 가지 활동을 즐길 줄 알았고, 자신의 몸 밖에서 일어나는 일에 집중할 수 있었다. 그러나 성격 형성에 중요한 시기인 고등학교 때, 그리고 이후 스물다섯이 되어 마침내 체모가 사라져버렸을 때 멕은 더 이상 자신이 완전한 인간이라는 느낌이 들지 않았다.

"저는 외모가 남들과 다르다는 생각에 너무 사로잡혀서 관심사나 취미를 가지는 것이 가치 있다는ー혹은 제가 그럴 가치가 있다는ー생각을 안 했어요."

317

그가 말한다. 스스로를 의심하는 그의 모습이 눈에 그려진다. 그렇지만 멕은 근래 내가 만난 사람 중에 가장 똑똑하고 유쾌하고 함께 이야기하기 즐거운 사람이다. 어떤 때는 본인도 자신의 그런 점을—자신이 재기 발랄하고 재미있는 사람이라는 걸—알고 있는 것 같고, 또 어떤 때는 전혀 그렇지 않다고 생각하는 듯하다.

이제 곧 서른인 멕은 연애를 별로 하지 않았다.

"누가 저를 원한다는 느낌을 받아본 적이 없어요." 그가 내게 말한다. "다른 사람이 나를 원하는 느낌은 때때로 그냥 필요한 어떤 것이죠. 저는 그런 기분을 느껴본 적이 없습니다."

세상에 대한 호기심이라면 진작에 꺼졌다고 한다. 그는 문학과 영화와 새로운 음식에 도전하는 것을 사랑하는 매우 지적인 젊은 여성처럼 보인다. 하지만 남들이 흥미로워하는 것에는 그다지 흥미가 가지 않는다. 영원히 대머리 여성으로 살아가야 하는 처지가 세상을 잿빛으로 보이게 만드는 것이다. 게다가 만나는 모든 사람에게 '타자'가 되는 기분을 느낀 지 10년이 되다 보니 그는 자기 자신에게 투자할 가치를 느끼지 못한다.

"제가 가진 잠재력에서 나날이 멀어지고 있죠."

그가 말한다. 그리고 고등학교 때 이후로 별종이 된 기분을 느끼지 않았다면 어떤 직업을 가질 수 있었을지, 어디까지 학교를 더 다녔을지 상상해본다.

현재 멕은 머리카락이 전혀 없는데 무엇으로도 가리지 않고 사람을 만난다. 속눈썹도, 눈썹도 없으며 그 위에 아무것도 바르지 않는다. 스물다섯 살 때 전부 빠져버린 이후 때때로 눈썹은 그리지만 가발과 모자와 두건은 포기했다. 민숭한 얼굴이라

눈에 확 띈다. 그는 자신의 모습을 가장 절실히 의식하게 되는
건 파티에 갔을 때라고 터놓는다. 술을 좀 마신 상태에서 이따금
주위를 둘러보면 눈이 맞은 커플이나 파트너와 꼭 붙어있는
사람들이 보이고, 그럴 때면 외롭다는 생각이 든다. 그리고 그런
순간에 그는 자신의 의학적 문제 때문에, 자신의 특별한 외모
때문에 영원히 혼자일 거라 확신하게 된다고 말한다.

　　보통 멕은 남자가 추근거려도 마음이 있어서 그러는 거라고
생각하지 않는다. 가끔 정말로 수작을 거는 것처럼 보이면 자신의
민머리에 페티시를 느껴서일 거라고 짐작한다. 그런데 가발을
썼던 이십 대 초반에는 가발이 역효과를 불러온다는 걸 알게
되었다. 가발을 쓰고 다닌다는 건 남자가 그와 키스를 시작하고
나서 가발 아래가 민머리임을 알아차린다는 뜻이다. 그리고 그건
굴욕과 충격을 의미한다. 그에게는 처음부터 머리가 없는 모습을
보이는 편이 나중에 밝혀지느니보다 차라리 훨씬 낫다.

　　멕이 롤 모델로 삼을 만한 사람은 누가 있을까?
텔레비전이나 영화에 나오는 머리가 빠진 여성을 떠올려보면
대부분 항암 치료 중이다. 암. 멕은 암을 생각하면 마음이 편하지
않다. 낯선 이들은 그가 머리가 빠진 것이 암 때문이겠거니
생각하는 경향이 있다. 때로는 지나가는 사람이 "저도 암을
앓았어요. 걱정하지 마세요, 이겨내실 겁니다"라고 속삭인다.
하지만 멕은 아프지 않다. 적어도 사람들이 생각하는 그런 병에
걸린 것은 아니다. 탈모증은 일종의 자가면역질환이기는 하나
멕의 말에 따르면 생명을 위협하는 병 같은 건 절대 아니다.
그건 수치심을 일으키고 자존감을 무너뜨리기는 했으나 건강의
측면에서 보면 '그리 나쁘지는 않다'.

텔레비전에 나온 가장 잘 알려진 대머리 여성 중 한 명은
「오렌지 이즈 더 뉴 블랙」의 등장인물 로자다. 로자는 나이 든
여성으로 암으로 죽어가고 있으며 다른 인물들에게 다소 괄시를
받는다. 처음 등장할 때부터 그는 피부에 병색이 보인다. 다른
인물들은 일반적인 죄수복을 입지만 그는 환자복을 입고 있다.
그는 기력이 없고 머리카락이 전혀 남아있지 않다.

　우리가 로자를 좀 더 깊이 알게 되는 것은 드라마의 두 번째
시즌에 이르러서다. 젊은 시절 거칠고 똑똑하며 '건강해 보이는'
멋진 여성이었던 그는 교도소에 도착했을 때도 천하태평이었다.
그러나 이제 사람들 대부분은 그를 주변인들과 관계 맺기를
포기한, 지칠 대로 지친 늙은 죄수로 여긴다. 한 인물은 그를 두고
"매끈남"(Mr. Clean)이라고 일컫는다. 대머리가 된 로자는 첫
시즌 대부분에 걸쳐 탈성화되었을 뿐 아니라 거의 기괴하기까지
한 인물로 그려진다.

　이러한 이미지는 물론 이십 대인 멕이 추구하는 것이 아니다.
오히려 피하고자 하는 것이다.

　그런데 그 밖에 대중문화 쪽에서—항암 치료 때문이 아니라
자가면역질환으로 인해—탈모가 된 유명한 여성으로는 거의
유일한 인물 또한 멕과는 아마 다른 방향으로 거리가 멀 것이다.
그 인물은 바로 델라웨어주 대표로 미스 아메리카에 출전한
케일라 마텔이다.

　대중문화가 본래 달콤한 것이라면 미스 아메리카 미인
대회는 호스티스 컵케이크(Hostess CupCake) 공장과 다름없다.
1920년대에 시작된 이 행사는 결혼하지 않은 젊은 여성들에게
수영복을 입히고 하이힐을 신겨 무대 위를 행진하게 하고

이들을 심사할 뿐만 아니라 추저분한 인종차별의 역사도 가지고 있다. 미인 대회의 역사에 관한 책을 저술한 블레인 로버츠는『뉴욕 타임스』에 기고한 글에서 과거 남부 참가자들은 인종차별주의 어젠다를 노골적으로 상징했으며, 때로는 짐크로법 시대의 인종분리 정책을 홍보하기도 했다고 쓴다.[1] 지금까지 수십 년째 미스 아메리카는 "순수한" 젊은 여성의 몸을 계속해서 홍보해왔다. (로버츠가 지적하듯 나체를 넌지시 암시하는 수영복 심사가 "라이프스타일과 피트니스" 부문으로 재포장되었다고 해도 그 사실은 변함없다.) 빛나는 왕관과 무대 위에서 카메라를 잘 받는 외모, 아니면 적어도 이성애자 백인 남성이 생각하는 매력적인 여성의 외모가 이 대회의 전부다.

마텔은 2011년에 미스 델라웨어로 전국 대회에 나갔다. 「투데이 쇼」웹사이트에 실린 그에 관한 기사의 제목은 이렇다. "여러분의 새로운 미스 아메리카는 아마 아름다울 것이다— 그리고 대머리일지도 모른다."[2]

열세 살 때부터 미인 대회에 참가한 마텔은 "사생활에서는 아무것도 쓰지 않는 걸 선호하지만 대회에 출전할 때는 언제나 가발을 착용"했다. 사실 가짜 모발은 오직 대회용이라고 그는 「투데이 쇼」에 밝힌다.

"가족들과 집에 있을 때는 항상 가발을 안 쓰고 있어요. 그게 제 모습이니까요." 그의 말이다.

하지만 시청자들이 텔레비전에서 미인 대회를 볼 때 등장하는 그의 모습은 다른 참가자들과 다르지 않다. 즉, 모발이 있다.

멕에게—머리가 없는 것 때문에 그는 전국 방송에 나오는 것은 고사하고 사진 찍히는 것도 보통은 싫어한다―탈모증은 '자신의 모습'일 수 없다. 전문 모델인 마텔은 탈모가 그저 자신의 정체성을 이루는 일부라고 느낄지 모르지만 멕은 그 정반대라고 분명하게 이야기한다. 머리카락이 없는 것은 절대로 자신이 원한 것이 아니다. 만약 다시 자란다면 그는―머리가 다 빠지기 전에 그랬던 것처럼―"짙은 갈색에 웨이브를 넣어 틀어 올리고 얼굴 옆으로 고불고불한 가닥을 늘어뜨릴 것"이라고 한다. 그는 자신이 굉장히 여성스럽다고 생각하지만 만나는 사람들은 그가 일부러 "세" 보이려고 머리를 밀었다고 짐작하는 경우가 적지 않다. 그가 무얼 하든 그의 겉모습은 그의 진짜 자아―그의 정체성―를 결코 비추지 못한다. 그리고 그는 자신의 성격이 오해를 받을 때 어떤 특정한 종류의 죄책감을 느낀다. 예컨대 누군가 그를 펑크족으로 여길 때 그는 그렇지 않기 때문에 그 사람을 실망시킨 기분이 든다.

멕은 또 다른 예를 들려준다. 우리가 이야기를 나누기 며칠 전, 그는 백화점 아웃렛 매장에서 계산하려고 줄을 서있었다. 그때 매장에 있던 어느 젊은 남자가 슬며시 다가왔다.

"저기 말이죠." 남자가 말했다. "머리가 없으시네요! 어떻게 된 거예요?"

그가 남자의 억양을 흉내 내는 걸 들어보면 추파를 던졌던 게 분명해 보인다. 이 남자는 따뜻한 태도로, 미소를 지으며, 아마도 좀 쭈뼛거리며 그에게 다가갔다는 것이 목소리 톤에서 확연히 느껴진다. 그가 매력적이라고 생각한 남자였다. 하지만 멕은 지난 10년간 너무나 탈성화된 나머지 내가 그 남자가 당신에게 관심이 있었던 거라고 말해도 믿지 않으려 했다. 그의 성대는 남자를 흉내 낼 수 있었지만 그의 나머지 부분은 그 목소리가 플러팅을 의미한다는 걸 인식하거나 간파하지 못했다.

어느 쪽이든 그는 이런 상황이 언제나 힘들다고 말한다. 머리가 없는 건 미적인 선택이 아니라 의학적인 문제라고 곧바로 얘기해야 해서 죄책감이 들기 때문이다.

"탈모증이 뭔지 아세요?" 그는 물었다.

"대충요." 남자가 답했다.

멕의 말에 따르면, 그 이후에는 남자 쪽이 그에게 계속 말을 하는 것에 죄책감을 느끼는 것 같았다. 의학적 문제를 스타일로 오인한 것 때문에 너무나도 어색한 상황이 벌어지고 만 것이다. 남자는 말을 우물거리다가 자리를 떴다.

"뉴욕에서는 사람들이 제가 세 보이려고 머리를 밀었다고 생각해요." 멕이 말한다. "그리고 중서부에 가면 사람들이 제가 아파서 그렇다고 생각해요. 양쪽 다 사실이 아닌데 말예요. 죄책감의 삼각형이죠."

멕과는 다르게 정말로 아픈 젊은 여성들에게도 대중문화는—더는 아닐지 몰라도—비슷하게 실망을 준다. 멕은 그의 질환이 온갖 죄책감을 만들어내지만 그래도 생명을 위협하지는 않는 것이 행운이라고 생각한다.

그렇다면 개성을 무화하는 신체적 증상과 무서운 죽음의 운명, 이 두 가지 모두에 대처해야 하는 젊은 여성들은 어떨까? 그들에게 텔레비전과 영화는—그리고 미스 아메리카 대회도 물론—아픔과 섹시함 사이의 끊을 수 없는 연결 고리를 의미한다. 그 세계에 따르면 당신은 병으로 인해 모든 활력과 성적 매력을 잃은 로자이거나, 외모로 건강 상태에 '저항하는' 미의 여왕 또는 할리우드 스타이다. 그 중간의 여지는 별로 없다.

또 다른 미스 아메리카 참가자인 시에라 샌디슨의 경우를 보자. 2014년 미스 아이다호 왕관을 차지한 샌디슨의 사진은 미인 대회를 둘러싼 언론의 요란에 관심이 없는 사람들도 피할 수 없을 만큼 널리 퍼졌다. 2014년 7월에 비키니를 입고 무대 위에 선 그의 사진은 주류 미디어에 흘러넘쳤다. 잡지 『피플』부터 미국 공영 라디오 NPR까지, 다들 놀라움과 감탄을 떠벌리지 않고는 견딜 수 없었던 모양이다.[3] 그들에게 충격을 준 것은 물리적인 크기로 치면 꽤나 작았다. 샌디슨은 수영복을 입고 엉덩이에 조그마한 검은색 상자를 찬 채 무대에 섰는데, 당뇨병 치료용 인슐린 펌프였다. 필자들은 젊은 여성이 모든 각오를 하고 미인 대회에서 의료 기기를 착용한 것을 두고 흥분을 자제할 줄 몰랐다.

공정하게 말하면 샌디슨은 텔레비전에 나와 치료 중인 몸을 보여주고, 그럼에도 그가 여전히 매력 있음을 봐달라고 시청자에게 요청함으로써 중대한 걸음을 내디뎠다. 온갖 미디어의 기자들이 지적했듯이 그는 어린 여성들이 자신의 병에 대해, 몸에 부착한 의료 기기에 대해 덜 부끄러워하도록 도와주고 있다. 그리고 그건 우리에게 분명 필요한 것이다. 샌디슨은 그의 블로그에 다음과 같이 쓴다.

> 여러분 대부분이 알다시피 2014년 미스 아이다호 대회 때 저는 무대 위에 펌프를 착용하고 나가기로 했어요. 이 결정을 하기까지 2년이 걸렸습니다. 미인 대회에 처음 출전하기 시작했을 때는 펌프를 착용하지 않고 주사를

놓았죠. 이상한 튜브 달린 기계 같은 걸 내내 차고 다니는 모습을 사람들이 보는 게 싫었고, 앞으로 평생 몸에 의료 기기를 달고 살아야 하는 걸 아직 잘 받아들이지 못했거든요.

　　그러다가 1999년 미스 아메리카인 니콜 존슨에 대한 이야기를 들었어요. 그는 펌프를 착용하고 미스 아메리카 대회에 나갔다고 하더라고요. 그때 제 시각이 완전히 바뀌었죠.[4]

그리고 조금 아래에 "인슐린 펌프가 있다고 덜 아름다워지는 건 아니에요"라고 쓴다.

　　일시적이기는 했지만 나 역시 예전에는 '이상한 튜브 달린 기계 같은 것' 때문에 남들이 나를 어떻게 볼까 걱정했다. 그런 나 같은 사람에게 그의 솔직함은 다소간의 감동을 준다. 하지만 그는 어쨌든 미스 아메리카 참가자다. 비교적 피상적인 방식으로 아름다움에 대해 이야기하고 있다. 청소년기 이후 그가 집중한 것은 자신의 외모에 대한 인정과 명성을 쟁취하는 것, 공개 투표에서 다른 여성들보다 더 매력 있다는 결과를 얻고 매우 편향적인 미의 기준에 따른 일련의 항목에서 더 좋은 점수를 얻는 것이었다. 어떤 면에서 샌디슨은 아마 다른 이들에게 혼자라는 기분을 덜 느끼게끔 도움을 주었을 것이다. 그렇지만 그가 있는 곳은 백인 여성, 마른 여성, 여성스러움을 표현하는 여성이 나머지 여성들보다 높이 위치하는 원형 경기장이다. 의료 기기를 지니고 다니는 유색인 여성, 또는 좀 더 양성적인 외양의 여성은 똑같은 찬사를 받지 못한다.

샌디슨은 그의 동지인 가발 쓴 대머리 미인 미스 델라웨어와 동일한 서사를 만들어낸다. 플롯은 단순하고, 거의 모든 이야기마다 쓰이는 표현도 비슷하다. 이를테면 '이 젊은 여성은 의학적 문제가 미의 여왕이 되는 걸 막게 놔두지 않을 것이다'라는 식이다.

선의를 가진 미의 여왕이라 할지라도 그들은 인종차별주의와 성차별주의가 짙게 밴 시스템의 일부가 됨으로써 수백만 시청자의 신체적 불안정을 영속화하는 데 분명 기여한다. 아픈 젊은이는 병과 싸우며 헤쳐가야 하고, 행복한 얼굴을 해야 하며, 문화적 기준에 따라 성공해야 한다는 생각을 담고 있는 그들의 이야기는 또한 어떻게 보면 '감동 포르노'라고 부를 만한 것의 예가 된다. 이 용어는 장애가 있는 사람에 관한 희망을 주는 평면적인 이야기—장애가 없는 사람들이 스스로 만족을 느끼기 위해 이용하는 이야기—를 일컫는데, 그런 이야기들은 인간의 몸과 몸이 어떻게 적응해야 하는가에 대한 편향된 기대를 강화할 따름이다.

샌디슨의 비키니 사진이 뉴스를 휩쓴 바로 그 무렵, 중증 질환이 있는 또 다른 여성의 사진이 인터넷에서 널리 퍼졌다. 여러 대륙의 각종 뉴스 매체와 블로그가 영국의 스물세 살 여성 베서니 타운센드의 이야기를 공유했다. BBC, 잡지『피플』, 「투데이 쇼」, 허핑턴 포스트 등이—심각한 크론병을 앓고 있는— 타운센드가 비키니 입고 찍은 사진을 온라인에 게시했다는 훈훈한 이야기를 전했다. 그의 사진이 다른 수많은 비키니 사진과 다른 점은 결장루 주머니(결장에 구멍을 내어 대변을 받는 주머니—옮긴이)가 보인다는 것이었다.[5]

결장루 주머니는 결코 섹시하지 않다. 한동안 나는 이 표현을 일종의 요약문으로, 그러니까 사회적으로 구성된 이상적인 신체에서 벗어난 몸을 가진 여성들에게 가해지는 압력을 묘사하는 한 방법으로 사용했다. 어떤 특정한 방식으로 보여야 한다는 거센 기대—아무리 많이 논의해도 꿈쩍하지 않는 듯한 기대—가 중증 질환이 있는 사람들에게 설상가상으로 해롭다는 것은 어떻게 입증되는가. 건강 상태가 완벽한 스무 살 혹은 서른 살 여성이 부응해야 할 기대는 이미 너무나 많다. 금기시되는 어떤 것, 가령 소화나 배설에 관련된 질병 또는 가시적인 장애까지 주어지면 자신이 '미달'이라는 생각은 더욱 걷잡을 수 없게 될 가능성이 높다.

그런데 타운센드의 사진은 그러한 사회적 기대를 뒤집어엎는 것이었다. 처음에 그의 사진은 '영국 크론병과 대장염' 페이스북 페이지에서 화제가 됐다. 사진 속에는 날씬한 여성이 검은색 투피스 수영복 차림으로 해변 의자에 느긋하게 누워있다. 비행사 선글라스와 결장루 주머니와 문신도 보인다. 수많은 기사들이 타운센드를 용감하다고 일컬었다. 그리고 대다수는 그의 멋진 외모를 강조하며—타운센드는 예전에 모델 일을 좀 했다고 한다—그를 "흑갈색 머리의 뛰어난 미인", "아주 매력적인 여성", "섹시한" 따위의 말로 묘사했다.[6] 각 뉴스 매체가 전하는 메시지는 대동소이하다. 마른 백인이라는 주류의 이상을 기준으로 할 때 그는 우리가 약간 섬뜩하게 여기도록 훈련받은 의학적 문제를 가지고 있음에도 여전히 매력적이라는 메시지가 그것이다. 1990년대 중반 얼래니스 모리셋의 노래 가사에 나오듯, 그는 아프지만 그는 예쁘다(「핸드 인 마이 포켓」의 구절로 원가사는

"나는 아파 하지만 나는 예뻐"[I'm sick but I'm pretty]이다─
옮긴이).

그 전에 이미 네 명의 여성이 '당신의 배를 드러내세요'(Get
Your Belly Out)라는 유사한 캠페인을 시작한 바 있지만
타운센드의 사진이 대중의 시선을 훨씬 더 사로잡은 듯하다.
그는 다른 사진들도 올렸는데 결장루 주머니가 보이는 것도
있고 상의로 배를 가린 것도 있다. 모델 일과 관련해서는,
타운센드는 사람들이 그의 사진과 배변 주머니와 모든 것을
너무나 따뜻하게 받아들여 준 덕에 다시 도전해볼 힘을 얻었다고
말한다. 지금은 유명해진 그 사진을 남편이 찍어주기 전까지
그는 병원을 생각나게 하는 자신의 몸을 사람들 앞에 드러내기가
너무 무서웠다. 그러다 남편의 설득으로 투피스 수영복을 입게
되었고 이제는 좀 더 자신감이 생겼다고 한다. 남편과 더불어
그의 사진을 본 대략 1200만 명의 사람들이 응원해준 덕분이다.
2014년 말에 『텔레그래프』는 올해의 영국인 100인에 그의
이름을 올렸다.[7]

실로 대부분의 언론은 타운센드에 대해 대단히
긍정적이었다. 그런데 영국 『메트로』의 기사에 의하면 수많은
사람들이 너무 깡말랐다는 둥 건강이 너무 안 좋아 보인다는
둥 비판의 화살을 쏘며 그를 "맹공격"했다고 한다.[8] 『메트로』가
보도하듯 타운센드가 "너무 마른" 것은 나긋나긋해 보이려고
일부러 살을 빼서가 아니라─모델을 꿈꾸는 다른 이들은 그래야
한다는 압박을 분명 느낀다─크론병 환자는 음식을 소화하고
영양분을 흡수하는 능력이 떨어지고 따라서 그 병 자체가 대개
극심한 체중 감소를 초래하기 때문이다.

물론 구글 검색만 해도 쉽게 알 수 있는 그와 같은 사실이 투피스 수영복 차림의 지나치게 마른 여성을 후려치는 사람들을 막을 수는 없다. 그리고 그건 전적으로 그 사람들의 잘못만은 아닐지도 모른다.

인터뷰를 보면 타운센드는 사려 깊고 배려심 있으며, 그토록 많은 주목을 받은 것에 다소 놀라워하고 있다. 그는 남편이 찍은 사진이 같은 병을 앓는 다른 사람들로 하여금 자기 몸에 대해―절개된 몸, 복부에 구멍이 뚫린 몸, 그 구멍에 민망한 주머니를 달고 있는 몸에 대해―조금 더 자신감을 갖도록 용기를 줄 수 있었다는 사실에 감격한다.

그렇지만 우리는 마른 몸에 익숙하고 모델 같은 몸매를 높이 평가하는 데 길들여져 있다. 틀림없이 그는 심각한 의학적 문제를 안고 있는 젊고 빼어난 여성이나, 어떤 이들의 눈에는 도달 불가능한 미의 이상을 영속화하는 것으로 보일 뿐이다. 그들에게 그는 자신이―아프든 아프지 않든―호리호리해 보이지 않는다거나, '전형적인' 미인이 아니라거나, 수영복을 입은 모습이 그렇게 근사하지 않다는 사실을 다시 한번 알려줄 따름이다. 타운센드가 마른 것은 영양분 분해와 관련한 의학적 문제 때문이라고 해도 어쨌든 그들은 문화적 압박으로 인해 위험하리만치 깡마른 다른 많은 모델을 익숙하게 보아왔다.

문제는 타운센드 개인보다 훨씬 거대하다. 그는 자신이 매력적이지 않다고 느끼거나 자신의 아픈 모습을 부끄러워하는 다른 젊은 여성들에게 정말로 힘을 돋워주고 싶어 하는 듯하다. 문제는―그러니까 여러 문제 중 하나는―우리 사회가 의학적 문제를 겪고 있는 젊은 여성에 대해 이야기할 때 미모를 얼마나 잃었거나 잃지 않았는가 하는 부분에 초첨을 둔다는 점이다.

그리고 놀라울 것 없지만 대중문화는 건강 문제가 있는 여성을 묘사할 때 아픈데도 불구하고 매력 있는 모습을 유지하는 것을 미덕으로 여기며 강조한다. 병은 지저분하다. 그렇지만 할리우드에서는 지저분함에 대한 암시가 아주 약간이라도 담긴 장면조차 대개는 어떻게든 말쑥하게 그려낸다. 만약 그런 장면이 나오기는 한다면 말이다. 이런 것도 조금씩 변화하고 있는지 모르지만 어린 시절의 기억 중에서 떠오르는 고약한 장면은 딱 하나뿐이다. 내가 기억하기로 텔레비전에서 젊고 활기찬 여성이 심각한 병을 앓고 있는 걸 처음 본 것은 1998년인데, 당시 「리얼 월드」의 새 시즌이 MTV에서 인기였다. 이 리얼리티 쇼에서 아이린이라는 출연자가 이상하게 행동한다. 변덕스럽고 통제 불능처럼 보이던 그는 결국 출연을 중단하기로 한다. 그리고 숙소에 함께 머물던 일부 출연자는 그의 행동을 라임병 탓으로 돌린다. 수년 뒤에 아이린, 그러니까 실제 인물 아이린은 『뉴욕 매거진』의 온라인 매체 '벌처'(Vulture)에 그때 그만둔 것은 모든 게 가짜이고 은밀히 조작된 리얼리티 쇼에 출연하는 것이 싫었기 때문이라고 밝힌다.

"하지만 시청자들에게 보이는 서사는 달랐죠." 그가 말한다. "제가 라임병 때문에 망상을 하는 걸로 그려졌는데, 부당하고 잔인한 일이었습니다. 라임병 환자들에게 부당하고 저에게 잔인한 것이었어요."[2]

실제로 나는 그 서사가 너무 기억에 남아서 라임병 진단을 받았을 때 아이린이 나왔던 장면들이 뒤섞여 머릿속에 떠올랐다. '잠깐만. 이 병에 걸리면 통제 안 되는 행동을 하게 되지 않나?'

그러다 깨달았다. 라임병이 '미친 여자'의 병이라는 인상은 15년 전 MTV를 본 데서 거의 전적으로 비롯되었다는 것을.

신체상과 의료에 관한 언어를 분석한 학자 주디 Z. 시걸은 한 논문에서 "「내가 유방절제술 때 립스틱을 바른 이유」 같은 영화, 「크레이지 섹시 암」 같은 영상, 「위기의 주부들」, 「섹스 앤 더 시티」, 「빅 씨」 같은 텔레비전 드라마"에 대해 논한다. 이 유명한 이야기들에서 "암에 걸린 여성은 낙관적이고 긍정적일 것에 더해 이제는 섹시하고 섹스할 준비가 되어 있을 것까지 권유받고 기대받는다"라고 그는 쓴다.[10] 그리고 이러한 트렌드를 "환자의 성애화"라고 일컫는다. 아울러 그는 섹스라는 행위 자체가 "질병 서사의 희극적 결말"이 되었음을 발견한다.

　　그런데 타운센드의 모델 일과 미스 아메리카 참가자들의 사례에서 보듯 이 주제는 픽션에 한정된 것이 아니다. 잡지 『피플』의 어느 컨트리뷰터는 샌디슨과 타운센드를 함께 엮어 두 여성이 아름다움에 대한 우리의 인식을 변화시키고 있다고 썼다. 그는 "내면의 아름다움을 가진 더 많은 이들이 자신의 아름다운―그리고 감동적인―불완전함에 대해 당당히 이야기하기를 바란다"라며 글을 맺는다.[11]

　　하지만 아름다움이 겉으로 충분히 드러나지 않는 경우는 어떨까. 저 '아프지만 여전히 아름다운' 여성들이 널리 관심을 받는 것은 정확히 말해 그들의 외모 때문이지 내면이 아름다워서는 사실 아니다. 인슐린 펌프를 사용하면서 큰 사이즈 옷을 입는 여성, 또는 특정한 얼굴을 이상적이라고 여기는 편향된 기준에 부합하지 않는 용모의 여성에 관한 "감동적인" 이야기가 인터넷을 들끓게 하는 일은 찾아볼 수 없다. 저 여성들이 모두 백인임은 말할 것도 없다.

정체성과 상관없이 건강 문제에 대처하는 것은 힘들 수 있지만 그걸 면밀하게 관찰하는 사람들의 시선에 대처하는 것은 백인, 이성애자, 시스젠더에게 좀 더 쉽다. 코미디언 완다 사이크스는 「엘런 디제너러스 쇼」에서 암 진단 사실을 밝히며 이렇게 말한다.

"잘 모르겠다고 생각했죠. 이걸 말을 해야 하나 어째야 하나? 왜냐하면 그러니까 저는 벌써 얼마나 많아요. 아시잖아요. '흑인'이지, 게다가 '레즈비언'이지." 이 지점에서 방청객들이 웃음을 터뜨리고, 그는 자신이 속한 소수 집단을 나열하면서 지친다는 듯한 표정을 짓는다. "그리고 이렇게 생각했죠. 내가 '모든' 포스터의 모델이 될 수는 없지."[12]

암과 관련해서도 대중적인 서사가 얼마나 해로울 수 있는지에 대한 지적이 있어왔다. 2013년 슬레이트의 한 기사는 "암 환자들에게 긍정적일 것을 그만 요구하라"라고 제목에 못 박는다.[13] 주디 Z. 시걸은 『밴쿠버 선』에 「암은 나에게 일어난 최고의 일이 아니다」라는 칼럼을 낸 후 독자들이 보낸 반응에 대해 『문학과 의학』 저널에 글을 싣는다.[14]

시걸을 비롯해 암을 겪은 이들은 "긍정적이고 마음을 밝게" 먹어야 한다는 대중적인 관념이 부담이 된다고 느낀다. 그들은 암은 대다수의 대중적인 서사와는 반대로 피와 살이 되는 고귀한 경험이 아니라고 생각하며, 특히 암에 걸린 사람이 어떻게 처신해야 하는가에 대해서는 아주 강한 기대들이 있는 반면 "병의 경험에 관한 진실을 이야기하거나 들을 자리는 거의 없다"고 느낀다.

작가 다니엘라 올셰프스카는 온라인 문예지 '버드피스트'(Birdfeast)에 수록된 시에 그러한 기대를 암시하는 구절을 쓴다.[15]

> 모두가당신에게
> 친절하게대할거야당신이아프면…만일
> 당신이낫는데너무오래걸리는종류의
> 병에걸린것만
> 아니라면

캐서린 러셀 리치는 에세이 「캐서린을 위한 미사」(여기서 미사[mass]는 캐서린의 유방에 생긴 '덩어리'를 의미하기도 한다 — 옮긴이), 그러니까 에디터 상사가 '죽음의 암시'에 대한 혐오를 어떻게 드러냈는지 묘사한 그 에세이에서 질병을 둘러싼 대중 서사에 대해서도 이야기한다.

"나는 아직 분명하게 알지 못했다." 그가 적는다. "잡지, 영화, 텔레비전, 그리고 실제라는 네 가지 유형의 암에 대해서."[16] 잡지 기사에서 "항암 치료는 여성을 용기 있게 만든다"라고 그는 쓴다. 하지만 텔레비전의 암에는 "두 시간 분량의 클리셰와 빈틈없는 메이크업" 그리고 "머릿결이 좋은"(아프리카계 미국인들이 자신들의 곱슬머리에 대비되는 머릿결에 대해 사용하는 표현 — 옮긴이) 의사들이 등장한다. 그리고 "모두가 싫어한다. 그건 거짓말이니까."

어떤 면에서 우리는 이처럼 깔끔하게 포장된 암 이야기들을 워낙 흔하게 접하는 탓에 진짜 암에 걸렸을 때의 여러 곤경—
의사들이 우리의 멍울을 가볍게 보아 넘기는 것, 만나는 사람마다
우리는 그런 병에 걸리기엔 너무 젊다고 말하는 것 등을 포함한
실제 상황—에 대비하지 못하는 것이라고 그는 암시한다.

리치의 풍자적인 묘사가 딱 내 얘기처럼 느껴지는 만큼
어쩌면 그가 설명하는 진부한 이야기들이 실제로 어떤
여성에게는 도움이 될 것이다. 대중적인 서사가 어쩌면 항상
해로운 것은 아닐지도 모른다. 항암 치료를 받으면서 '용감해진'
여성을 보여주는 잡지 기사는 우리 중의 많은 이들에게 위생
처리된 감동 포르노처럼 느껴질 수 있다. 그러나 다른 이들에게는
질병을 맞닥뜨렸을 때 마음을 더 단단히 먹는 데 도움이 될 수
있으며, 그건 답답해할 일이 아니다. 그렇기는 해도 홀마크 카드에
적힌 문구 같은 말들이 난무하는 가운데 완벽한 화장을 하고
있는 텔레비전 속의 암 환자는 별로 도움이 되는 것 같지 않다.
현실에서라면 진이 다 빠지고 메스꺼움이 몰려오는 어떤 상황을
겪고 있는 유명 배우가 꾸미지 않아도 아름다워 보이는 장면 역시
도움이 되지 않기는 마찬가지다. 시스젠더 백인 남성이 썼거나
승인한 대본이 여성의 신체에 요구되는 것들과 무관할 수 있다는
생각은 우리가 어떤 세상에서 살고 있는지를 망각하는 것이다.

정말로 도움이 될 수 있는 유명인의 사례는 코미디언 티그
노타로이다. 2014년 가을에 노타로는 무대 위에서 유방을
드러냈다. 아니 정확히 말하면 유방이 없는 가슴을 드러내 보였다.
『뉴욕 타임스』 등 여러 매체가 곧바로 이를 기사화했다. 다시 말해
아주 많은 관객 앞에서 유방절제술을 받은 자신의 몸을 보여준
여성, 상반신을 드러냈을 뿐만 아니라 뚜렷한 흉터를 내보인 채로

스탠드업 코미디를 계속 진행하는 모습을 관객들에게 지켜보게
한 여성에 관한 기사를 냈다.[17]

　나는 그가 뭐랄까 "이봐요, 사람들, 나는 가슴이 잘렸고
여전히 사람이에요"라는 말을 시각적으로 전달하는 것을 보며
짜릿함을 느꼈다. 그건 많은 사람에게 짜릿함을 주었고, 많은
사람을 감동시켰으며, 대중문화에서의 젠더와 질병 표현을
수학적으로 본다면 모두에게 득이 되는 포지티브섬이었다.

　나는 암에 관한 스탠드업 코미디와 대중문화를 연구해온
학자 베자 머리드와 이야기를 나눈다. 학위 논문의 한 부분에서
노타로를 중점적으로 다루기도 한 그는 노타로 같은 사람들이
암을 둘러싼 대중적 수사와 이른바 생존자의 지위에 어떻게
도전하는지 탐구한다.

　"근치유방절제술을 받은 여성은 대개 유방재건술을 받아야
하며 유방이 절제된 신체는 '보수'가 필요하다[고 생각해야
한다]는 압박을 받거나 느낍니다."

　그의 말은 건강 연구자들과 오드리 로드, 그리고 다른 여러
사람이 했던 말을 떠오르게 한다. 노타로는 바로 그러한 압박에
저항한다. 또한 노타로는 몇십 년 전의 코미디언들에 비해 자신의
삶을 훨씬 더 친밀하게 공유하는 코미디언 중의 한 명이라고
머리드는 말한다.

　노타로의 코미디 순회공연 중 하나의 제목은 "보이시 걸
인터럽티드"(Boyish Girl Interrupted, 영화화되기도 한 수재너
케이슨의 회고록『훼방당한 소녀』의 패러디. 회고록의 제목은
요하네스 페르메이르의 그림 「연주를 중단당한 소녀」에 착안한
것이며 책과 영화 모두 '처음 만나는 자유'라는 제목으로 국내에

소개되었다—옮긴이)이다. 그가 잠시 상의를 탈의하고 흉터를 드러내 보임으로써 관객들을 놀라게 한 것은 틀림없으나, 이 제목이 시사하듯이 그는 펨보다 부치에 가깝다. 이건 중요하지 않아야 하지만 펨, 즉 여성스러운 여성에 집착하는 문화에서는 중요하다. 그러한 문화에서는 원피스를 입는 마른 여성이라도 취업 면접을 보러 가면서 화장을 하지 않고 힐을 신지 않으면 또래들의 멸시와 아니꼬운 눈초리를 받는다(나는 이를 직접 경험한 적이 있다). 노타로의 행동은 젠더와 질병에 관한 우리의 건강하지 못한 관념들 일부에 폭발을 일으켰지만 만일 그가 여성스러운 이성애자 여성이었다면 아마도 반응이 달랐을 것이다. 그는 원래 '보이시한' 여성이기 때문에 매우 '여성스러워' 보이는 여성이 무대 위에서 가슴의 흉터를 보여줌으로써 불러일으켰을 충격과 같은 정도의 충격을—그리고 관객들의 역겨움을—끌어내지는 않았는지도 모른다. 그가 이미 퀴어인 것이 도움이 된 셈이다.

리나 더넘은 자신의 건강을 날것 그대로 공개한 또 한 명의 유명인이다. 더넘은 영화 「타이니 퍼니처」와 텔레비전 드라마 「걸스」로 이름을 알렸지만, 활동 전반을 통해 여성은 남성의 고분고분한 장난감이 아니라 성욕이 있고 자신만의 예술을 한다는 걸 보여준 것으로도 유명해졌다. 비교적 최근에는 자궁내막증 경험에 대해 글을 쓰고 병원에 갔을 때 녹음을 해서 팟캐스트에 내보내기도 했다. 그는 자궁내막증이 주는 극심한 통증과 의사들이 하는 잘못된 추정에 대해 이야기한다.
　　"생식계 질병을 둘러싼 낙인은 제가 간호사, 의사, 휠체어

도우미 등을 그토록 강박적으로 예의 바르게 대하는 이유 중
하나입니다." 한 에피소드에서 그가 말한다. "적당히 명랑한
성격이기도 하니 아마 저는 그 사람들에게 제가 약물이나
동정을 얻을 목적으로 여기 와 있는 게 아니라는 걸, 그저 일터로
돌아가고 싶은 마음뿐이라는 걸 보여줄 수 있을 거예요. 일말의
의심도 들지 않게요."[18]

　　그는 청취자들에게 응급실의 실제 상황을 들려주고,
질 초음파의 이상함에 대해 이야기한다. 그는 자궁내막증이
엄청난 좌절을 주는 질병이며, 아주 골치 아프고 많은 경우
수술이 필요하며 대체로 매우 짜증 난다고 숨김없이 말한다.

　　몇 년 전 팝 가수와 배우 활동을 잠시 중단한 후 루푸스 진단
사실을 공개한 바 있는 셀리나 고메즈도 화려함과는 거리가 있는
그의 증상들을 솔직하게 터놓는다.

　　"루푸스 부작용으로 불안과 공황 발작, 우울증이 나타날 수
있고 그 각각이 다 저마다의 도전 과제를 안겨줄 수 있다는 걸
알게 되었죠." 그의 말이다.[19]

　　이렇게 소수의 유명한 여성이 자신의 몸에 관한 경험을 있는
그대로 이야기하기는 했어도 텔레비전과 영화와 훈훈한 뉴스에
등장하는 이미지들은 건강에 문제가 있는 젊은 여성의 현실과
좀처럼 들어맞지 않는다. 작가 일라이자 버먼은 슬레이트에 "아픈
문학"과 "아픈 영화"는 보통 뻔하고 똑같은 구조를 따라 이야기가
진행되며 병을 앓는다는 것의 현실을 달콤하게 꾸며낸다고
쓴다. 버먼의 글에 따르면 그러한 이성애 러브 스토리에서는
"가치관이 크게 잘못된 남자 또는 남자애―이 남성은 나쁜
남자이거나 바람둥이이거나 일 중독자이거나 셋 다 해당된다―가

평소 자신의 타입과는 거리가 먼 여자 또는 여자애에게 홀딱
빠진다. 독특하고 자유분방하며 나이에 비해 뛰어난 지혜를 가진
이 여성은 남성의 접근에 처음에는 퇴짜를 놓지만 결국 넘어가고
만다. 이들의 연애가 절정에 이르면 때마침 여성의 죽음이
시작되고, 여성은 우아하게 죽어가면서 남성에게 진정한 삶을
사는 법을 가르친다."[20]

　　1970년 영화 「러브 스토리」는 이와 같은 틀로 만든 영화의
성공 가능성을 확실하게 보여주었으며 「워크 투 리멤버」와
「스위트 노벰버」 등의 영화가 그러한 신파의 길을 따라왔다.

　　"「러브 스토리」에서 알리 맥그로가 연기한 여주인공을
괴롭히는, 이름이 명시되지 않은 병에 대해 로저 이버트(미국 영화
평론가-옮긴이)는 그 '유일한 증상은 환자가 마침내 죽는 날까지
계속 더 아름다워지는 것'이라고 썼다." 버먼이 쓴다.[21]

╫

　　　　자신의 병에 맞서 싸우는 '용감한' 젊은 여성,
또는 주변 남성들에게 변화의 기폭제 역할을 하는 '우아한' 여성을
미화하는 것은 아마 우리에게 별로 도움이 되지 않을 것이다.
우리가 보는 그러한 인물들은 여성의 경험을 편리한 관념으로
축소하는 경우가 너무나 흔하다. 몸은 스스로 극복해야 할 개인의
문제라는 관념, 혹은 웃는 얼굴로 운명을 받아들여야 한다는 관념.
그리고 주류적인 아름다움을 지녔으면서 그렇게 미소까지 잃지
않으면 도덕적으로 더 훌륭하다는 관념.

　　장애가 있는 많은 사람이 그러듯 나 역시 이런 종류의
'용기'로 가득한 감동 포르노에 항상 발끈했지만 그러면서도

나 자신을 그와 똑같은 입장으로, 즉 장애가 있는 사람으로 생각하고 싶지는 않아 했다는 것을 나는 이 책을 쓰면서 깨달았다. 내 건강 문제는 깔끔하게 정리가 되지 않는다. 암만 있는 것도, 자가면역질환만 있는 것도 아니며 여러 가지가 뒤엉켜 있다. 나라는 새가 내가 보고 있지 않을 때 구부러진 나뭇가지, 길쭉한 플라스틱, 머리카락, 철사 조각 따위를 부리에 물고 와서 실망스러운 둥지를 지어놓은 꼴이다.

"장애인이세요?" 누군가 물으면 나는 생각한다. '아뇨, 저는 그냥 각종 이상하고 힘든 문제가 한데 얽혀 있는 사람이에요.'

내가 인터뷰한 이들 다수는 장애가 꼭 영화나 텔레비전 미담에 나오는 하나의 깔끔한 서사처럼 보여야 하는 건 아니라는 점을 부드럽게 지적해주었다. 휠체어를 사용하는 사람이 얼굴에 미소를 띠고 모두를 안심시키며 잘 싸우고 있음을 보여주는 그런 종류의 서사일 필요는 없다는 얘기다. 우리는 장애가 어떤 모습이며 무엇이 장애에 들어가는지를 생각할 때 머릿속에 특정한 이미지들을 떠올린다. 하지만 내가 만난 많은 여성은 장애란 세상이 당신을 위한 자리를 만드는 데 실패한 것과 관련이 크다는 사실을—그리고 장애는 당신의 몸이 겪는 복합적인 문제들, 혹은 눈에 보이지 않는 증후군이나 질환, 혹은 요약하기 힘든 수술 내력과도 관계될 수 있다는 사실을—깨닫게 해주었다. 요컨대 장애는 텔레비전에서 보이는 것처럼 평면적일 필요가 없다.

'맞는 말이지.' 나는 생각한다. 그리하여 나는 그냥 건강 문제가 있는 것이 아니라 얽히고설킨 여러 장애를 가지고 있다고 생각해보기로 한다. 누군가에게 이메일을 보내면서 나는 내가 어떤 위치에서 이런 리서치를 하고 있는지 재빨리 설명해야 한다. 그래서 "몇 가지 신체적 장애가 있는 퀴어 여성"이라고 쓴다. 우스워 보이지만 정확한 것 같기도 하다. 나에 대한 설명으로 '동성애자'와 '퀴어'라는 단어를 처음 사용했을 때가 떠오른다. 그건 사실이었고 사실이라 확신하고 있었지만 스스로를 그렇게 정의해도 '되는지' 의문이 들었었다. 처음에는 그런 용어들을 쓰면 목뒤에 불편한 열감이 올라오곤 했다. 내가 뭔가 선을 넘는 것 같기도 하고 머쓱하면서도 뿌듯한 감정이 동시에 들었다. 내면화된 낙인이 얼마만큼 작용하고 있는지는 알 수 없었다. 두 집단에 속하는 것, 퀴어인 사람과 장애가 있는 사람이 되는 것이 꼭 내 결정에 달린 건 아니었다. 그건 그냥 그런 것이었다. 그런데 내가 동성애자이고, 너무 오래 앉아있으면 엉덩이가 아프고, 갑상샘이 있던 자리에 흉터가 생긴 것이 내가 어떻게 할 수 있는 일이 아니라고 해도 그런 것들을 정체성으로 내세우는 것은 왠지 무서운 한 걸음처럼 느껴졌다.

내가 인터뷰한 여성들과 내가 읽은 에세이들이 나의 경험과 '장애'라는 단어 사이의 거리를 좁혀주기는 했지만 그렇다고 해서 그 단어가 나를 비롯한 많은 젊은 여성이 몸과 관련해 겪어온 것들을 완전히 포착할 수 있는 것은 아니다. 겨우 스물두 살 나이에 죽음의 문턱까지 갔던 나는 그 경험을 어떻게 분류해야 할지 여전히 모르겠다. 이 경우에는 '장애'라는 말이 들어맞지 않는다. 당분간은 계속 신나게 돌아다니며 노는 데 쓰고 싶었던 나의 몸은 스스로 목구멍을 틀어막고 혈압을 급격히 떨어뜨렸다. 이런 종류의 경험은 젊은 사람에게 어떤 영향을 미칠까?

대중문화는 죽을 고비를 겪은 사람이 깨어나서 갑자기

그 어느 때보다 더 살아있음을 느끼고 오늘의 소중함을 깨닫는 이야기를 종종 들려준다. 영화와 텔레비전에 따르면 우리는 그런 경험 이후 세상 모든 것을 다시 바라보고 영원히 달라지게 된다. 속세를 완전히 버리고 전국을 떠돌거나, 에베레스트산에 오르거나, 아니면 그냥 세상만사에 신경을 끈다.

뉴욕과 인도에서 아나필락시스 에피소드를 겪고 나서 얼마 후 상사가 내게 좀 어떤지 물었다. 그러면서 방금 어떤 텔레비전 드라마를 봤는데 거기 나오는 한 인물이 죽을 뻔한 경험이 있는 젊은 여성이었다고 이야기했다. 하지만 이 드라마 속 여성은 카르페디엠의 삶으로 완전히 돌아서지 않았다. 그는 처음에는 '매일을 인생의 마지막 날인 것처럼 살자'는 충동이 한껏 치솟지만 그것도 시간이 지나면 시들해진다는 걸 알게 되었다. 여전히 살아있다는 건 여전히 일상의 작은 것들을 수행한다는 의미임을 깨달은 이후로 특히 그랬다. 가령 마트에 가서 파인애플을 고르고, 월세 수표를 우편으로 부치는 일 같은 것들 말이다.

"이 드라마 캐릭터가 맞았나요?" 상사가 물었다. 현재의 소중함 같은 것이 사람들이 말하는 것만큼 엄청나게 크게 다가오는 건 아니었느냐는 얘기인가?

"그런 편이죠." 내가 답했다.

이제 나는 인간의 몸이란 당장에라도 기능을 멈출 수 있으며 매 순간을 의미 있게 보내는 게 좋겠다는 걸 더 뼈저리게 느끼게 되었다. 그러니까 카르페디엠 같은 것을 어느 정도 마음에 새기게 된 건 확실했다. 하지만 그 드라마 속 인물이 말했듯 일상의 책임과 현실을 기억할 때 그러한 감정은 많이 희미해지거나 덮여버릴 수 있다는 것 또한 알고 있었다. 나는 분명 달라진 기분이었고, 무언가 바뀌었으며 그건 아마 결코 되돌릴 수 없을 것이었다. 이제 나는 내가 천하무적의 동년배들과 같을 수 없다고 생각하게 되었다. 그렇지만 일상생활의 평범한 것들이 마법처럼 사라진 것은 아니었다. 갑자기 등산을 해야겠다는 생각 같은 건 들지 않았다. 그러나 내가 시간과 에너지를 어떻게 쓰는가에 대한 생각은 더 자주 하게 됐다. 친구들과 즉흥적으로 어울려 노는 시간이 더 많아졌고, 마감 때문에 패닉이 되는 일은 (약간) 줄었다. 부리토를 먹는 게 그 전에는 그리 특별할 것 없는 일이었다면 이제는 너무나 신나는 일이 되었다. 알레르기 테스트를 하는 동안에는, 데이트를 하러 그저 그런 식당에 가서 저녁 식사로 밍밍한 오믈렛을 주문했던 그때는 먹을 수 없었던 다른 모든 음식을 먹는 것도 마찬가지였다. 나는 현대적 삶을 모두 버리고 숲에 들어가 산다거나 다니던 직장을 당장 때려치우고 나 자신을 찾으러 가진 않을 것이었지만, 맡은 일을 이듬해까지 잘 마무리 지은 다음 쉬면서 글쓰기에 집중할 계획이었다.

나는 현재에 충실했다고 생각한다. 다만 대부분의 영화에 나오는 것보다는 덜 거창한 방식으로 그랬을 뿐이다. 상사가 텔레비전에서 본 그 내용이 여러모로 진실이라 느껴졌다.

그럼에도 몸과 건강은 우리가 텔레비전에서 보는 것보다 더 골치 아프고 더 다양하다. 여성으로 사는 것 또한 마찬가지다. 건강 문제가 있는 여성들이 세상을, 일상의 세계를 헤치고 나아가는 방식이 이제 아마 좀 더 잘 보이기 시작할 것이다.

사이먼의 표현대로 우리는 모두 살갗에 둘러싸인 폭동 같은 존재다. 그리고 로저 이버트가 비평한 영화 속 인물처럼 우리는 모두 마침내 죽을 날을 향해 가는 중이다. 건강 문제나 장애가 있는 사람만이 아니다. 여성만도 아니다. 죽음을 향해 아름답게 나아간다는 것이 무엇을 의미하는지, 이제 아마 우리는 우리 자신을 위해 선택하기 시작할 것이다.

감사의 말

가장 먼저 이 책을 위해 자신의 이야기를 공유해준 여성들에게
감사의 마음을 전한다. 여러분의 솔직함, 여러분의 통찰력, 힘들고
복잡하며 때로는 웃기고도 슬픈 것들에 대해 낯선 이와 기꺼이
이야기를 나누어준 여러분의 협조가 없었다면 나는 이 책을 쓰지
못했을 것이다. "아 세상에, 저도 똑같은 일이 있었어요!" 하며
서로 공감한 순간들에, 또한 서로의 여러 다른 점에 대해 알게
된 순간들에 고마움을 느낀다. 책 지면에 등장하는 이야기의
주인공들에게는 내가 여러분의 경험에 담긴 의미를 적어도
일부나마 정확히 포착한 것이기를 바란다는 말을 드린다.
    이 책의 출판을 가능하게 한 팀의 나머지 구성원들에게도
감사드린다. 이 기획이 믿을 수 없게도 책이 되어 나올 때까지
잘 이끌어 준 담당 편집자이자 비컨 프레스 대표 헐린 앳윈,
그리고 나의 질문에 대답해주고 원고를 검토하고 교열하고
본문을 레이아웃하고 표지를 디자인하고 많은 독자들이
이 프로젝트에 대해 알도록 해준 출판사 직원 모두에게 감사를
표한다.
    담당 에이전트 제스 레걸은 패닉에 빠진 작가를 대할 때도

차분하고 침착하며, 다음으로 넘어갈 준비가 되어 있어서 믿고 의지하면 되는 센 언니 타입이다. 뭐가 어찌 됐든 이 프로젝트를 계속 밀고 나가줘서, 정말로 큰일이 났을 때도 곁에 있어줘서 고맙다는 말을 전한다.

처음 만났는데 "음… 당신의 리서치에 딱 맞는 사람을 제가 아는 것 같아요"라고 말해준 분들, 그러고는 너무나 귀중한 취재원을 소개해준 모든 분들에게 감사드린다. 아울러 세 여성을 연결해주고 그들의 이야기를 들을 수 있게 해준 HARO에도 고마움을 전한다.

앤디 바츠는 "그건 논문보다 큰 프로젝트처럼 들리는데. 책이 되어야 할 것 같아" 같은 아주 중요한 말들을 해주었다. 그와 나눈 대화가 없었더라면 나는 이 책을 쓸 생각도 못했을지 모른다. (네 말을 믿기까지 몇 년이 걸리긴 했지만 말야.) 고마워, 친구야. 여러 해 동안 서로 에세이를 바꿔 읽고 신중한 첨삭을 해준 것도 고마워.

열일곱 살의 나를 진지하게 받아들여 주었던, 얼마 전 퇴임한 코넬대학교 학장 데이비드 드브리스에게 감사드린다. 그의 지도 덕분에 나는 영어를 전공했고 나의 전공을 자랑스럽게 여기게 되었다.

리디아 파쿤딘이 아직 살아계신다면 내 인생 최고의 선생님 중 한 분이며 13년이 지난 지금도 선생님의 수업에 대해 계속 생각한다는 말을 꼭 전하고 싶다. 저에게 언어를 새로운 방식으로 뜯어보라고 다그쳐주셔서, 학부생 꼬마가 새로운 아이디어를 냈을 때 선생님 본인의 생각을 바꿀 만큼 열린 마음으로 대해주셔서 고맙습니다. 그리고 선생님이 수업에서 아무 데나

쓰지 말라고 경고한 "따라서"(so)를 사용할 때마다 뜨끔했어요. 글을 쓸 때면 선생님 목소리가 종종 들린답니다.

내게 필요한 책들과 밀실 같은 작업 공간을 제공해준 뉴욕공립도서관에 감사드린다. 덕분에 나는 워트하임연구실 입주 작가로서 이 리서치를 시작하게 됐고, 어릴 때 동네 지점에 걸어 들어갈 때마다 느꼈던 것과 같은 경외감을 한껏 만끽할 수 있었다.

컬럼비아대학교 노이라이트 그룹의 동료 회원들에게 고마움을 표한다. 합평회를 통해 그들은 각 장에 대한 의견을 나누고 나를 응원해주었으며, 과학적 지식의 부족으로 항상 답을 찾지는 못했어도 훌륭한 질문들을 던져주었다. 필요한 연구 자료를 얻을 수 있게 도와주고 흥미진진한 과학사 이야기로 나를 옆길로 새게 한 케이틀린 슈어에게 특히 고맙다고 말하고 싶다.

텐트크리에이티브라이팅 커뮤니티, 특히 조시 램버트에게 감사드린다. 덕분에 아주 멋진 펠로십을 경험했으며 늦은 밤까지 많은 대화를 나누었고 아낌없는 지원을 얻었다.

나처럼 쓴 글을 끊임없이 수정하는 시인 제니 셰에게 고마움을 전한다. 그는 새로 사귄 친구가 가장 중요한 문장 중 하나를 해결하는 데 큰 도움을 주었다.

시 세계에서 할 말을 하는 에리카 조 브라운에게 감사를 표한다. 낭독회 때 기탄없이 직언을 해준 것을 고맙게 생각한다.

태머라 가비는 서맨사 어비의 블로그를, 프레디 베플러는 서맨사 키틀의 블로그를 알려주었다. 친구들 덕분에 이 책이 좀 더 탄탄해질 수 있었다.

아마 그는 모르겠지만, 윌 스완슨의 몸과 건강에 대한

진화하는 생각들은 나 자신의 몸과 건강을 숙고하는 데 도움이 되었다. 나를 깔깔 웃게 해주는 것도 늘 고맙다.

얼라나 스타이티는 학술적인 표현과 관련해 속 시원한 도움을 주었다. 현명한 의견을 보내주고, 어휘와 관련한 응급 상황에서 연락할 수 있는 든든한 친구가 되어주어 고맙다고 말하고 싶다.

말장난과 다정한 대화를 나누고 항상 먼저 도와주겠다고 말해준 패트릭 헤그데에게 감사를 전한다. 늘 곁에 있어준 멋진 사람, 고마워요. 글로 쓰자니 느끼하지만 사실이에요. 당신이 이걸 읽을 때쯤이면 우리 그때 그 도사를 마침내 먹어봤겠죠? 기대해봅시다.

레이철 와서 덕분에 작업 능률을 올릴 수 있었다. 탄산수 브레이크 사이사이에 할 일을 반드시 해내는 데는 레이철 같은 동료와 마주 앉아 일하는 것만 한 게 없다.

로라 실버는 열의와 지혜와 유쾌함을 갖추었을 뿐 아니라 글쓰기에 대한 생각으로 가득한 나의 뇌 구조를 이해하는 친구다. 좋은 친구 둘만 있으면 어디서든 콘퍼런스가 열릴 수 있다는 걸 잘 아는 점에도 고마운 마음을 갖고 있다. 책의 도시에서 위압감을 덜 느끼게 도와줘서 고마워. 조만간 달리는 기차 안에서 심포지엄 한번 어때?

JAMSAM, 너희는 너희가 누구인지 그리고 내가 너희를 얼마나 사랑하는지 (바라건대) 잘 알고 있겠지. (JAMSAM이 미국 의회도서관에 입성한 것을 축하하며 건배를! 어떤 미래의 아키비스트는 이게 아주 중요한 용어라고 판단할지도 몰라.) 수년간 우정을 지켜온 친구들 모두 고마워.

오즈먼의 모두들, 위층 아래층 식구들 모두에게 고마워요. 여러분이 없었으면 누구랑 30년 된 소파 프레임 위에서 온갖 농담을 하고 함께 춤을 췄을까요? 가지에 가지를 치는 유쾌한 대가족이 되어줘서, 오래전 우리가 술 파티를 여는 데 선수였던 것 못지않게 힘든 이야기를 함께 나누는 데도 능숙한 친구들로 있어줘서 고맙다는 말을 전합니다.

언제나 척하면 착인 마리차 진 루이스에게 늘 고맙다. 네가 너여서 고마워. 우리에게 서로가 있다는 게 얼마나 기쁜지 몰라.

앨릭스 버크는 나를 열심히 응원해주었고 긴 과정이었던 이 책의 출판에 대해 나보다 훨씬 더 신나 했다. 모든 것에 최고의 생기를 전염시키고 잘할 수 있다는 기분을 느끼게 해주어 고맙다는 말을 전한다.

베노 클링은 만사 제치고 달려와 부제 브레인스토밍을 같이 해주고, 사진을 찍어주고, 초고 전체를 읽고 첨삭까지 해주었다. 내가 "아아아 이 책 못 쓰겠어요 / 나 이거 어떻게 써요 / 아아아아아!" 같은 말을 하면 그는 내 문장이 좋다고 말해주었으며, 너무 지나친 것 아닐까 싶다며 그가 조심스럽게 준 피드백은 정말이지 훨씬 더 좋은 책을 만드는 데 도움이 되었다. 훌륭한 비공식 글쓰기 상담사가 되어줘서, 나를 야단쳐줘서 감사하다는 말을 하고 싶다.

마이클 제이컵스는 내가 괜찮다고 했는데도 나를 병원에 데려가 주었다. 일각을 다투는 상황이었음을 알아채고 실제로 내가 유령이 되어버리지 않게 해준 것에 감사를 표한다. 케이트 블랙은 함께 시골을 여행하며 경계심을 늦추지 않으려 애쓰는 와중에 나에게 무슨 일이 일어날까 바짝 긴장해주었다.

2008년의 그 모든 모험 - 친구가 되는 최고의 방법 - 을
함께해줘서, 그날 내가 무사할 수 있게 해줘서 고맙다는 말을
전한다. 스미타 고시에게 고마운 건 너무 많아서 일일이 다 적을
수도 없다. 네가 나를 위해 기차를 멈춰 세웠을 뿐만 아니라
내가 살아나는지 확인하기 위해 매일 밤 병실 소파에 찌부러져
내 곁을 지켜주었다는 것이 얼마나 엄청난 의미인지 넌 아마
모를 거야. 갓 십 대가 된 우리가 생물 수업에서 만나 현미경을
보며 어리둥절하던 그때는 전혀 예상하지 못했던 일이지.
하지만 아무것도 놀랍지 않아. 너는 처음부터 이 이상한 아이의
정말 멋진 친구였으니까. 위급한 상황에서든 그냥 뭔가 힘든
일에 대해 늦게까지 이야기를 나눌 때든 너는 나의 어린 마음을
이해하는 그런 친구였지. 아무튼 그래서, 내 생명의 은인이 되어준
세 사람 모두에게 깊은 고마움을 느낀다. 각자 내게 다른 의미가
있는 소중한 사람들이지만 나를 죽게 내버려두지 않은 그 은혜는
또 다른 의미다. 그런데 그 얘기를 농담 섞지 않고 여기에 어떻게
써야 할지 정말 모르겠다. 내가 여러분 덕에 살아있는 것이 그냥
좀 너무 가슴 벅차다. 모두에게 모든 것이 고맙다는 말밖에 할 수
없다.

　　영광스럽게도 함께 머리를 맞대어준 사람들 중에서도 베일리
조지스는 가장 멋진 아이디어들을 냈다. 그는 크고 작은 딜레마를
고민하는 데 도움을 주었을 뿐 아니라 그다운 세심함으로
이 책의 초고를 첨삭해 더 나은 원고가 되게 해주었으며, 일이
힘들 때 알아채고 내게 그 가르릉거리던 곤충 그림을 그려주었다.
나만큼이나 메타적 시선을 가지고 있어서 끊임없이 우리
스스로를 비웃어도 괜찮은 사이가 되어주고 머리와 가슴을 나와

함께 나누어줘서 고맙다는 마음을 전한다.

제인 아이세이의 조언과 위트와 우정은 지난 몇 년간 내 기운을 북돋아주었기에 "이 부분은 다시 해야겠어" 같은 말도 결국에는 따뜻하게 안아주는 것처럼 느껴졌다. 이 책이 세상에 나올 수 있게 나를 격려해준 것에 대해 뭐라고 감사해야 할지 모르겠고, 그날 우연히 만나서 죽음과 형편없음에 대한 이야기를 나누어 정말 기뻤다고 말하고 싶다. 훌륭한 인간의 모습을 보여주어 감사드린다.

데스루베러스 사람들은 나를 지금의 내가 될 수 있게 도와주었다. 모두들 두고두고 고마워할 거예요.

일레인 조애니디스라는 가족이 있어서 감사하다. 오랜 세월 사랑을 나눠주고, 매우 달랐던 두 날 병원에 와줘서 고맙다는 인사를 전한다.

릴리언 렌트는 최고의 이모이며 어릴 때부터 나를 동등한 사람으로 대해주었다. 나를 블루스타킹스 서점이며 뷰벳 레스토랑에 데려가 줘서, 그뿐 아니라 꼬마인 내게 이모의 삶을 보여줘서 고마워요. (진심이에요!) 이모는 내가 아는 달변가 중에서도 가장 흥미롭고 통찰력 있게 이야기를 들려주는 사람이에요. 안 믿어도 사실이에요. 그리고 내 인생에서 손꼽히게 힘들었던 시기를 이모의 도움 덕에 간신히 헤쳐나갈 수 있었습니다.

다람쥐 같은 목소리로 악담도 기막히게 하고 웃기도 아주 잘하는 엄마, 수전 렌트에게 감사를 표한다. 낳아줘서 감사한 건 당연하지만 해마다 그런 생각을 하는 건 아실지 모르겠다. 내가 하는 모든 것을, 아니 나를 단 한 번도, 일 초라도 의심하는 기색

없이 응원해줘서 정말로 고마워요. 그게 얼마나 드문 일인지 나이가 들수록 더 깨닫는답니다. 엄마가 나를 자랑스러워하는 걸 알아요. 그런데 적어도 일부분은 다 엄마 덕분이에요. 옛날 쿠키 같은 사람이 되고 싶지 않다면 뻔한 모양의 쿠키 틀을 사용하는 건 가장 어리석은 짓이나 다름없다는 생각을 심어주며 나를 키웠으니까요. 내 엄마여서 고맙고, 사랑해요.

힘들었던 가족사를 거쳐오면서도 함께 웃고 떠들고, 유월절이면 덕담을 나누고, 따뜻한 마음을 전해준 양쪽 친척 모두에게 감사드린다. 멀리 살면서도 다정한 음성 메시지를 보내주고, 서로 알지도 못했을 때 나를 집에 환대해줘서 고맙습니다. 지금은 안 계셔서 이걸 볼 수 없는 모든 분들에게도 감사하는 마음을 전하고 싶어요.

베라/뱁스 젤도비치, 비브즈, 의사 박사 vbz2에게 나와 같은 부엌의 들쥐가 되어줘서, 그 과대평가된 워터파크에 같이 가는 최고의 단짝이 되어줘서 고맙다는 말을 전한다. 모든 것에서 그는 말도 못하게 중요한 일부였다. 이걸 과연 어떻게 글로 쓸 수 있을까? 음. 내가 네게 엽서를 보냈다고 상상해 봐. 네가 얼마나 사려 깊고 배려심 많으며 믿기 힘들 만큼 대응력이 좋은지 구구절절 쓴 엽서야. 그런데 맨 밑에 우체국에서 찍은 작은 바코드가 있어. 그 바코드 때문에 너는 아주 중요한 말들이 적혀 있는 마지막 줄을 알아볼 수가 없어. 휴. 네가 나에게 얼마나 큰 존재인지 정확히 어떻게 말로 표현할 길이 없다는 얘기야. 지난 몇 년을 나는 네 덕분에 버텨낼 수 있었어. 그리고 혹시 모를까 봐 하는 말인데, 나는 네가 너무나 자랑스러워.

사이먼 로런스, sL에게는. 할 말을 찾을 수가 없다. 겨우

이만큼 쓰면서 온통 눈물범벅이 됐다. 온 세계의, 그리고
이 책의, 그리고 나라는 사람의 형언할 수 없이 찬란한 일부가
되어줘서 고마울 뿐이다. 당신이 없었으면 내가 이걸 어떻게
해낼 수 있었을까. 당신이 내게 어떤 의미인지 어떻게 말로
다 할 수 있을까. 지금 이 문장들을 쓰려고 내가 몇 번을
시도했을지, 겨우 쓰고는 부족한 것 같아서 지우고 다시 썼을지,
그리고 또 지우고 다시 썼을지 당신은 상상할 수 있겠지. (그래,
그런 내 모습을 보고 있지 않아도 돼서 다행이야.) 함께했던 매
순간이 고마워. 워싱턴에 갈 때 다음 기차를 타자고 말해줘서
고마워. 난 그때가 자주 생각나. 착한 당신은 그렇게 매일같이
나를 배려해줬고 그래서 그게 아무것도 아니라고 생각하겠지.
당신이 너무 좋은 사람이었다는 말을 이 책 여기저기에 잔뜩
써놓은 걸 보고 민망해할지도 모르겠어. 우리가 함께 쓰던
거실에서 당신이 타고난 편집자의 눈으로 읽어보곤 했던 그런
초고가 아니라, 인쇄되고 제본된 책에다가 그렇게 썼으니 말이야.
음, 그렇지만 다 사실이야. 가장 행복한 시간들을 함께해줘서
고마워. 그리고 가장 힘든 시간들도. 인터넷에 관한 노래를
만들어준 것도, 나와 함께 새로운 장소를 탐험해준 것도 모두
다 고마워. 사랑하는 마음만큼 아낌없이 베풀어줘서 고맙고,
내가 사랑이라는 말을 진심으로 쓸 수 있는 몇 안 되는 사람
중의 한 명이 당신이어서 고마워. 정말 엄청난 무언가를—또는
누군가를—어떻게 하면 낯간지럽지 않게 묘사할 수 있을까?
당신이 사이먼이어서 고마워. 이 말은 과거형이 아니라
현재형이자 미래형이기도 해.

　　여기 언급하지 않은 모든 친구와 가족과 지인과 글쓰기

동료에게도 고마움을 표한다. 여러분의 재미있고 사려 깊고 한결같음에 감사하며, 글에 대한 이야기를 나누어준 것과 다정하고 좋은 의견을 제시해준 것을 고맙게 생각한다. 그리고 기차에서 단 한 번 대화를 나누었지만 많은 생각을 하게 해준 분들을 포함해 지난 몇 년간 내가 만난 모든 이들에게도 고마움을 전한다. 그들 모두가 이 책 안에 담겨 있다.

주

1 ⊹⊹⊹ 이런 나의 몸을 사랑할 사람이 있을까

1. Meridith Burles and Roanne Thomas, "'But They're Happening to You at the Wrong Time': Exploring Young Adult Women's Reflections on Serious Illness Through Photovoice," *Qualitative Social Work* 12, no. 5 (2012): 671–688, doi:10.1177/1473325012450484. 건강에 심각한 문제가 있는 젊은 여성의 경험에 관한 연구는 얼마 없으며 그중 일부는 이와 같은 질적 연구로서 양적인 결과보다는 감정 중심의 기술적인 결과를 제시한다. (감정의 정량화를 시도하는 연구들도 있기는 하다.) 또한 다수의 연구는 참여자의 숫자가 적다. 그러나 참여자가 많고 정량화가 비교적 가능한 경우에도 연구의 타당성과 반복 검증 가능성을 둘러싼 비판적 논의가 현재 진행 중이다. 게다가 지금까지의 과학 및 건강 연구는 몇몇 집단을 크게 간과해왔는데 거기에는 젊은 여성, 유색인종 여성, 트랜스 여성, 그리고 여성 일반이 포함된다. 발표된 연구들 일부를 이 책에 포함시켰지만, 그러한 이유로 이 분야의 연구는 아직 갈 길이 멀다는 점을 일러둔다. 이처럼 연구에서 여성이 지극히 간과되는 현상에 관한 전문가 의견은 4장에서 자세히 다룬다.

2. Christina Crosby, *A Body, Undone: Living On After Great Pain* (New York: New York University Press, 2016)의 한 단락은 이러한 긴장을 구체화하는 데 도움이 되었다. 운동을 좋아하는 교수인 크리스티나 크로즈비는 자전거 사고로 흉골 아래가 마비되었다. 그는 이렇게 쓴다. "장애는 건축법과 교육 정책, 작동하지 않는 지하철 엘리베이터와 도착하지 않는 스쿨버스에 의해, 그리고 '장애인'에게 완전한 접근권과 평등을 허용하지 않는 온갖 주변화, 착취, 모욕적인 행위, 적극적인 배제에 의해 만들어진다. 그렇다면 지금 내가 그러고 있듯이 난치성 통증이나 능력 있는 몸(able-bodiedness)을 잃은 슬픔에 초점을 맞추는 것은 장애를 '기형적' 몸과 '비정상적' 정신으로 되돌려 보내는 병리화 서사에 기여하는 것으로 생각될지도 모른다." (내가 거들고 싶지 않은 것도 바로 그런 병리화 서사다.) 그렇지만 크로즈비는 자신처럼 "중대한 사고" 혹은 "만성 진행성 질환이나 유전적 소인"이 삶에 큰 영향을 미친 사람에게 "통

355

증과 상실의 슬픔" 같은 것들은 "그럼에도 불구하고 피할 수 없는 사실로 남는다"라고 쓴다.

3. David J. Tunnicliffe et al., "'Lupus Means Sacrifices': The Perspectives of Adolescents and Young Adults with Systemic Lupus Erythematosus," *Arthritis Care & Research* 68, no. 6 (2016): 828-37, https://ses.library.usyd.edu.au/bitstream/2123/15386/2/SLE_qualitative_manuscript_040915_Tunnicliffe%20-%20Clean.pdf.

4. R. Odo and C. Potter, "Understanding the Needs of Young Adult Cancer Survivors: A Clinical Perspective," *Oncology (Williston Park)* 23 (October 2009): 23-27, www.ncbi.nlm.nih.gov/pubmed/19856605.

5. 일례로 다음을 참조. Lois Romano, "Newt Gingrich, Maverick on the Hill," *Washington Post*, January 3, 1985, https://www.washingtonpost.com/archive/lifestyle/1985/01/03/newt-gingrich-maverick-on-the-hill/46aab64f-7752-493d b28b 9b675c0775b5/?utm_term=.83e3d1117099. (『워싱턴 포스트』를 포함한) 일부 매체는 이후 깅그리치의 딸들 등의 말을 인용하며 보도의 세부 내용이 전부 정확하지는 않다고 진술했다는 기사를 냈지만, 일부 매체는 정확한 사실이라는 입장을 고수(하면서 최초 보도 내용을 축소하려는 움직임에 의문을 표)했다. 어쨌거나 이 이야기는 많은 사람의 기억에 새겨져있다.

6. Brian Ross and Rhonda Schwartz, "Exclusive: Gingrich Lacks Moral Character to Be President, Ex-Wife Says," *ABC News*, January 19, 2012, http://abcnews.go.com/Blotter/exclusive-gingrich-lacks-moral-character-president-wife/story?id=15392899.

7. Christine Hauser, "Padma Lakshmi Opens Up About Rushdie in Memoir," *New York Times*, March 9, 2016, https://www.nytimes.com/2016/03/10/arts/padma-lakshmi-opens-up-about-rushdie-in-memoir.html.

8. Robert H. Carlson, "Study: Women with Brain Tumors Have 10 Times Rate of Divorce as Men with Brain Tumors," *Oncology Times* 23, no. 8 (August 2001): 63, http://journals.lww.com/oncology-times/Fulltext/2001/08000/Study__Women_with_Brain_Tumors_Have_10_Times_Rate.24.aspx.

9. Ibid.

10. "Marriage More Likely to End in Divorce When Wives Get Sick, According to ISU Study," Iowa State University News Service, March 4, 2015, http://www.news.iastate.edu/news/2015/03/04/illnessdivorce.

11. Amelia Karraker and Kenzie Latham, "In Sickness and in Health? Physical Illness as a Risk Factor for Marital Dissolution in Later Life," *Journal of Health and Social Behavior* 56 (2015): 420-35. 이 연구는 공교롭게도 우리가 연구들을 왜 걸러서 받아들여야 하는지에 대한 예를 제공한다. 내가 처음 접한 이들의 연구는

2015년 3월에 발표된 논문이었다. 읽으면서 적어둔 부분을 이후 2017년에 다시 확인하려고 찾아보니 2015년 3월 발표 논문은 연구 결과 분석에 사용된 코드의 오류로 인해 철회된 상태였고, 9월에 새 버전—여기 인용한 버전—이 발표되어 있었다. 새로운 버전도 여전히 특정 유형의 질환이 여성에게 발병하는 것이 이혼과 연관성이 있음을 보여주었지만 연구 결과의 수위가 다소 완화되어 있었다. 더 자세한 설명은 Shannon Palus, "'To Our Horror': Widely Reported Study Suggesting Divorce Is More Likely When Wives Fall Ill Gets Axed," July 21, 2015, *Retraction Watch*, http://retractionwatch.com/2015/07/21/to-our-horror-widely-reported-study-suggesting-divorce-is-more-likely-when-wives-fall-ill-gets-axed 참조. 논문 철회에 대한 저자들의 해명은 Amelia Karraker and Kenzie Latham, "Authors' Explanation of the Retraction," *Journal of Health and Social Behavior* 56, no. 3 (2015): 412–19, http://journals.sagepub.com/doi/pdf/10.1177/0022146515595817 참조.

12. Tara Parker-Pope, "Divorce Risk Higher When Wife Gets Sick," *New York Times*, November 12, 2009, https://well.blogs.nytimes.com/2009/11/12/men-more-likely-to-leave-spouse-with-cancer; and Michael J. Glantz et al., "Gender Disparity in the Rate of Partner Abandonment in Patients with Serious Medical Illness," *Cancer* 115 (July 30, 2009), http://onlinelibrary.wiley.com/doi/10.1002/cncr.24577/full. 다음의 기사도 참조. Meredith Bryan, "Why Are These Men Leaving Their Wives?," *O, The Oprah Magazine*, August 2011, http://www.oprah.com/relationships/why-men-leave-sick-wives-facing-illness-alone-couples-and-cancer.

13. Cynthia A. Berg and Renn Upchurch, "A Developmental-Contextual Model of Couples Coping with Chronic Illness Across the Adult Life Span," *Psychological Bulletin* 133, no. 6 (2007): 920–54, https://brainmass.com/file/344464/illness-adult+life+span.pdf, doi:10.1037/0033-2909.133.6.920.

14. 엘리자베스 그라이위가 『시카고 트리뷴』에 설명하듯 소위 어글리법은 1867년 샌프란시스코를 시작으로 전국의 여러 도시들이 통과시킨 조례였다(Elizabeth Greiwe, "Flashback: How an 'Ugly Law' Stayed on Chicago's Books for 93 Years," *Chicago Tribune*, June 23, 2016, http://www.chicagotribune.com/news/opinion/commentary/ct-ugly-laws-disabilities-chicago-history-flashback-perspec-0626-md-20160622-story.html). 그라이위의 서술에 따르면 시카고의 "어글리법"은 "'병에 걸렸거나 불구이거나 신체가 절단되었거나 어떤 식으로든 기형이어서 보기 흉하고 역겨운 자'가 '공중의 눈앞'에 나타나는 것"을 금지했다. 시카고 시의회는 이 조례를 1974년까지 폐지하지 않았다. Susan M. Schweik, *The Ugly Laws: Disability in Public* (New York: New York University Press, 2009)도 참조.

15. 시인이자 작가 샌드라 비즐리에게 감사를 표한다. 그의 책 『생일을 맞은 소녀를 죽이지 마세요: 알레르기 인생의 이야기들』(Sandra Beasley, *Don't Kill the Birthday Girl: Tales from an Allergic Life* [New York: Crown, 2011])에는 비즐리가 데이트 중에 식

사를 하면서 아무렇지도 않은 척했다가 결국 위험한 알레르기 반응이 나타나고 말았던 일화가 나온다.

16. Lisa Glatt, "The Atheist's Table," *Rattle* (blog), issue 25 (spring 2006), http://www.rattle.com/the-atheists-tunnel-by-lisa-glatt.

17. Adina Talve-Goodman, "I Must Have Been That Man," *Bellevue Literary Review* 15, no. 1 (spring 2015): 22.

18. 이런 이야기는 리서치 과정에서 여러 차례 나왔다. 하지만 늘 내 머릿속에 있는 세라 맹구소의 에세이 「치유」(Sarah Manguso, "The Cure," *New York Times*, April 13, 2008)도 언급하지 않을 수 없다. 이 에세이는 그의 회고록『두 종류의 부패』(*The Two Kinds of Decay* [New York: Farrar, Straus and Giroux, 2008])에서 발췌한 글이다. 여기서 대학 시절 맹구소는 생명을 위협하는 중대한 건강 문제들을 겪는 동안, 그리고 그의 몸이 스테로이드 복용과 카테터 흉터로 인해 그가 생각하기에 흉측한 모습으로 변해기는 등인 자신이 매력적이지 않다고 느낀다. 그는 병에서 회복한 것이 한 친구가 "사심 없이" 자신과 섹스를 해준 덕분이라고 생각한다.

19. Bella DePaulo, "Everything You Think You Know About Single People Is Wrong," *Washington Post*, February 8, 2016, https://www.washingtonpost.com/news/in-theory/wp/2016/02/08/everything-you-think-you-know-about-single-people-is-wrong/?utm_term=.d4d6e0dbdb28.

20. Debbie Kralik, Tina Koch, and Sue Eastwood, "The Salience of the Body: Transition in Sexual Self-Identity for Women Living with Multiple Sclerosis," *Journal of Advanced Nursing* 42, no. 1 (2003): 11–20, doi:10.1046/j.1365-2648.2003.02505.x.

21. Talve-Goodman, "I Must Have Been That Man," 25.

22. 숨기는 경우는 흔하다. 또 다른 예는 Emily V. Gordon, "A Timeline of One Girl's Relationship with Her Body," *xojane*, April 26, 2012 참조. 글쓴이는 한 달간 입원을 하고, 살기 위해 산소호흡기를 달아야 하는 상황이 될 때까지 남자친구에게 아프다는 사실을 숨긴다. 그는 생존하지만 겨우 살아남는다. 그럼에도 그의 말마따나 "오랜 버릇은 잘 없어지지 않는다". 퇴원 이후 처음으로 병이 재발했을 때 또다시 남자친구에게 사실을 숨긴다.

23. Julie Beck, "New Research Says There Are Only Four Emotions," Atlantic.com, February 4, 2014, https://www.theatlantic.com/health/archive/2014/02/new-research-says-there-are-only-four-emotions/283560.

24. 예를 들어 Arnaud Leleu et al., "The Odor Context Facilitates the Perception of Low-Intensity Facial Expressions of Emotion," *PLoS ONE* 10, no. 9 (2015): e0138656, doi:10.1371/journal.pone.0138656 참조.

25. Anne Thomas, "Dating in a Wheelchair: Your Problem, Not Mine," Women in the World series, *New York Times*, April 8, 2015, http://nytlive.nytimes.com/womenintheworld/2015/04/08/dating-in-a-wheelchair-your-problem-not-mine.

26. Samantha Irby, "I Wore a Diaper to Speed Dating," *Bitches Gotta Eat* (blog), January 10, 2011, http://bitchesgottaeat.blogspot.com/2011/01/i-wore-diaper-to-speed-dating.html.

27. Samantha Irby, "The Trouble with Getting Married When You Are Already Old," *Bitches Gotta Eat* (blog), June 17, 2016, http://bitchesgottaeat.blogspot.com/2016/06/the-trouble-with-getting-married-when.html.

28. 언급한 책들 외에 Public Affairs, UC Berkeley, "Top Disability Scholar Leaving Yale for Berkeley," November 17, 2015, *Berkeley News*, http://news.berkeley.edu/2015/11/17/top-disability-scholar-leaving-yale-for-berkeley 같은 사례를 참조할 수 있겠다. "Disability Studies and LGBTQ Issues" in *Proud Heritage: People, Issues, and Documents of the LGBT Experience*, ed. Chuck Stewart (Santa Barbara, CA: ABC-CLIO, 2015), 141, 그리고 "The Queer Life of Chronic Pain," *Dazed*, accessed June 1, 2017, a wonderful piece by Brittany Newell, http://www.dazeddigital.com/artsandculture/article/35151/1/the-queer-life-of-chronic-pain-brittany-newell 등의 에세이도 참조.

29. Carolyn Yates, "Poly Pocket: Being as Direct as Possible," *Autostraddle*, November 17, 2016, https://www.autostraddle.com/poly-pocket-being-as-direct-as-possible-358566.

30. Gwyneth Ferguson Matthews, *Voices from the Shadows: Women with Disabilities Speak Out* (Toronto: Women's Press, 1983), 62.

31. Audre Lorde, *The Cancer Journals*, special ed. (San Francisco: Aunt Lute Books, 1997), 57.

32. Christina Cooke, "To Save African Penguins, Humans Set Up a Dating Service," *New York Times*, November 23, 2015, https://www.nytimes.com/2015/11/24/science/to-save-african-penguins-humans-run-a-dating-service.html.

33. Sandra Beasley, *Don't Kill the Birthday Girl: Tales from an Allergic Life* (New York: Broadway Paperbacks/Crown/Random House, 2011), 11, Google Books edition.

2 ☆ (희뿌연) 유리천장과 벽

1. P. A. Gordon, M. Stoelb, and J. Chiriboga, "The Vocational Implication of Two Common Rheumatic Diseases," *Journal of Rehabilitation* 63, no. 1 (January–March 1997), https://www.questia.com/library/journal/1G1-19178149/the-vocational-implication-of-two-common-rheumatic.

2. Reshma Jagsi et al., "Impact of Adjuvant Chemotherapy on Long-Term Employment of Survivors of Early-Stage Breast Cancer," *Cancer* 120, no. 12 (June 2014):

1854–1862, doi:10.1002/cncr.28607.

3. Caryl Rivers and Rosalind C. Barnett, *The New Soft War on Women: How the Myth of Female Ascendance Is Hurting Women, Men — and Our Economy* (New York: Jeremy P. Tarcher/Penguin, 2013), Google Books edition.

4. Katherine Russell Rich, "A Mass for Katherine," *Washington Post*, July 9, 2000, https://www.washingtonpost.com/archive/lifestyle/2000/07/09/a-mass-for-katherine/2dea2fb4-95d0-4124-8fd0-ea962818bb52/?utm_term=.71b85f6cc497.

5. Margalit Fox, "Katherine Russell Rich, Who Wrote of Battle with Cancer, Dies at 56," *New York Times*, April 6, 2012, http://www.nytimes.com/2012/04/07/health/katherine-russell-rich-who-wrote-of-cancer-fight-dies-at-56.html.

6. Esmé Weijun Wang, "I'm Chronically Ill and Afraid of Being Lazy," Elle.com, April 26, 2016, http://www.elle.com/life-love/a35930/chronically-ill-afraid-lazy.

7. Samantha Kittle, "Friday Night. No Plans," A Lie of the Mind (blog), 2014, http://www.alieofthemind.com/post/75212348146/friday-night-no-plans-there-are-few-steps-in.

8. "Equal Pay & the Wage Gap," National Women's Law Center, https://nwlc.org/issue/equal-pay-and-the-wage-gap.

9. "The Lifetime Wage Gap, State by State," National Women's Law Center, https://nwlc.org/resources/the-lifetime-wage-gap-state-by-state.

10. Kevin Miller, "The Simple Truth about the Gender Pay Gap," spring 2017, American Association of University Women, http://www.aauw.org/research/the-simple-truth-about-the-gender-pay-gap.

3 ┼┼┼ 괜찮아 얘들아 난 진짜 아무렇지도 않아

1. Amy Berkowitz, *Tender Points* (Oakland, CA: Timeless, Infinite Light, 2015), 43.

2. Michael Bury, "Chronic Illness as Biographical Disruption," *Sociology of Health & Illness* 4, no. 2 (1982): 167–82, doi:10.1111/1467-9566.ep11339939.

3. Elizabeth J. Susman, Lorah D. Dorn, and Virginia L. Schiefelbein, "Puberty, Sexuality, and Health," in *Handbook of Psychology*, vol. 6, *Developmental Psychology*, ed. Richard M. Lerner, M. Ann Easterbrooks, and Jayanthi Mistry (Hoboken, NJ: Wiley, 2003), 305, Google Books edition.

4. Rosanna M. Bertrand and Margie E. Lachman, "Personality Development in Adulthood and Old Age," in *Handbook of Psychology*, vol. 6, *Developmental Psychology*, ed. Richard M. Lerner, M. Ann Easterbrooks, and Jayanthi Mistry (Hoboken, NJ: Wiley, 2003), 473, Google Books edition.

5. Samantha Irby, "Potty Mouth," *Bitches Gotta Eat* (blog), July 22, 2010, http://bitchesgottaeat.blogspot.com/2010/07/potty-mouth.html.

6. Ibid.

7. Samantha Kittle, "You're Gonna Like the Way You Look. I Guarantee It," *A Lie of the Mind* (blog), http://www.alieofthemind.com/page/15, accessed June 1, 2017.

8. Lorde, *The Cancer Journals*, 11.

9. Matthews, *Voices from the Shadows*, 23.

10. Irby, "I Wore a Diaper to Speed Dating."

11. Suleika Jaouad, "Life, Interrupted: Facing Cancer in Your 20s," *New York Times*, March 29, 2012, https://well.blogs.nytimes.com/2012/03/29/life-interrupted-facing-cancer-in-your-20s.

12. Deborah Orr, "10 Things Not to Say to Someone When They're Ill," *Guardian*, April 18, 2012, https://www.theguardian.com/lifeandstyle/2012/apr/18/10-things-not-say-when-ill.

13. Emily McDowell, "Empathy Cards for Serious Illness," Things & Stuff (blog of Emily McDowell Studio), May 3, 2015, https://emilymcdowell.com/blogs/all/105537926-empathy-cards-for-serious-illness.

14. "Empathy™: What to Say, When You Don't Know What to Say," Emily McDowell Studio, https://emilymcdowell.com/collections/empathy-cards, accessed June 1, 2017.

15. McDowell, "Empathy Cards for Serious Illness."

16. Heather Ashley, "Why I Feel More Comfortable with Older People as a Young Woman with Chronic Illness," The Mighty (blog), December 15, 2016, https://themighty.com/2016/12/being-friends-with-older-people-while-sick.

17. National Institute of Allergy and Infectious Disease, "Gender-Specific Health Challenges Facing Women," National Institutes of Health, National Institute of Allergy and Infectious Disease, last updated July 14, 2016, https://www.niaid.nih.gov/research/gender-specific-health-challenges.

18. Stupid Cancer, "About Us," www.stupidcancer.org/about.

19. First Descents, www.firstdescents.org; Samfund, www.thesamfund.org; Young Survival Coalition, www.youngsurvival.org; Lacuna Loft, www.lacunaloft.org.

20. "Who Gets Lupus," Lupus Research Alliance, http://www.lupusny.org/about-lupus/who-gets-lupus, accessed June 1, 2017.

21. "African American Women Develop Lupus at a Younger Age," Emory News Center, Emory University, October 28, 2013, http://news.emory.edu/stories/2013/10/lupus_and_african_american_women/campus.html.

22. S. Sam Lim et al., "The Incidence and Prevalence of Systemic Lupus Erythema-

tosus, 2002-2004: The Georgia Lupus Registry," *Arthritis & Rheumatology* 66 (2014): 357-68, doi:10.1002/art.38239.

23. Joan Jacobs Brumberg, *The Body Project: An Intimate History of American Girls* (New York: Random House, 1998), 107.

24. Meridith Bland, "The Saturday Rumpus Essay: All Bodies Count," *Rumpus*, April 18, 2015, http://therumpus.net/2015/04/the-saturday-rumpus-essay-all-bodies-count.

25. Wolfgang Linden et al., "Anxiety and Depression After Cancer Diagnosis: Prevalence Rates by Cancer Type, Gender, and Age," *Journal of Affective Disorders* 141, no. 2 (2012): 343-51, doi:10.1016/j.jad.2012.03.025.

4 ┼┼┼ 그들은 왜 내 말을 믿지 않는가?

1. 의사가 여성의 말을 믿지 못하거나 않는 사례는 따로 한 섹션을 꽉 채워 나열해도 부족할 만큼 많다. 지금은 '전환장애'라고 불리기도 하는 '히스테리'의 유산은 의사가 곧바로 알아낼 수 없는 증상을 보이는 여성들에 대한 인식에 여전히 작용하고 있다. 많은 이들이 글을 쓴바 그 역사는 수천 년을 거슬러 올라가며, 자궁이 "오르가슴의 부족으로 독기가 오른" 상태라는 고대 그리스의 관념을 포함한다(C. Tasca et al., "Women and Hysteria in the History of Mental Health," *Clinical Practice & Epidemiology in Mental Health* 8 [2012]: 110-19, https://www.ncbi.nlm.nih.gov/pmc/articles/PMC3480686 참조). 이 책에서는 몇 가지 예만 다루는데, 일례로 루푸스를 앓고 있는 어느 열다섯 살 여성은 연구자들에게 이렇게 말했다. "그러니까 GP(일반의 또는 일차의료 의사)들은 여러 다양한 질환을 이해할 필요가 있다는 거예요. 그 의사는 아마 훌륭한 GP는 아니었는지 제 증상들을 종합적으로 판단하지 못했습니다. 그래서 기분이 좀 안 좋았죠. 심각하게 받아들여지지 않았으니까요. 저는 제가 아픈 게 맞는지 약간 의심이 생겼고 다 저의 상상인지 모른다는 생각도 했던 것 같습니다. '내가 관심을 끌려고 이러는 걸까? 내가 미친 걸까?' 같은 생각들이 들었죠." (Tunnicliffe et al., "Lupus Means Sacrifices") 본문 몇 쪽 뒤에 나오는 제니퍼 브레아의 사례도 참조.

2. Kelly M. Hoffman, Sophie Trawalter, Jordan R. Axt, and M. Norman Oliver, "Racial Bias in Pain Assessment and Treatment Recommendations, and False Beliefs About Biological Differences Between Blacks and Whites," *Proceedings of National Academy of Sciences* 113, no. 16 (2016): 4296-301, http://m.pnas.org/content/113/16/4296.full.

3. Barbara Ehrenreich and Deirdre English, *Complaints & Disorders: The Sexual Politics of Sickness*, 2nd ed. (New York: Feminist Press, 2011): 41.

4. Ibid., 43.

5. Hoffman et al., "Racial Bias in Pain Assessment."

6. Diane E. Hoffmann and Anita J. Tarzian, "The Girl Who Cried Pain: A Bias Against Women in the Treatment of Pain," *Journal of Law, Medicine & Ethics* 29 (2001): 13-27, Joe Fassler, "How Doctors Take Women's Pain Less Seriously," *Atlantic*에서 재인용. 글쓴이는 레슬리 제이미슨의 유명한 에세이 「여성 고통의 대통일 이론」(Leslie Jamison, "Grand Unified Theory of Female Pain," *VQR, A National Journal of Literature & Discussion*, spring 2014, http://www.vqronline.org/essays-articles/2014/04/grand-unified-theory-female-pain)을 통해 호프먼과 타지언의 논문을 알게 되었다.

7. Jennifer Brea, "What Happens When You Have a Disease Doctors Can't Diagnose," talk at TED Summit, June 2016, TED video, 17:07, https://www.ted.com/talks/jen_brea_what_happens_when_you_have_a_disease_doctors_can_t_diagnose.

8. Matthews, *Voices from the Shadows*, 83.

9. 예를 들어 Philip Bump, "Study: Cops Tend to See Black Kids as Less Innocent than White Kids," Atlantic.com, March 10, 2014, https://www.theatlantic.com/national/archive/2014/03/cops-tend-to-see-black-kids-as-less-innocent-than-white-kids/383247 참조.

10. Jen Chung, "Second Patient Says Mt. Sinai Doctor Sexually Abused Her," *Gothamist*, January 20, 2016, http://gothamist.com/2016/01/20/mt_sinai_doctor_sex_assault.php.

11. 다큐멘터리 제작자 매기 해들레이-웨스트에게 감사를 표한다. 길거리 희롱에 관한 그의 영화 「전쟁터」(*War Zone*) 상영회는 성희롱과 성폭력이 어떻게 이어져있는지 생각하게 해주었다.

12. Patricia Harman, *The Blue Cotton Gown: A Midwife's Memoir* (Boston: Beacon Press, 2008), 105-9.

13. Carrie Teegardin, Danny Robbins, Jeff Ernsthausen, and Ariel Hart, "License to Betray: A Broken System Forgives Sexually Abusive Doctors in Every State, Investigation Finds," part 1 of Doctors & Sex Abuse series, *Atlanta Journal-Constitution*, July 6, 2016, http://doctors.ajc.com/doctors_sex_abuse/?ecmp=doctors-sexabuse_microsite_nav.

14. Ariel Hart, "Which Doctors Are Sexually Abusive?" Doctors & Sex Abuse series, *Atlanta Journal-Constitution*, 2016, http://doctors.ajc.com/doctors_who_sexually_abuse/?ecmp=doctorssexabuse_microsite_stories.

15. Jeff Ernsthausen, "Fact-Checking the Data Bank System," Doctors & Sexual Abuse series, *Atlanta Journal-Constitution*, July 6, 2016, http://doctors.ajc.com/

database_explainer.

16. Jaime M. Grant et al., *National Transgender Discrimination Survey Report on Health and Health Care* (Washington, DC: National Center for Transgender Equality/ National Gay and Lesbian Task Force, October 2010), http://www.thetaskforce. org/static_html/downloads/resources_and_tools/ntds_report_on_health.pdf.

17. Sandy E. James et al., *The Report of the 2015 U.S. Transgender Survey* (Washington, DC: National Center for Transgender Equality, December 2016), http://www. transequality.org/sites/default/files/docs/usts/USTS%20Full%20Report%20%20 FINAL%201.6.17.pdf.

18. Ibid.

19. *Transgender-Affirming Hospital Policies: Creating Equal Access to Quality Health Care for Transgender Patients*, Human Rights Campaign, Lambda Legal, and the LGBTQ Rights Committee of the New York City Bar Association, revised May 2016, http://www.hrc.org/resources/transgender-affirming-hospital-policies.

20. Lorde, *The Cancer Journals*, 57.

21. Ibid, 58, 60. 여기서 로드는 "뉴욕시 최고의 유방암 전문 외과의들이 있는 병원에서" 그런 의사와 일하는 간호사가 그에게 말하기를 보형물을 착용하면 좋겠는데 그러지 않으면 로드의 모습이 "병원의 사기 진작에 안 좋을" 것이기 때문이라고 했다는 이야기도 한다.

22. Office of Disease Prevention and Health Promotion, "Lesbian, Gay, Bisexual, and Transgender Health," HealthyPeople.gov, https://www.healthypeople.gov/2020/ topics-objectives/topic/lesbian-gay-bisexual-and-transgender-health?topicid=25, accessed June 1, 2017.

23. Roni Caryn Rabin, "'Going Flat' After Breast Cancer," *New York Times*, October 31, 2016, https://www.nytimes.com/2016/11/01/well/live/going-flat-after-breast-cancer.html?_r=0.

24. National Institute of Allergy and Infectious Disease, "Gender-Specific Health Challenges Facing Women."

25. Martha E. Banks and Ellyn Kaschak, *Women with Visible and Invisible Disabilities: Multiple Intersections, Multiple Issues, Multiple Therapies* (New York: Routledge, 2013), xxiv, Google Books edition.

26. M. B. Yunus, "Gender Differences in Fibromyalgia and Other Related Syndromes," *Journal of Gender-Specific Medicine* 5, no. 2 (2002): 42–47, https://www. ncbi.nlm.nih.gov/pubmed/11974674.

27. Anne Werner, Lise Widding Isaksen, and Kirsti Malterud, "'I Am Not the Kind of Woman Who Complains of Everything': Illness Stories on Self and Shame in Women with Chronic Pain," *Social Science & Medicine* 59, no. 5 (2004): 1035–

1045, doi:10.1016/j.socscimed.2003.12.001.

28. Miriam E. Tucker, "With His Son Terribly Ill, a Top Scientist Takes on Chronic Fatigue Syndrome," *Washington Post*, October 5, 2015, https://www.washington-post.com/national/health-science/with-his-son-terribly-ill-a-top-scientist-takes-on-chronic-fatigue-syndrome/2015/10/05/c5d6189c-4041-11e5-8d45-d815146f-81fa_story.html.

29. Pavel V. Ovseiko et al., "A Global Call for Action to Include Gender in Research Impact Assessment," *Health Research Policy and Systems* 14, no. 50 (2016), doi: 10.1186/s12961-016-0126-z.

30. Julie Rovner, "GAO: NIH Needs to Do More to Ensure Research Evaluates Gender Differences," *Washington Post*, November 28, 2015, https://www.wash-ingtonpost.com/national/health-science/gao-nih-needs-to-do-more-to-ensure-research-evaluates-gender-differences/2015/11/28/902ed502-9524-11e5-8aa0-5d0946560a97_story.html?utm _term=.fc5c8141d413.

31. Ibid.

32. "PrEP," Centers for Disease Control and Prevention, last updated April 17, 2017, https://www.cdc.gov/hiv/basics/prep.html.

33. 헤일-재러스가 이메일로 보내준 학술 포스터에서. Katie Hail-Jares et al., "Knowledge Is Power: PrEP, TasP, and Healthcare Access Among DC Street-Based Sex Workers," 2016.

34. Ibid.

35. "Facts About the Over-Incarceration of Women in the United States," American Civil Liberties Union, https://www.aclu.org/other/facts-about-over-incarcera-tion-women-united-states; and "Statistics on Women Offenders—2015," Court Services and Offender Supervision Agency for the District of Columbia, http://www.csosa.gov/reentry/news/statistics-on-women-offenders-2015.pdf, accessed June 1, 2017.

36. Patricia A. Kaufert, "Screening the Body: The Pap Smear and the Mammogram," in *Living and Working with the New Medical Technologies: Intersections of Inquiry*, ed. Margaret Lock, Allan Young, and Alberto Cambrosio (New York: Cambridge University Press, 2000), 167.

5 ⁘ 작은 사람 키우기 혹은 키우지 않기

1. Tunnicliffe et al., "Lupus Means Sacri."

2. Reniqua Allen, "Is Egg Freezing Only for White Women?," *New York Times*, May

21, 2016, https://www.nytimes.com/2016/05/22/opinion/is-egg-freezing-only-for-white-women.html.

3. Elizabeth A. Stewart et al., "The Burden of Uterine Fibroids for African-American Women: Results of a National Survey," *Journal of Women's Health* 22, no. 10 (2013): 807-816, https://www.ncbi.nlm.nih.gov/pmc/articles/PMC3787340; and Vanessa L. Jacoby et al., "Racial and Ethnic Disparities in Benign Gynecologic Conditions and Associated Surgeries," *American Journal of Obstetrics and Gynecology* 202, no. 6 (2010): 514-521, https://www.ncbi.nlm.nih.gov/pmc/articles/PMC4625911.

4. Margarett Shnorhavorian et al., "Fertility Preservation Knowledge, Counseling, and Actions Among Adolescent and Young Adult Cancer Patients: A Population-Based Study," *Cancer* 121, no. 19 (2015): 3499-506, https://www.ncbi.nlm.nih.gov/pmc/articles/PMC4734641/.

5. 예를 들어 "Dampened Immunity During Pregnancy Promotes Evolution of More Virulent Flu," *Science Daily*, March 8 2017, https://www.sciencedaily.com/releases/2017/03/170308145347.htm 참조.

6. Anyesuki, "I Would Rather Have Lupus than Children," comment on Reddit, January 9, 2015, https://www.reddit.com/r/childfree/comments/2rwqhv/i_would_rather_have_lupus_than_children/#bottom-comments.

7. 분만 중 HIV 전염을 예방하기 위한 지침들이 있기는 하나 그래도 위험은 존재한다. NIH에 따르면 아기는 출생 후 검사를 받아 예방 조치가 효과가 있었는지 확인하며, 검사 결과 아기가 실제로 양성 반응을 보이는 경우에 따라야 할 지침들이 마련되어 있다. 덧붙이자면 다양한 위험 요인에 따라 질 분만을 하는 여성도 있고 제왕 절개로 아이를 낳는 여성도 있다. US Department of Health and Human Services, "HIV and Pregnancy: Preventing Mother-to-Child Transmission of HIV After Birth," *AIDSinfo*, November 14, 2016, https://aidsinfo.nih.gov/education-materials/fact-sheets/24/71/preventing-mother-to-child-transmission-of-hiv-after-birth 및 US Department of Health and Human Services, "HIV and Pregnancy: HIV Medicines During Pregnancy and Childbirth," *AIDSinfo*, November 14, 2016, https://aidsinfo.nih.gov/education-materials/fact-sheets/24/70/hiv-medicines-during-pregnancy-and-childbirth 참조.

8. Matthews, *Voices from the Shadows*, 98-99.

6 ╫ 미스 아메리카만큼이나 아픈

1. Blain Roberts, "The Miss America Pageant Stills Sends the Wrong Message,"

Room for Debate, *New York Times*, September 12, 2013, http://www.nytimes.com/roomfordebate/2013/09/12/is-the-miss-america-pageant-bad-for-women/the-miss-america-pageant-stills-sends-the-wrong-message.

2. Lisa Marsh, "Your New Miss America Might Be Beautiful — and Bald," Today.com, January 11, 2011, http://www.today.com/style/your-new-miss-america-might-be-beautiful-bald-wbna41021492.

3. Miriam E. Tucker, "Hey, Miss Idaho, Is That an Insulin Pump on Your Bikini?" NPR.org, July 17, 2014, http://www.npr.org/sections/health-shots/2014/07/17/332255209/hey-miss-idaho-is-that-an-insulin-pump-on-your-bikini. 글쓴이는 자신이 인슐린 펌프를 착용한다고 쓴다. 따라서 그는 직접적인 경험자의 위치에서 보도를 하고 있다. 다음의 기사들도 참조. Greta VanDyke, "Miss Idaho Gives Type 1 Diabetics Brave Role Model," *Idaho Press-Tribune*, November 4, 2014, http://www.idahopress.com/members/miss-idaho-gives-type-diabetics-brave-role-model/article_549a6e2a-63d4-11e4-93a4-278a8e48b0a5.html; and Tara Fowler, "Miss Idaho Sierra Sanderson [*sic*] Wears Insulin Pump on Stage," People.com, July 18, 2014, http://people.com/celebrity/miss-idaho-sierra-sanderson-wears-insulin-pump-on-stage.

4. Sierra Sandison, "Defeating Diabetes," Miss Idaho Organization, July 15, 2014, http://www.missidaho.org/blog/2014/07/wow-wow-wow-where-do-i-even-start-i.html.

5. "Colostomy Bag Bikini Photograph Seen by Nine Million," *BBC News*, July 3, 2014, http://www.bbc.com/news/uk-england-hereford-worcester-28138482; K. C. Blumm, "Former Model Poses in Bikini with Colostomy Bags," *People*, July 2, 2014, http://people.com/celebrity/former-model-bethany-townsend-poses-in-bikini-with-colostomy-bags; Scott Stump, "'I Wasn't Ashamed': Woman with Crohn's Disease Shows Off Colostomy Bags in Stunning Photo," Today.com, July 3, 2014, http://www.today.com/health/crohns-disease-sufferer-shows-colostomy-bags-stunning-photo-1D79884421; Eleanor Goldberg, "Aspiring Model with Crohn's Disease Isn't Afraid to Show Colostomy Bags in Bikini Photo," *Huffington Post*, July 1, 2014, http://www.huffingtonpost.com/2014/07/01/colostomy-bag-model-picture_n_5548863.html; Eleanor Goldberg, "Another Model Proves You Can Be a Sexy Centerfold While Revealing Colostomy Bags," *Huffington Post*, August 1, 2014, http://www.huffingtonpost.com/2014/08/01/male-model-colostomy-bags_n_5639347.html.

6. Caters News, "Stunning Brunette Bravely Posts First-Ever Bikini Picture Exposing Her Colostomy Bags," *New York Daily News*, July 2, 2014, http://www.nydailynews.com/life-style/health/woman-posts-bikini-pic-exposing-colosto-

my-bags-article-1.1852000; Darcie Loreno, "Bombshell Bears All, Shows Colostomy Bag to the World to Make an Important Point," *Fox 8 Cleveland*, July 3, 2014, http://fox8.com/2014/07/03/bombshell-bears-all-shows-colostomy-bag-to-the-world-to-make-an-important-point.

7. "The Telegraph's 100 Britons of the Year 2014," *Telegraph*, http://www.telegraph.co.uk/news/uknews/11304173/Telegraphs-Britons-of-the-year.html?-frame=3147098.

8. Hannah Gale, "Model Who Went Viral with Colostomy Bag Pic Is Targeted for Being Too Skinny, Despite It Being Caused by Her Life-Threatening Illness," Metro.co.uk, July 7, 2014, http://metro.co.uk/2014/07/07/model-who-went-viral-for-colostomy-bag-pic-is-targeted-for-being-too-skinny-despite-it-being-caused-by-her-life-threatening-illness-4789327. 그레이브스병을 앓는 십 대 여성의 다음 이야기도 참조. 이 여성 역시 병 때문에 몸이 야위었지만 "너무 말랐다"는 이유로 괴롭힘을 당했다. Emily Leon, "Being Thin Isn't All It's Cracked Up to Be, Teen Says," *Women's eNews*, May 18, 2016, http://womensenews.org/2016/05/being-thin-isnt-all-its-cracked-up-to-be-teen-says.

9. Irene McGee, "Slaps, Lies, and Videotape: Irene's True Story of 1998's *The Real World: Seattle*," *Vulture*, November 22, 2013, http://www.vulture.com/2013/11/real-world-seattle-irene-slap-her-story.html.

10. Judy Z. Segal, "The Sexualization of the Medical," *Journal of Sex Research* 49, no. 4 (2012): 369–78, doi:10.1080/00224499.2011.653608.

11. Harley Pasternak, "2 Inspiring Women Who Prove Beauty Is More Than Skin Deep," *People*, July 23, 2014, http://greatideas.people.com/2014/07/23/harley-pasternak-inspiring-women.

12. "Wanda Sykes Talks About Breast Cancer," *Ellen* (TV show), video, September 2011, posted September 23, 2011, http://www.ellentv.com /2011/09/26/wanda-sykes-talks-about-breast-cancer.

13. Katy Waldman, "Stop Demanding Positivity from Cancer Survivors," *Slate*, November 25, 2013, http://www.slate.com/blogs/xx_factor/2013/11/25/depression_after_cancer_chemo_sucks_and_we_shouldn_t_expect_cancer_survivors.html.

14. Judy Z. Segal, "Cancer Experience and Its Narration: An Accidental Study," *Literature and Medicine* 30, no. 2 (2012): 292–318, doi:10.1353/lm.2012.0017.

15. Daniela Olszewska, "Thirteenz," *Birdfeast* 9, http://www.birdfeastmagazine.com/issuenine/olszewska.html, accessed June 1, 2017.

16. Rich, "A Mass for Katherine."

17. Jason Zinoman, "Going Topless, Tig Notaro Takes Over Town Hall," *New York Times*, November 7, 2014, https://www.nytimes.com/2014/11/08/arts/going-top-

less-tig-notaro-takes-over-town-hall.html.

18. "Sickness & Health," *Woman of the Hour, with Lena Dunham* (podcast series), season 2, episode 9, in Lenny, January 19, 2017, http://www.lennyletter.com/culture/a697/women-of-the-hour-sickness-health-season-2-episode-9.

19. Melody Chiu, "Selena Gomez Taking Time Off After Dealing with 'Anxiety, Panic Attacks and Depression' Due to Her Lupus Diagnosis," People.com, August 30, 2016, http://people.com/celebrity/selena-gomez-taking-a-break-after-lupus-complications/.

20. Eliza Berman, "How *The Fault in Our Stars* Dramatically Improves the 'Sick Flick,'" *Slate*, June 5, 2014, http://www.slate.com/blogs/browbeat/2014/06/05/the_fault_in_our_stars_review_the_sick_flick_reinvented_with_shailene_woodley.html. 인용문의 원출처인 다음의 글도 참조. Roger Ebert, "For Roseanna," *Rogerebert.com*, July 25, 1997, http://www.rogerebert.com/reviews/for-roseanna-1997, in which the original quote appears.

21. Ibid.

찾아보기

기타

미셸 렌트 허슈 (Michele Lent Hirsch)

과학, 젠더, 건강, 불평등을 주제로 에세이, 기사, 시, 소설 등 경계를
넘나드는 글을 쓰는 퀴어 작가이자 편집자. 그의 시는 두 차례
푸시카트 문학상 후보에 오르기도 했다.

맨해튼빌 칼리지에서 저널리즘을 가르쳤고, 뉴욕 공립도서관
입주 작가를 지냈으며, 2013년부터 컬럼비아대학교 신경과학부가
후원하는 과학 연구원 및 작가 모임인 노이라이트(NeuWrite)
회원으로 활동하고 있다.

2018년에 출간한 『젊고 아픈 여자들』은 그가 이십 대에 고관절
수술, 비만세포 활성화 증후군, 라임병, 갑상샘암, 노인성 속 쓰림 등
건강 문제를 겪으면서 변한 젊음에 대한 생각과 이 사회가 간과해온
여성 건강 문제를 기록한 책이다.

정은주

고려대학교 영어영문학과를 졸업하고 서울대학교 공연예술학
석사과정을 수료했다. 2007년부터 번역가로 일하면서 『GRAPHIC』
외 여러 잡지와 전시 도록, 『예술가의 공부』, 『푸투라는 쓰지 마세요』,
『백과전서 도판집』, 『예술가의 항해술』, 『모든 것은 노래한다』,
『연필 깎기의 정석』 등의 책을 번역했다. 현재 프리랜서로 번역과
편집을 한다.

젊고 아픈 여자들
건강 문제를 겪는 젊은 여성들은 일, 우정, 연애
그리고 아무렇지도 않아 보여야 한다는 압박을 어떻게 헤쳐나가나

미셸 렌트 허슈 ╬ 지음
정은주 ╬ 옮김

초판 1쇄 인쇄 ╬ 2021년 12월 23일
초판 1쇄 발행 ╬ 2022년 1월 15일
ISBN ╬ 979-11-90853-24-8 (03330)

발행처 ╬ 도서출판 마티
출판등록 ╬ 2005년 4월 13일
등록번호 ╬ 제2005-22호
발행인 ╬ 정희경
편집 ╬ 전은재, 서성진, 박정현
표지 디자인 ╬ 김동신
본문 디자인 ╬ 김동신, 조정은

주소 ╬ 서울시 마포구 잔다리로 127-1, 8층 (03997)
전화 ╬ 02-333-3110
팩스 ╬ 02-333-3169
이메일 ╬ matibook@naver.com
홈페이지 ╬ matibooks.com
인스타그램 ╬ matibooks
트위터 ╬ twitter.com/matibook
페이스북 ╬ facebook.com/matibooks